U0605829

全國高校古委會規劃項目（1341）
江蘇省社科基金文脉專項（19WMB014）
江蘇省社科基金重大項目（18ZD012）
江蘇省哲學社會科學『中國古典文獻學』創新團隊項目
江蘇高校優勢學科建設工程資助項目（PAPD）
南京大學中國文學與東亞文明協同創新中心資助項目
南京大學『世界一流大學和一流學科建設』出版資助項目
貴州省孔學堂發展基金會資助項目（入駐研修成果）

古典目録學研究叢書

主編 張宗友

探驪拾微
古典目録學論集

張宗友 著

鳳凰出版社

圖書在版編目（CIP）數據

探驪拾微 : 古典目録學論集 / 張宗友著. -- 南京 : 鳳凰出版社, 2022.12
（古典目録學研究叢書 / 張宗友主編）
ISBN 978-7-5506-3848-8

Ⅰ. ①探… Ⅱ. ①張… Ⅲ. ①目録學－中國－古代－文集 Ⅳ. ①G257-53

中國版本圖書館CIP數據核字(2022)第243764號

書　　名　探驪拾微：古典目録學論集
著　　者　張宗友
責任編輯　許　勇
特約編輯　姜　好
裝幀設計　徐　慧
封面題簽　成懋冉
出版發行　鳳凰出版社(原江蘇古籍出版社)
　　　　　發行部電話025-83223462
出版社地址　江蘇省南京市中央路165號,郵編:210009
照　　排　南京凱建文化發展有限公司
印　　刷　徐州緒權印刷有限公司
　　　　　江蘇省徐州市高新技術産業開發區第三工業園經緯路16號
開　　本　880毫米×1230毫米　1/32
印　　張　13.625
字　　數　281千字
版　　次　2022年12月第1版
印　　次　2022年12月第1次印刷
標準書號　ISBN 978-7-5506-3848-8
定　　價　98.00圓
（本書凡印裝錯誤可向承印廠調换,電話:0516-83897699）

叢書緣起

先秦學術，掌於王官，司理典籍，當有目録，官法治要，學問存焉。故目録之學，所起甚遠，《詩》《書》之序，稱名喻類，標揭指趣，即其萌芽。迨至向、歆父子，領校群籍，撰成《别録》《七略》，分爲六略三十八種，小序作述群書源流，書録撮舉各著大旨，體例云備，斯學告成。自兹以降，類略有四分、七分、十二分之别，而經、史、子、集四部奠定於中古；解題則由叙録而傳録、輯録，乃至題跋記、藏書志，諸體大盛於清代。言其類别，或分官簿、史志、私目，鼎足而三；或曰綜合、專科、特種，畛域分明。撰者繼起，信校讎之總匯；代有佳構，實學術之淵棷。

昔阮士宗創『簿録』之部，隸次群目；鄭漁仲設『校讎』一略，縱論得失。晁氏書志，收藏家用求崖略；直齋解題，治學者藉覈异同。王應麟匯集藝文，考證《漢志》；馬端臨通録經籍，裁取衆説。精研流别，澹生堂首倡『通』『互』；遠承儉《志》，紅雨樓以傳述學。遵王敏求，究圖書之遞藏，辨别尤精；竹垞博綜，考經學之統緒，條析甚明。天禄琳琅，載板本之承傳；《總目》欽定，集目録之大成。讎校佞宋，題識盛於蕘圃；考索書目，佚籍備於山房。若實齋通義，深明道術精微；而文史考鏡，最重學術源流。西莊商榷乙部，揭猿讀書之門徑；文襄作育人材，推美治學之良師。任公西學，納諸史表；太炎好古，徵彼闕文。孫德謙由委溯源，舉例纂微；陳援庵沿波挹流，四庫探勝。開示方法，汪辟疆講論於南雍；燭照幽微，余嘉錫授學於京師。治者日衆，成果益豐。姚名達撰就學史，規模甚至；項士元通考簿録，多聞守約。或廣校讎，勒爲專著；或抒己見，單篇別行。千帆競秀，騰蛟起鳳；學脉承紹，踵美繼興。

方今東西會同，學術昌明，斯編蔚起，欣逢其盛。守正出新，冀發未盡之覆；薈粹群言，庶臻益進之境。大雅君子，幸屬意焉。

金寨張宗友，壬寅冬寫於南大啓園

目次

圖表索引

叙録

本書是筆者近十餘年來研習古典目録學的論文選集。各篇旨趣如次：

壹　《領校群書，略序洪烈：論劉向、歆父子與文獻傳承》

漢代劉向、劉歆父子領校圖書，對先秦以來的文獻進行首次全面的校理，形成傳世文獻的官方定本，構建了儒術獨尊語境下符合大一統帝國需要的文獻體系。通過書目著録，揭示圖書信息；通過分類，分別、部次群籍；通過解題，發明圖書旨趣；通過小序，書寫部類源流。劉向、歆父子開創了建構與書寫學術史的目録學傳統，《别録》《七略》因此成爲目録學的奠基之作、典範之作。劉向、歆父子的學術貢獻表明，傑出學者的組織與努力，是古代文獻得以傳承的關鍵因素之一。

貳　《〈晋中經簿〉解題考》

中古時期是中國目録學史上由六分走向四分的關鍵時期，由於此期目録都已亡佚，面貌模糊不清，留下了許多懸而未決的學術難題，荀勖《晋中經簿》解題問題，就是其中之一。在學術史上，《晋中經簿》以開創四分法而著稱。關於該簿是否有解題的問題，朱彝尊持肯定意見，余嘉錫、王重民等持否定意見，汪辟疆、姚名達等未明確判定；當代學者對此，亦頗有争論。從劉向、歆父子以降的官方校理圖書之傳統、《晋中經簿》著録之容量、現存文字片斷以及《上〈穆天子傳〉序》《諸葛氏集目録》等書録之實例推斷，《晋中經簿》具有解題。但其解題，並非將校理各書之書録全文照搬，而是有所撮取；所取者大致包括各書篇題、撰者生平事行大略、校定繕寫情況等内容，並且有所删減、潤色；同書録全文相較，簿中解題文字，在篇幅上約省去三分之二。作爲國家藏書目録，《晋中經簿》解題的直接前承，既非《别録》，亦非《漢志》，而是《七略》；從解題類型上看，則是簡略之叙録體。《晋中經簿》係官修綜合性目録，同荀勖所撰、作爲文學專科目録的《新撰文章家集叙》，因撰述旨趣有所不同，而存在内容與形式上的差异。

叁　《〈七志〉提要體例考》

《七志》已佚，其提要（解題）體例如何，學界認識頗异。所幸《七志》尚有部分文字片斷，保存於陸德明《經典釋文序録》、李善《文選》注之内。從輯出的十一條資料來看，共涉及陸績、王弼、張璠、荀輝、蜀才（范長生）、木華、謝瞻、應璩、棗據、張翰等十位人物，其時代由東漢至宋，可知《七志》專記現存之書（『今書』），具有藏書總目的性質。細析其體例，知《七志》采用的正是以『人物傳記＋文章篇目』爲内容特色的傳録體，並且擴大其應用範圍，拓展其著録内容，是對『文章志』系列提要體例的繼承與發展。

肆　《〈七録〉分卷考》

《七録》是《隋書・經籍志》最重要的學術前承，由於内容已經亡佚（僅《廣弘明集》内存有《七録序》等部分資料），其學術體制問題（包括分卷問題）難以考索，一直是目録學史上的難題之一。通過文獻記載與繹讀，可以確定《七録》卷數是十二卷（包括《七録序録》一卷）。現存如《七録序》等有限的資料，保存有該目之内部分類及其著録圖書之部數、種數、帙數與卷數等信息。通過文獻考較，可知現存《七録序》等資料之記載精確可信。根據目録學書寫通例可知，《七録》的内部分卷問題同其著録之部數、帙數、卷數無關，而與其著録圖書之種數密切相關。據此，《七録》的内部分卷問題可以論定。

伍　《〈七録〉小序考》

小序是指書目的部類之序，是目録學家標揭學術源流的重要手段。《七録》是否具有小序的問題，學人罕有討論。通過對傳世文獻之繹讀、輯佚與重構，《七録》具有小序的問題，可以論定；通過張守節《史記正義》被刊落文本之考索，尚能考得《經典録》之尚書部、詩部、禮部、春秋部等四部小序之完篇，從而使《七録》具有小序的體制問題得以證實。由此四篇小序，足證《七録》上承《漢志》、下啓《隋志》，構成内容與體制上的傳承鏈條，在目録學、經學及阮孝緒專題研究方面，均具有重要的學術價值。

陸　《〈古今書最〉發微》

《古今書最》是《七録》僅存資料之一，學界既有研究成果，堪稱豐碩，但仍有誤識之處及未發之覆。

作爲《七録序録》的重要組成部分，《書最》係阮氏私撰之特殊知見書目，是中國目録史上可考的兩種最早的書目之書目之一；通過對歷代典籍之流傳、存亡面貌之考察與統計，《書最》爲《七録總序》之理論建構而張目，是阮孝緒『窮究流略，探盡秘奥』之宏偉抱負的體現與實現手段。因此，《書最》簡明切要之著録，不僅有助於學者了解著録諸目之歷史面貌，有助於學者探討《七録》記傳録内簿録部之著録内容，而且也有助於學者深化對阮孝緒學術思想之全面研究，是研究中古時期目録學、學術史極爲珍貴的學術文獻之一。

柒　《〈隋書·經籍志〉總序釋評辨正》

《隋書·經籍志》充分借鑒《晋中經簿》《七録》等前代書目的學術成果，確立以經部、史部、子部、集部命名的四部分類法，是中國古代最重要的官修書目之一。但該志編者並未充分理解《七録》序文的文意，而在其《總序》之引據中頗有省略、改寫之處，致使文意艱澀，爲後來學者之解讀、釋評造成困難。本文以『但録題及言』『總没衆篇之名』等文字爲例，考溯其源，對今人之解讀加以疏通、辨正。

捌　《傳承與開新：朱彝尊〈經義考〉的文獻典範意義》

作爲古代中國最大的一部經學目録，《經義考》産生於清初對明末心學進行反思與反撥的學術環境之中，是中國經學與目録學發展到清初的學術必然，是清代前期系統整理經學文獻的重大學術建構，同時也是一代文儒朱彝尊『博綜』的治學取向在經學、史學領域的重要呈現。從内容上看，《經義考》共著録經學著述達八二七五個條目，輯録作者傳記、諸儒評述等資料上萬條，學術按語上千條，具有經學内容的集成性。從形式上看，《經義考》既有外在的形式體系，包括以『四柱法』著名的條目部分與以輯録體爲主、輯考體爲輔的解題部分；又有内在的邏輯體系，憑藉突破前承的三十個門類，構建起多維立體的分類體系。外在的形式體系與内在的邏輯體系相結合，構成了《經義考》精嚴而强大的著録體系，具有書目體制的開放性。經學内容的集成性與書目體制的開放性相得益彰，《經義考》因此極具學術張力，成爲兼跨經學文獻學與史部目録學兩大領域的集成之作、典範之作。《經義考》影響深遠，後世承續、擬仿者衆，出現了以之爲核心與範式的文獻著作群。對於今天的書目編製與學術研究而言，《經義考》仍然具有恒久的典範意義與參考價值。

玖　《回顧與前瞻：朱彝尊目録學研究的現狀與取徑》

目録學是朱彝尊重要的學術領域之一。《經義考》一書，受到學人的高度關注與研究，研究重心已從文本點校轉向深度校理。朱彝尊編撰的其他各種目録，學界也有初步的介紹，但缺少深入的研究。《經義考》的進一步研究，不僅要『以朱證朱』，也要『以朱還朱』。其他書目的研究，則要考清著述基本面貌，分析書目之間的源流關係，編製書目彙編等。在此基礎上，方能全面探析朱彝尊的目録學貢獻。

拾　《論〈四庫全書總目〉的稱名問題》

《四庫全書總目》問世之後，學界對其稱名不一。王重民先生主張使用『《四庫提要》』一詞作爲簡稱，引起崔富章先生的質疑與論辯。考清高宗弘曆君臣在纂修此目過程中，有三類稱名方式，分别以『《總目》』『《提要》』『《總目提要》』爲核心語彙，並分别能够冠以『四庫全書』『全書』等前綴。《總目》是本稱，源於館臣編纂辦理圖書總目的提議；《提要》是代稱，注重《總目》提要考辨學術源流之功用；《總目提要》則屬同義複指。《總目》問世後，學人開始使用『四庫提要』一詞，先是用以指稱書前提要、《總目》提要，後又用以指稱《總目》全書；晚清以降，『四庫提要』一詞又被用作《四庫全書總目提要》的省稱。今日使用『四庫提要』一詞，宜作廣、狹二義之區分：廣義的用法是指在《四庫全書》纂修過程中撰寫的各種提要，狹義的用法（標作『《四庫提要》』）則專指《總目》。

拾壹　《〈四庫全書總目〉易類提要辨正》

《四庫全書總目》集古典目録之大成，但成於衆手，訛失難免，學界因此出現了以《四庫提要辨證》爲代表的系列訂謬糾偏之作。儘管如此，該目在著者事行、内容述評等方面，仍存在未經辨正之疏誤，不利於學者之取資利用。本文對《總目》易類部分予以是正，凡二十一條。

拾貳　《〈四庫全書總目〉儒家類存目書提要辨正——兼論存目書提要與著録書提要之差异》

《四庫全書總目》著録之圖書分著録書與存目書兩大部分，其提要亦因此可分爲著録書提要與存目書提要；兩類提要，在文字長短、内容精細等方面存在明顯的差异。由儒家類存目書提要可以看出，其文字訛誤主要集中在圖書信息、作者信息及圖書内容的客觀介紹上；同著録書提要相比，存目書提要在内容上缺少著述旨趣及學術得失的主觀評價，在文字上體現爲較爲簡短。造成這種差异的原因，在於四庫館臣所費心力不同；而其根源，則在於清高宗弘曆纂修《四庫全書》的指導思想。清高宗爲樹立本朝文化正統、構建極權帝國的文獻體系而纂修《四庫全書》，藉機對天下圖書進行甄别處理，有應刊、應抄、應存、應删的分别。著録書提要與存目書提要之間的差别，正是『寓禁於徵，寓毁於修』之策略在《總目》提要書寫方面的具體體現。

拾叁　《〈四庫全書總目〉研究之省思——基於〈春秋地名考略提要〉的學術史考察》

《四庫全書總目》被視爲讀書、治學之門徑，針對該目的相關研究是四庫學中最重要的學術分支之一。四庫館臣於《春秋地名考略提要》内提出該書作者問題，但未能明辨，近現代學人遂遞有考證，指出該書實際作者應爲徐善。諸家之引據與討論，對《春秋地名考略》作者問題之解决，各有不同程度之貢獻，同時也各有未盡及可商之處。考浙江采進提要，其中已經提出並解决《春秋地名考略》一書之作者問題，而分纂提要之館臣却另據閻若璩《潛邱札記》之記載，誤定其實際作者爲徐勝。館臣指陳《春秋地名考略》所具之不足，舉出兩條例證，其實均不能成立，不足以支持其批評。因此，辨析《四庫全書總目》之誤，采録宜廣，考辨宜細，立論宜慎，引文宜覈；而《四庫全書總目》對於讀書治學之門徑功用，也應具情分析，不能一概而論。

拾肆　《論王重民先生的四庫學成就》

王重民先生在四庫學方面卓有貢獻，表現在：輯録四庫抽毀書提要，整理、刊布四庫全書纂修檔案，分析四庫本的學術價值，提出選印本建議等，並對《四庫全書總目》有全面、系統的研究，達到了先生所在時代的高峰，堪稱大家。同時，限於可見資料與時代條件，其研究中也有不少值得商榷之處。

以上共選文十四篇，涉及《别録》《七略》《晋中經簿》《七志》《七録》《隋書・經籍志》《經義考》《四庫全書總目》等代表性書目，以及劉向、劉歆、荀勖、王儉、阮孝緒、朱彝尊、紀昀及王重民等著名目録學家。

上揭十四篇文章，第八篇在南京大學和美國埃默里大學共同舉辦的學術論壇（Emory-Nanjing International Symposium）上宣讀，其他十三篇分别發表在《國學研究》《古典文獻研究》《歷史文獻研究》《中華文史論叢》等學術刊物上。由於各家刊物對於文本規範之要求不盡相同（如字體之繁簡、摘要之有無、注釋位置之前後、文本容量之大小等），故此次選集，作必要之調整：首先，整齊類例，統一規範（如采用規範之繁體字，删去摘要與關鍵詞，注釋置於當頁之下等）；其次，訂訛補闕，潤色文字。遇引據文字標點有誤，則予徑改。各篇文章均以收入本書者爲定本。

卷一

壹　領校群書，略序洪烈：論劉向、歆父子與文獻傳承

漢代劉向（字子政。前七九—前八。彭城人）、劉歆（字子駿。前五〇—二三）父子領校群書，是中國學術文化史上的一大盛舉，其意義，可能僅次於孔子對《六經》之整理與傳授。當孔子之世，周室衰微，舊王官之學逐漸瓦解，《六經》不再爲王官所獨專，孔子遂能以之作育人才，並且有教無類，開創私學傳統。時百家蠭出並作，盛況空前。至秦漢之世，以周天子爲共主的封建制帝國，一舉變爲以皇帝爲元首的郡縣制中央集權帝國，而迄至成帝世，與西漢一代政治體制、意識形態相適應的文獻體系却没能建構起來。這正是劉向、歆父子校書的歷史使命所在。

長期以來，關於劉向、歆父子領校群書這一重大文化事件，學術界以《漢書》《楚元王傳》《藝文志》等篇）及《新序》《説苑》等文獻爲依據，分别從校勘學、目録學、政治學、思想史等層面進行了縝密的研究，取得了諸如《劉向歆父子年譜》（錢穆著，見《兩漢經學今古文平議》）、《劉向評傳》（徐興無著）等爲

代表的學術成果，堪稱豐碩。近年來，從文獻文化史的角度來發掘重大文化事件的文獻傳承價值〔一〕，成爲重新思考、發現歷史真實及其意義的重要視角。準乎此，以下試從三個方面討論劉向、歆父子在文獻傳承上的重大貢獻。

一、校理典籍，形成傳世文獻的官方定本

上古之世，知識壟斷於巫、史之手，文化典籍由周天子任命的官員掌握，文獻傳承即依賴於官守相繼、師弟傳授。關於王官之職掌與先秦典籍之興起、學術之發生，章學誠在《校讎通義·原道第一》中表述得最爲精要：

古無文字。結繩之治，易之書契，聖人明其用曰：『百官以治，萬民以察。』夫爲治爲察，所以宣幽隱而達形名，蓋不得已而爲之，其用足以若是焉斯已矣。理大物博，不可殫也，聖人爲之立官

〔一〕關於文獻文化史的理論建構與學術意義，詳程章燦《『文獻文化史』主持人語》（《南京大學學報》二〇一三年第三期，頁一一〇）、《書籍史研究的回望與前瞻》（《文獻》二〇二〇年第四期，頁四—一五），趙益《從文獻史、書籍史到文獻文化史》（《南京大學學報》二〇一三年第三期，頁一一〇—一一二）、《論中國古代文獻傳統的歷史獨特性：基於中西比較視野的思考》（《文史哲》二〇二〇年第一期，頁一二三—一三二）等文之討論。

分守，而文字亦從而紀焉。有官斯有法，故法具於官；有法斯有書，故官守其書；有書斯有學，故師傳其學；有學斯有業，故弟子習其業。官守學業皆出於一，而天下以同文爲治，故私門無著述文字。私門無著述文字，則官守之分職，即群書之部次，不復别有著録之法也。〔一〕

『私門無著述文字』的狀況〔二〕，到了春秋時期得以打破，因爲王室衰微帶來的一大後果就是王官之學開始失散，流播民間，王官對於文獻傳承的壟斷權開始分散，向民間下沉；諸子之學應運而生，王官之學的核心文獻——《六經》，就成爲諸子的學術淵藪。諸子百家根源於但又不拘泥於王官之學，各騁其説，以取合諸侯，而儒、墨二家尤稱顯學。各家學説通過師弟、父子相傳，學派精神或核心文獻往往經過數代人之手，呈現出一種層累式增益的生成特點。這種生成特點，決定了某一學派的核心文獻往往處在不斷增益以及流動的過程之中——其起點當然要追溯到春秋時期。只有當社會的進程發生劇烈改變，某一學説及其核心文獻失去了繼續增益的可能性時，該學派的代表性著述纔有可能最終凝固

〔一〕章學誠《校讎通義》卷一，葉瑛校注《文史通義校注》，中華書局，一九八五年，頁九五一。

〔二〕按：羅根澤先生『遍考周秦古書，參以後人議論，知離事言理之私家著作始於戰國，前此無有也』。因撰《戰國前無私家著作説》一文：上篇『實證』，包括『戰國著録書無戰國前私家著作』『漢志所載戰國前私家著作皆屬僞托』『左國公穀及他戰國初年書不引戰國前私家著作』『春秋時所用以教學者無私家著作』等四節；下篇『原因』，包括『孔子以前書在官府』『戰國前無産生各家學説之必要』『僞托古人以堅人之信』等三節（載氏著《諸子考索》，人民出版社，一九五八年，頁一三—六二）。徵引繁富，立論堅確，將章學誠『私門無著述文字』之説實證化、具體化。

下來〔二〕。通過《漢志·諸子略》可以看到，雖然某一學術流派的文獻通常以該派核心人物命名，但並不意味著該文獻僅僅反映核心人物的思想；事實上，它是一個學派精神創造的集合體，而且還經過了劉向、歆父子校書群體嚴密的校勘與精心的取捨。

時代巨變意味著既有權威的消解，失去禁忌與封鎖的知識群體必然帶來思想學術的繁榮，各種新文獻因此不斷産生。秦始皇統一六國，使諸子學説得以繼續存在與發展的慣性被打破。始皇三十四年（前二一三）推行的焚書政策，使六國文獻與諸子學説遭受巨大劫難，大批文獻被焚，或隱伏民間，不得行世。這種局面直到漢惠帝四年（前一九一）廢除挾書之律後纔得以改觀。經過漢初數代的徵求遺書、建策置官，存世文獻纔又大量集中、充盈於官府。

劉向、歆父子領校群書，對存世典籍進行了全面的校理，使先秦以來的傳世文獻，首次有了官方定本。這是劉向、歆父子在文獻傳承方面最大的學術貢獻。

劉氏父子所撰《别録》《七略》，後來亡佚，所校文獻總量，只能依據班固《漢志》的記載：

〔二〕余嘉錫《古書單篇别行之例》：『古之諸子，即後世之文集……既是因事爲文，則其書不作於一時，其先後亦都無次第。隨時所作，即以行世。論政之文，則藏之於故府；論學之文，則爲學者所傳録。迨及暮年或其身後，乃聚而編次之。』（載氏著《古書通例》卷三，上海古籍出版社，一九八五年，頁九三）李零《從簡帛古書看古書的經典化》：『除了經歷史淘汰，剩下來的古書，還有我們從垃圾箱裏撿回來的古書，就是我們講的簡帛古書。……比如上海博物館收藏的楚國竹簡，我能分出來的種類至少有一百種。當然，這一百多種，全都是單篇。』（載氏著《簡帛古書與學術源流》［修訂本］，生活·讀書·新知三聯書店，二〇〇八年，頁四七一）

大凡書，六略三十八種，五百九十六家，萬三千二百六十九卷。（引按：班氏自注云：『入三家，五十篇，省兵十家。』）〔一〕

由於班固《藝文志》是在《别録》《七略》基礎上删省移增而成的〔二〕，所以，劉氏父子所校文獻總量，當據班氏自注加以推算，而實際上應該是：六略，三十八種，六百零三家，一万三千二百一十九卷。梁代阮孝緒爲『窮究流略，探盡秘奧』〔三〕而撰寫《七録》，撰就《古今書最》一篇，通考歷代書目著録總數。由於阮孝緒能親見《别録》與《七略》，因此，阮氏所記之數，十分可信：

《七略》，書三十八種，六百三家，一萬三千二百一十九卷。

五百七十二家亡，三十一家存。

阮孝緒所記，同上文所推完全吻合，足證劉向、歆父子校理圖書總數確爲六百零三家（『家』即今日之『種』），一萬三千二百一十九卷。這大致就是西漢一代文獻之總量（可能有所遺漏，但『一萬三千』應

〔一〕班固《漢書》卷三〇，中華書局，一九六二年，頁一七八一。

〔二〕按：『删』指删去各書之書録，而僅保留簡略之題注；『省』指『省兵十家』，即省去《兵書略》中的十家；『移』指散《輯略》之小序於各略、各類之後；『增』指『入三家，五十篇』。清代學者姚振宗俱有考證，如指出所入三家爲劉向、揚雄、杜林等。（參姚振宗《漢書藝文志條理》卷六，見王承略、劉心明主編《二十五史藝文經籍志考補萃編》第三卷，清華大學出版社，二〇一一年，頁四五二）

〔三〕阮孝緒《七録序》，載《廣弘明集》卷三，《四部叢刊初編》影明汪道昆刻本。

該是可靠的基數）。

劉向、歆父子領校群書而撰成定本，其學術意義是非凡的。通過向、歆父子的不懈努力，漢帝國擁有的文化典籍得到全面而專業的校勘、整理，結束了部分文獻單篇流傳的散亂狀態，使戰亂、秦火等不良因素造成的文獻損失，得以最大限度地降低。

劉向、歆父子所校群書，完全保存至今者只是少數（約六分之一）〔二〕，而且由於書籍載體、形制的變化，無法僅從内容上推斷向、歆父子所做出的全部學術努力。根據《漢志序》『每一書已，向輒條其篇目，撮其指意，録而奏之』之記述，可知向、歆父子爲校竟之書所撰寫的書録，藴含了可資取材的豐富信息。由於《别録》《七略》均佚，而《漢志》又删掉書録，所以只能從存世不多的零篇中窺其一斑。兹以劉向所撰《荀卿書録》爲例〔三〕，試加發明。該篇書録共包括以下幾個部分：

〔二〕李零《從簡帛古書看古書的經典化》：『漢代的時候，我們能知道的古書，大部分都著録在《漢書・藝文志》當中。《漢書・藝文志》裏有多少書，大家要有一個概念。這個數字是，它大約有六百多種，一萬三千多卷。這個統計，只是大概。劉歆是一個數字（六〇三種，一三二一七卷），班固是又一個數字（六七七種，一二九九四卷）。……實際上，古人没有留下這麽多書，現在留下來的書，先秦兩漢，連東漢都加上，也不過一一五種，只有原來的六分之一還不到。』（載氏著《簡帛古書與學術源流》［修訂本］，頁四七〇—四七一）

〔三〕該篇《書録》載在王先謙《荀子集解》書末（見《增補荀子集解》，荀子撰，王先謙集解，〔日〕久保愛增補，〔日〕猪飼彦博補遺，蘭臺書局，一九八三年）。《書録》原文末稱『孫卿書録』，因漢宣帝名『詢』，避諱作『孫』。

（一）書名及篇目部分。《書録》首題『荀卿新書三十二篇』，次列其篇目如次：勸學篇第一、修身篇第二、不苟篇第三、榮辱篇第四、非相篇第五、非十二子篇第六、仲尼篇第七、成相篇第八、儒效篇第九、王制篇第十、富國篇第十一、王霸篇第十二、君道篇第十三、臣道篇第十四、致仕篇第十五、議兵篇第十六、强國篇第十七、天論篇第十八、正論篇第十九、樂論篇第二十、解蔽篇第二十一、正名篇第二十二、禮論篇第二十三、宥坐篇第二十四、子道篇第二十五、性惡篇第二十六、法行篇第二十七、哀公篇第二十八、大略篇第二十九、堯問篇第三十、君子篇第三十一、賦篇第三十二。

（二）校讎及整理部分。《書録》以校書習語『護左都水使者光禄大夫臣向言』領起，文曰：『所校讎中《孫卿書》凡三百二十二篇，以相校，除複重二百九十篇，定著三十二篇，皆以定，殺青簡，書可繕寫。』

（三）撰者事行及思想部分。『孫卿，趙人，名况。方齊宣王、威王之時，聚天下賢士於稷下，尊寵之。若鄒衍、田駢、淳于髡之屬甚衆，號曰列大夫，皆世所稱，咸作書刺世。是時，孫卿有秀才，年五十，始來游學。諸子之事，皆以爲非先王之法也。孫卿善爲《詩》《禮》《易》《春秋》。至齊襄王時，孫卿最爲老師。齊尚修列大夫之缺，而孫卿三爲祭酒焉。齊人或讒孫卿，乃適楚。楚相春申君以爲蘭陵令。人或謂春申君曰：「湯以七十里，文王以百里。孫卿，賢者也，今與之百里地，楚其危乎！」春申君謝之，孫卿去之趙。後客或謂春申君曰：「伊尹去夏入殷，殷王而夏亡；管仲去魯入齊，魯弱而齊强。故賢者所在，君尊國安。今孫卿，天下賢人，所去之國，其不安乎！」春申君使人聘孫卿。孫卿遺春申君書，刺楚國，因爲歌賦，以遺春申君。春申君恨，復固謝孫卿，孫卿乃行，復爲蘭陵令。春申君死而孫卿廢，因家蘭陵。李斯嘗爲弟子，已而相秦；及韓非號韓子，又浮丘伯，皆受業，爲名儒。孫卿之應聘於諸侯，見秦昭王。昭王方喜戰伐，而孫卿以三王之法説之，及秦相應侯，皆不能用也。至趙，與孫臏議兵趙孝成王前。孫臏爲變詐之兵，孫卿以王兵難之，不能對也。卒不能用。孫卿道守禮義，行應繩墨，安貧賤。孟子者，亦大儒，以人之性善。孫卿後孟子百餘年，以爲人性惡，故作《性惡》一篇，以非孟子。蘇秦、張儀以邪道説諸侯，以大貴顯，孫卿退而笑之曰：「夫不以其道進者，必不以其道亡。」至漢興，江都相董仲舒亦大儒，作書美孫卿。孫卿卒不用於世，老於蘭陵。疾濁世之政，亡國亂君相屬，不遂大道而營乎巫祝，信機祥。鄙儒小拘如莊周等，又滑稽亂俗。於是推儒、墨、道德之行事興壞，序列著數萬言而卒，葬蘭陵。而趙亦有公孫龍爲「堅白」「异同」之辨、處子之言；魏有李悝，盡地力之教；楚有尸子、長盧子、芊子，皆著書。然非先王之法也，皆不循孔氏之術，唯孟軻、孫卿能爲尊仲尼。蘭陵多善爲學，蓋以孫卿也。長老至今稱之曰「蘭陵人喜字爲卿」，蓋以法孫卿也。孫卿、董先生皆小五伯，以爲仲尼之門，五尺童子皆羞稱五伯。如人君能用孫卿，庶幾於王。然世終莫能用，而六國之君殘滅，秦國大亂，卒以亡。』

（四）思想及學術評價部分。『觀孫卿之書，其陳王道甚易行，疾世莫能用。其言悽愴，甚可痛也！

嗚呼！使斯人卒終於閭巷，而功業不得見於世。哀哉！可爲霣涕。其書比於記傳，可以爲法。謹第録。臣向昧死上言。』末云：『護左都水使者光禄大夫臣向言。所校讎中《孫卿》書録。』

按：以上四個方面，除末二句外[一]，構成了一個整體，其實就是《荀子》一書的書録，即本書目録。『目』指本書篇目。書名之下篇次部分，爲本書各篇排定了序次，一方面使本書的内容得以確定，另一方面也使本書的内部架構得以確定，具有防止散佚的學術功用，十分便於按目索驥或按目復原。『録』指本書叙録，包括上揭第（二）（三）（四）三個部分。第（二）部分（校讎及整理），旨在向成帝報告如何校理圖書、寫成定本。可以看到，劉氏父子所用的材料主要有『中《孫卿書》凡三百二十二篇』。所謂『中』，即指内廷（皇宫）藏書。從體量上看，『三百二十二篇』顯然是一個較爲豐富的典藏，但其中大部分是重複的篇章；經過校勘、『除複重』，定著下來三十二篇，大致是原有材料的十分之一。新校而成的《荀卿新書》，不再是單篇或某幾篇流傳的荀子著作篇章的組合，而是一部完整體現荀子思想與著述面貌的獨立的書籍，作爲定本納入國家藏書之中。當然，劉氏父子所用以校讎的材料，並不僅限於内廷藏書。《晏子書録》首云：『所校中書《晏子》十一篇，臣向謹與長社尉臣參校讎，太史書五篇、臣向書一篇、臣參書十三篇，凡中外書三十篇，爲八百三十八章。除複重二十二篇六百三十八章，定著八篇二

[一] 筆者在這裏要指出的是，『護左都水使者光禄大夫臣向言。所校讎中《孫卿》書録』係提示性話語，應當是寫在最後一根簡上，其作用是方便尋檢，因此不是書録的組成部分。

百一十五章。外書無有三十六章，中書無有七十一章，中外皆有以相定。中書以「夭」爲「芳」，「又」爲「備」，「先」爲「牛」，「章」爲「長」，如此類者多，謹頗略揃，皆已定，以殺青書，可繕寫。』[一]從中可以看出，劉向、歆父子廣泛搜羅校勘資料，不僅有内廷（宫内。『中書』）所藏，還有外廷（官府。如『太史書』）所藏，以及私人所藏（『臣向書』『臣參書』）。這篇書録還留下了校勘异文的實録。第（三）部分（撰者事行及思想），詳述荀子時代背景及履歷大要，目的即在於『論世知人』，以便更好地理解荀子的思想。第（四）部分（思想及學術評價），劉向立場有二：儒家立場及皇室立場。前一立場，使劉向對荀子抱有深切的同情，因爲荀子所陳爲『王道』，是儒家宣導的核心價值之一。後一立場，使劉向對荀子思想的現實價值作了積極的肯定：『其書比於記傳，可以爲法。』所謂『記傳』，是對《六經》的解説與發揮。劉向曾任宗正，自覺有引導劉氏皇帝區别對待文化遺産的任務。

經劉向、歆父子領校群書，漢代國家藏書面貌因此焕然一新。官方定本的完成，不僅可供當時取資，也使後世討論學術源流時，有了可以追溯的傳本。

[一] 姚振宗輯録，鄧駿捷校補《七略别録佚文》，澳門大學，二〇〇七年，頁三四—三五。

二、獨尊儒術，構建帝國需要的文獻體系

漢朝建立在秦帝國廢墟之上，經過戰火的摧殘，漢初民生凋敝，國家疲弱，急需休養生息。開國以來，漢廷崇尚黄老之學，强調無爲而治，目的是與民休息，恢復生産能力。經過數代經營，至武帝時國庫充盈，開啓了有所作爲的時代。在軍事上取得對匈奴作戰的優勢，在思想文化上則『罷黜百家，表章《六經》』，獨『推明孔氏』〔一〕，儒家學説開始成爲帝國的主流意識形態。但是，與之相適應的文獻體系却没有及時建立起來。武帝雖然『建藏書之策，置寫書之官』，命軍政楊僕校理兵書，但範圍有限，並没有對帝國藏書進行大規模的校勘與整理。直到劉向、歆父子領校群書，勒成定本，並撰成《别録》《七略》，同帝國體制、統治思想相適應的文獻體系，終告建成。

劉向、歆父子構建的文獻體系，不僅體現在『六百三家，一萬三千二百一十九卷』的圖書定本，更體現在『六略、三十八種』的文獻分類體系上（《别録》《七略》均同）。根據《漢志》，劉氏父子建立的文獻體

〔一〕 董仲舒答武帝對策云：『臣愚以爲諸不在六藝之科孔子之術者，皆絶其道，勿使並進。邪辟之説滅息，然後統紀可一而法度可明，民知所從矣。』『及仲舒對册，推明孔氏，抑黜百家。』（班固《漢書》卷五六，頁二五二三、二五二五）又《漢書·武帝紀》贊曰：『孝武初立，卓然罷黜百家，表章《六經》。』（班固《漢書》卷六，頁二一二）

系如次：

表一　《别録》《七略》《漢志》分類表

略	種(類)	著録
六藝略	易、書、詩、禮、樂、春秋、論語、孝經、小學	一百三家，三千一百二十三篇。(入三家，一百五十九篇；出重十一篇。)
諸子略	儒家、道家、陰陽家、法家、名家、墨家、縱横家、雜家、農家、小説家	百八十九家，四千三百二十四篇。(出《蹵鞠》一家，二十五篇。)
詩賦略	屈原賦之屬、陸賈賦之屬、孫卿賦之屬、雜賦、歌詩	百六家，千三百一十八篇。(入揚雄八篇。)
兵書略	兵權謀、兵形勢、兵陰陽、兵技巧	五十三家，七百九十篇，圖四十三卷。(省十家二百七十一篇重，入《蹵鞠》一家二十五篇，出《司馬法》百五十五篇入禮也。)
數術略	天文、曆譜、五行、蓍龜、雜占、形法	百九十家，二千五百二十八卷。
方技略	醫經、經方、房中、神仙	三十六家，八百六十八卷。

《漢志序》云：『至成帝時，以書頗散亡，使謁者陳農求遺書於天下，詔光禄大夫劉向校經傳、諸子、

詩賦，步兵校尉任宏校兵書，太史令尹咸校數術，侍醫李柱國校方技。』（見前揭）劉向、歆父子將帝國圖書分爲六類，同當時校書之分職是密切相關的，除『經傳』改爲『六藝』外，其他分校之職掌同諸略之畛域均具有一一對應的關係。改『經傳』爲『六藝』，是考慮到孔子對《六經》進行了創造性的轉換，由王官職掌之經典而轉用於私家之教育，同傳統六藝（禮、樂、射、御、書、數）在作爲教學内容這一點上具有共通性[一]；『經傳』也不能涵蓋小學類典籍。

此外，決定當時典籍六分的因素，還有以下兩個：其一，學術有不同。『《六藝略》的主要部分是王官之學。《諸子略》所收爲個人以及他那個學派著的書，是私門之學。詩賦、兵書、數術、方技則因各有專門，必加分列。』[二]其二，篇卷有多寡。『群經、諸子，性質不同，當然應當分開，至於後世史書出於《春秋》，詩賦出於三百篇，然而《七略》却將史書附在《春秋》之後，而詩賦却自成一略。源流雖同而處理各异的原因就在於篇卷多寡不同。』[三]

《漢志》六略，並非在同一個平面上展開，六略之間，頗有分別。李零指出：

『文學』與『方術』是一對概念，如秦始皇手下的『士』是分爲『文學士』與『方術士』。劉歆把古

[一] 詳張宗友《〈六藝略〉命名探微》，《聊城大學學報》，二〇〇八年第五期，頁五二—五四。
[二] 程千帆、徐有富《校讎廣義・目録編》（修訂本），中華書局，二〇二〇年，頁一四七—一四八。
[三] 程千帆、徐有富《校讎廣義・目録編》（修訂本），頁一四八。

書分爲六類：六藝、諸子、詩賦、兵書、數術、方技。前三種是『文學』（相當人文學術），後三種是『方術』（相當技術），合起來就是後世所謂的『學術』。[一]

這種觀點，新人耳目，有助於深化對六略之間性質异同的認識。實際上，《漢志》六略，有其不同之層級：

（甲）《六藝略》中的易、書、詩、禮、春秋五類（《五經》），是舊王官之學的核心典籍（六經去樂），也是諸子共同的學術淵藪。基於《五經》作爲經典的性質，並經過劉向、歆父子的學術努力，《五經》在新王官之學（郡縣制中央集權國家的官學體系）中仍然處於經典的地位，屬於核心典籍。《六藝略》中的論語、孝經、小學三類，其時並非經典，分别處在傳記、通經之具的層面上，同《五經》顯然有别。

（乙）諸子之學興起於先秦，是各個學派思想主張的充分表達，成就了先秦思想史上百家争鳴的黄金時代。在性質上，諸子之學是《六經》的『支與流裔』，因此，此類典籍不能同經典相提並論，在學術地

[一] 李零《蘭臺萬卷》（修訂本），生活·讀書·新知三聯書店，二〇一三年，頁九。

位上要次一等級。錢穆指出，諸子之學屬於『百家言』，與『王官學』有今古之别，性質不同[一]。但是，劉向、歆父子將儒家列在諸子之首，更將《論語》《孝經》置於《六藝略》内，則是深受漢武帝時『罷黜百家，表章《六經》』『推明孔氏』的影響，是帝國主流意識形態的選擇在文獻典籍上的投射。通過文獻秩序的布局，劉氏父子又强化了儒術獨尊的思想格局，體現其儒家本位的學術立場。

（丙）《詩賦略》相當於後世的集部，著録的是文學作品，表達作者的個體情感。從這一角度來説，《詩賦略》雖排在《諸子略》之後，但其性質却有相通之處。

（丁）《兵書略》《數術略》《方技略》，學有專門，業有專攻，偏重技術（確如李零所言），同經典性質不同，但可以看成是諸子之一端（墨子、公孫班之攻防，即重技術）。

綜上所述，知劉向、歆父子建構起來的文獻體系，其内部實有不同的層級，而其整體架構，可以概括爲以經籍爲本源、以諸子爲流裔的『經子之學』；儒術獨尊的思想觀念貫穿其中，使《六藝略》《諸子略》的内部，也各有其側重。總之，劉向、歆父子建構起來的文獻體系，不僅基於當時校勘、整理圖書之實際，對存世典籍的學術面貌進行書寫，是記録之學；而且基於儒術獨尊的政治立場，折射出帝國主

[一] 錢穆云：『諸子百家既盛，乃始有博士官之創建。博士官與史官分立，即古者「王官學」與後世「百家言」對峙一象徵也。《漢書·藝文志》以《六藝》與諸子分類，《六藝》即古學，其先掌於史官，諸子則今學，所謂「家人言」是也。』（錢穆《兩漢博士家法考》，載氏著《兩漢經學今古文平議》，商務印書館，二〇〇一年，頁一八七）

流意識形態的抉擇，是經子之學。

三、考辨源流，成就學術書寫的目録典範

目録學是一門古老而日新的學問，其遠源可以上推至《詩》《書》之序。《隋志・簿録篇序》：『古者史官既司典籍，蓋有目録，以爲綱紀。』[一] 余嘉錫指出：『目録之學，由來尚矣！《詩》《書》之序，即其萌芽。』[二] 至於目録學作爲獨立學問的源起及其宗旨，章學誠所論最切：

校讎之義，蓋自劉向父子，部次條别，將以辨章學術，考鏡源流；非深明於道術精微、群言得失之故者，不足與此。後世部次甲乙，紀録經史者，代有其人；而求能推闡大義，條别學術异同，使人由委溯源，以想見於墳籍之初者，千百之中，不十一焉。[三]

章氏所謂『校讎』，實涵包『目録』在内，因此上文討論的其實是目録學的源流與宗旨。章氏認爲，

[一] 魏徵等《隋書》卷三三，中華書局，一九七三年，頁九九二。
[二] 余嘉錫《目録學發微》卷一，巴蜀書社，一九九一年，頁一。
[三] 章學誠《校讎通義・叙》，載葉瑛校注《文史通義校注》，頁九四五。

劉向、歆父子通過『部次條别』，能够『辨章學術，考鏡源流』，可見深明於『道術精微、群言得失之故』。所謂『部次』，指分别部居，序次群籍；所謂『條别』之『條』，指『每一書已，向輒條其篇目，撮其指意，録而奏之』（見前揭《漢志序》），即撰寫書録；『條别』之『别』，指『劉向校書，輒爲一録，論其指歸，辨其訛謬，隨竟奏上，皆載在本書。時又别集衆録，謂之《别録》』（見阮孝緒《七録序》），即編纂書目。章氏用簡括之筆墨，概括出了劉向、歆父子領校群書、撰寫書録、匯成書目而作出的傑出貢獻。目録學即奠基於劉向、歆父子，而『辨章學術，考鏡源流』，對學術史進行建構與書寫，也成爲目録學這門學問的宗旨之所在。

那麽，劉向、歆父子如何奠定目録學對學術史進行建構與書寫（『辨章學術，考鏡源流』）的學術傳統？其大要有以下幾個方面：

其一，通過著録，揭示圖書信息。

所謂『著録』，是指將具體圖書按一定的方式登入書目。每一種書，都是一條記録，這些記録正是構成書目的基本單元。作爲群書目録（即書目），《别録》《七略》顯然也是由不同的登載記録構成的；其著録總數，應該就是前揭之六百零三家（種）。

由於《别録》《七略》已經亡佚，這兩種書目如何對經過校理而寫定之書進行著録，還缺少直接證據。《漢書・藝文志》以《七略》爲基礎而編成，在著録上有一定的相關性。但是，班固將《七略》之文删減幅度較大（由七卷而删至一卷），除本書叙録（解題）基本删除之外，著録方式上大約也有合併與省略兩種。無論如何，書名一定是各條著録的核心内容，因爲没有書名，便不成其爲書目。試看以下諸例（爲討論方便，加上序次）：

（一）《古五子》十八篇。自甲子至壬子，説《易》陰陽。

（二）《淮南道訓》二篇。淮南王安聘明《易》者九人，號九師（法）〔説〕。

（三）《古雜》八十篇，《雜灾异》三十五篇，《神輸》五篇，《圖》一。

（四）《孟氏京房》十一篇，《灾异孟氏京房》六十六篇，《五鹿充宗略説》三篇，《京氏段嘉》十二篇。〔一〕

以上係《六藝略·易類》所載之四條記載。李零將其歸爲一組，題『易説四種』，應是出於性質相近之考慮。李氏指出：

《古雜》《雜灾异》《神輸》是合三種爲一書：《古雜》可能是古文本或古文雜説，《雜灾异》可能是灾异家的雜説，《神輸》五篇下有『圖一』，小序不統計，大序也不統計。我們要注意，這可能是最

〔一〕班固《漢書》卷三〇，頁一七〇三。

早的易圖。

《孟氏京房》（孟喜、京房）、《灾异孟氏京房》（孟喜、京房），《五鹿充宗略説》（五鹿充宗）、《京氏段嘉》（京房、段嘉），是合四種爲一書。這是傳孟氏易和梁丘易的易説。孟氏易的傳授是：孟氏—京房—段嘉。梁丘易的傳授是：梁丘氏—五鹿充宗。這是今文説。〔一〕

按：以上所引各條，都具備書名與篇卷的兩項要素。第（一）（二）兩條，因爲各自涉及一種著作，所以没有疑義。第（三）（四）兩組，分别涉及三種、四種著作，而班固分别將其合併，只作一條記録。李零先生據此認爲，班固分别『合三種爲一書』『合四種爲一書』。這種觀點，或許不盡準確。從篇數上看，第（三）組合起來有一百二十篇（另有圖一卷），第（四）組合起來有九十二篇，實不宜作爲『一書』來看待。度以上涉及之著作，在《七略》中當各爲一條著録（《别録》中亦然），並且各有解題。《神輪》一種，有注云：

師古曰：『劉向《别録》云：「神輪者，王道失則灾害生，得則四海輪之祥瑞。」』〔二〕

所引劉向《别録》云云，正是《神輪》之書録文字。那麽，《神輪》在《别録》《七略》中必然作爲獨立著

〔一〕李零《蘭臺萬卷》（修訂本），頁一七。
〔二〕班固《漢書》卷三〇，頁一七〇四。

録而存在，勢不能在《六藝略》内同其他各書『合爲一書』。

上引各條，使《别録》《七略》最核心的兩個著録要素得以呈現，即：（甲）書名，（乙）篇卷。篇卷揭示圖書之容量，也是書目的基本要素之一。由於《别録》《七略》乃以校理、寫定之圖書爲基礎，各書篇目在書録裏即有記録，因此，在書目裏著録各書篇卷之數，即爲應有之義。至於是否别有作者等項，因《漢志》所記過於簡略，還無法推知（有些書名即學派代表人物命名，如《莊子》等）。

總之，《别録》《七略》的著録，較《漢志》爲豐（至少有書名、篇卷等核心要素），通過序次，校定之書最關鍵的學術信息得以揭示，成爲後世書目編纂的定則。

其二，通過分類，分别、部次群籍。

分類是『辨章學術，考鏡源流』的重要途徑。劉向、歆父子建構起嚴密的分類體系：一級部類稱『略』，凡六；二級類目稱『種』，凡三十八（詳見前表）。這是中國目録學史上有名的『六分法』。分類體系建構的前提，是對當時以全部校定之書爲載體的思想及學術面貌的總體把握，無疑需要博通的學術眼光。藉助這一體系，任何一部著述，都被納入到具體的部類之下。

劉向、歆父子建構的圖書分類體系，具有典範意義，對後世影響很大。東漢、三國時代的圖書分類，沿用的就是劉氏父子的分類體系。阮孝緒《七録序》云：

（劉）歆遂總括群篇，奏其《七略》。及後漢蘭臺，猶爲書部。又於東觀及仁壽閣，撰集新記。

校書郎班固、傅毅，並典秘籍。固乃因《七略》之辭，爲《漢書·藝文志》。其後有著述者，袁山松亦録在其書。魏晉之世，文籍逾廣，皆藏在秘書、中、外三閣。魏秘書郎鄭默，删定舊文，時之論者，謂爲朱紫有别。晉領秘書監荀勖，因魏《中經》，更著《新簿》。雖分爲十有餘卷，而總以四部别之。（載《廣弘明集》卷三）

據此可知，東漢時班固等校書蘭臺、東觀、仁壽闥，撰集新記、編寫《漢書·藝文志》；三國時魏國鄭默撰《魏中經簿》，以及西晉袁山松編寫《後漢書·藝文志》，采用的仍然是劉氏父子的分類體系。這種局面直到晉秘書監荀勖撰寫《晉中經簿》時，纔有所改變。

其三，通過解題，發明圖書旨趣。

解題，或稱提要，是書目中對某種圖書的作者事行、著述内容、學術價值等進行簡要概括或闡發的説明性文字。具有解題（提要）的書目，被稱解題（提要）目録。由於中國學術特别講求源流（實質上是對學術史進行回顧、建構與書寫），因此，解題（提要）目録一向受到高度關注。古代學術史上的解題目録，著名的有《崇文總目》、晁公武《郡齋讀書志》、陳振孫《直齋書録解題》、馬端臨《文獻通考·經籍考》、朱彝尊《經義考》、紀昀《四庫全書總目》等。最早的解題目録，即是劉向、歆父子編撰的《别録》與《七略》。劉氏父子是解題目録的開創者。

劉向、歆父子用作解題的文獻材料，其實就是書録（本書目録），係據上呈給皇帝的奏文改换形式、轉寫而成。如前文所録之《荀卿書録》，就是《别録》中《孫卿新書》的解題來源。按照當代對解題類型的劃分[一]，《别録》解題屬於『叙録體』或『綜録體』。如前揭《荀卿書録》所示，《别録》解題包括四個部分：（甲）書名及篇目，（乙）校讎及整理，（丙）撰者事行及思想，（丁）思想及學術評價。以上四個部分，實以著述校理爲基礎（包括傳本比較、篇章厘定與文字校勘），以撰者與著述爲本體，客觀介紹與主觀評價相結合，涵括後世治書之學與學術平議的各個層面，内容極爲豐碩。事實上，劉氏父子開創的叙録體（綜録體），可以説是書目解題的『母體』，後世産生的其他解題體例，如傳録體、輯録體、輯考體等，均源出於叙録體（綜録體），是叙録體（綜録體）在不同時代的變體。就解題之完備性而言，後世罕有其匹。

劉氏父子撰寫解題，雖有其儒家、皇室之立場，但在學術上具有較强的客觀性。後世采用叙録體

[一] 按：王重民先生最早對解題類型進行劃分：『我爲稱名的方便，擬把從劉向叙録直到《四庫全書總目》的提要都稱爲叙録體的提要，把用傳記方式的都稱爲傳録體的提要。看來，這一時期内最發達的是傳録的提要。另外，還有輯録體的提要，就是不由自己編寫，而去鈔輯序跋、史傳、筆記和有關的目録資料以起提要的作用。這一方法是在這一時期内由僧祐開其端，而由馬端臨的《文獻通考·經籍考》、朱彝尊《經義考》得到進一步發揮，和叙録體、傳録體並稱，我擬稱之爲輯録體。』（載氏著《中國目録學史論叢》，中華書局，一九八四年，頁八〇）程千帆、徐有富先生則分爲兩類：『從劉向以來就使用的提要，經過發展，大體可以分爲兩種類型，即鎔鑄材料、獨立成文的綜述之體，與編次材料、述而不作的輯録之體。』（程千帆、徐有富《校讎廣義·目録編》[修訂本]，頁一二一—一二二）

(綜録體)的書目中,《四庫全書總目》集古典目録之大成,被公認爲是讀書治學的門徑之作。但是,同四庫館對存世典籍進行甄别處理的政治舉措相呼應,館臣撰寫提要時亦『等差有辨,旌别兼施』[一],提要之容量與水準其實不能一概而論。《四庫全書總目》著録之書,分著録書與存目書兩大部分:著録書被寫入《四庫全書》,分陳七閣,成爲國家文治之盛的表徵;存目書因『未越群流』,被認爲價值較低,僅存其目。試一讀兩類書之提要,即知二者在提要文字上有詳略之别;在學術立場上館臣則對存目書頗多批評,可見其書寫態度顯然與政治趨向之聯繫極爲緊密。比較而言,《别録》解題雖不乏價值判斷,在學術上有其儒家、皇室之立場,但總體上看,持論較爲客觀,視野更爲宏通。造成這一區别的最重要的原因是,《總目》之纂修直接操控於清高宗弘曆之手,館臣之態度、文字一以弘曆之政治取向、好惡爲準的;而劉氏父子學爲通儒,又係皇室宗親(劉向曾任宗正),學高位尊,足以領袖群倫,因此在撰寫解題時没有羈絆與顧忌,可以保持學者之本色而馳騁其學術才情。

總之,就體例之開創性、内容之完備性與學術之客觀性而言,向、歆父子之解題堪稱典範之作,其

[一]《四庫全書目總目・凡例》有云:『前代藏書,率無簡擇,蕭蘭並擷,珉玉雜陳,殊未協别裁之義。今詔求古籍,特創新規,一一辨厥妍媸,嚴爲去取。其上者悉登編録,罔致遺珠;其次者亦長短兼臚,見瑕瑜之不掩。其有言非立訓、義或違經,則附載其名,兼匡厥繆。至於尋常著述,未越群流,雖咎譽之咸無,究流傳之已久,準諸家著録之例,亦併存其目,以備考核。等差有辨,旌别兼施,自有典籍以來,無如斯之博且精矣。』(永瑢、紀昀等《欽定四庫全書總目》卷首三,武英殿刻本,《景印文淵閣四庫全書》第一册,臺灣『商務印書館』,一九八六年,頁三四)

體制與品質均無與倫比。

其四，通過小序，書寫部類源流。

小序，是書目中部類之後叙述學術源流的文字。如果説，解題（提要）針對的對象是某種具體的著述，屬於一人（家）之學；那麽，小序針對的則是某一部類的全部著述，屬於部類之學。從功用上看，小序就是某一文獻部類的簡明學術史。

小序直接叙述學術源流，體現了目録學家對於某一部類的學術認知，因此，小序之有無被視作衡量書目品質高下的重要參考。余嘉錫先生甚至將小序與解題的重要性相提並論，以二者之有無爲標準，將目録分成三類[一]，足見其卓識。

小序有一級類序、二級類序等之區分。《别録》《七略》的一級類序，就是六略之序，凡六篇；二級類序，是各略之下子類之序，凡三十三篇（《詩賦略》分五個子類，《漢書·藝文志》内未載類序）。試觀《諸子略序》：

諸子十家，其可觀者九家而已。皆起於王道既微，諸侯力政，時君世主，好惡殊方，是以九家

[一] 余嘉錫云：『目録之書有三類：一曰部類之後有小序，書名之下有解題者；二曰有小序而無解題者；三曰小序解題並無，只著書名者。』（《目録學發微》卷一，頁二）

之術蜂出並作，各引一端，崇其所善，以此馳説，取合諸侯。其言雖殊，辟猶水火，相滅亦相生也。仁之與義，敬之與和，相反而皆相成也。《易》曰：『天下同歸而殊塗，一致而百慮。』今异家者各推所長，窮知究慮，以明其指，雖有蔽短，合其要歸，亦《六經》之支與流裔。使其人遭明王聖主，得其所折中，皆股肱之材已。仲尼有言：『禮失而求諸野。』方今去聖久遠，道術缺廢，無所更索，彼九家者，不猶癒於野乎？若能修六藝之術，而觀此九家之言，舍短取長，則可以通萬方之略矣。〔二〕

這篇小序，將諸子學説的興起背景、學術淵源、當代價值等，叙述得極爲精要，略等於一篇簡要的先秦諸子學史。試取《隋書·經籍志》《四庫全書總目》之子部序對讀，不難看出三者在書寫子學源流上的承接關係。劉向、歆父子在目録學上的開創性貢獻，爲後世實現目録類文獻的有序傳承提供了典範與高標。

綜上討論，知劉向、歆父子領校圖書，對先秦以來的文獻首次進行全面的校理，形成傳世文獻的官方定本，構建起儒術獨尊語境下的符合大一統帝國統治需要的文獻體系。劉氏父子在目録學上貢獻頗著：通過著録，揭示圖書信息；通過分類，分别、部次群籍；通過解題，發明圖書旨趣；通過小序，書寫部類源流。通過上述努力，向、歆父子開創了建構與書寫學術史的目録學傳統，《别録》《七略》因

〔二〕班固《漢書》卷三〇，頁一七四六。

此成爲目録學的奠基之作、典範之作。向、歆父子以其對國家藏書之整理與傳承、對學術源流的建構與書寫，在古代文獻文化史上居功至偉。向、歆父子之校書及其成就生動地説明，帝王之意志與支持、傑出學者之組織與努力，是古代文獻得以大規模整理、恢復與傳承的兩大關鍵性因素。

（本文以《論劉向、劉歆父子與文獻傳承》爲題，原載於《徐州工程學院學報》，二〇二一年第二期；又收入拙著《治亂交替中的文獻傳承》［南京大學出版社，二〇二一年版］，成爲第二章的一部分。）

貳 《晋中經簿》解題考

中古時期[一]是中國目録史、學術史上非常重要的一個時期，不僅書目分類由六分走向四分，而且書目解題[二]的類型由叙録體逐漸分化出傳録體、輯録體等，深刻地影響了中國傳世典籍與學術的分類格局。此期産生了幾部著名的目録，如《晋中經簿》[三]（荀勖等撰。以下或簡稱『荀《簿》』）、《七志》（王儉撰。以下或簡稱『王《志》』）、《七録》（阮孝緒撰。以下或簡稱『阮《録》』）等，上承劉向、歆父子的《别

[一] 按：本文所説的『中古時期』，指魏晋南北朝時期。

[二] 按：解題，又稱提要，是書目中對著録的圖書進行解説的文字。余嘉錫先生説：『書名下論説，名稱屢變』，『以普通均呼之爲解題，姑用以立説』（載氏著《目録學發微》卷一，巴蜀書社，一九九一年，頁二）。今循其例，通稱解題。

[三] 按：荀勖此目，阮孝緒《古今書最》著録作『《晋中經簿》』，《隋志·簿録篇》著録作『《晋中經》』（均見下文），因此，其正式名稱當作《晋中經簿》（鄭默所撰者則稱《魏中經簿》）。阮氏《七録序》有『因魏《中經》，更著《新簿》』一語，《隋志》因之，因此後世又别稱此目作《中經新簿》。又按：關於荀勖領校群書，時賢考其大約始於西晋泰始六、七年（二七〇—二七一）間，初期同中書令張華一起負責，後期則與和嶠一起負責。（詳吴光興《荀勖〈文章叙録〉、諸家『文章志』考》，載莫礪鋒編《周勛初先生八十壽辰紀念文集》，中華書局，二〇〇八年，頁一七七）

録》《七略》，下開《隋書・經籍志》（以下簡稱『《隋志》』），具有承上啓下的關鍵作用。由於這一時期的目録絶大多數都已亡佚[一]，各目面貌因此極難考求，雖經學界不懈努力，仍然留下了許多懸而未決的學術難題。本文將要討論的荀勖《晋中經簿》的解題問題，就是其中之一。

一、引論：問題之提出

在學術史上，荀勖（二一七？—二八九）《晋中經簿》以開創目録四分法而著稱（分甲、乙、丙、丁四部，對應後世之經、子、史、集），改變了漢代劉向、歆父子奠定的六分載籍的目録學傳統。後經李充調換乙、丙兩部之次序（使史居子前。《晋元帝書目》），魏徵《隋志》確立經、史、子、集四部之名目，終使四分法成爲中國古代典籍分類的主流，深刻地影響了古代中國文獻分類與學術思想的格局。學人推尊荀《簿》，認爲該簿『上承《七略》，下開四部，至爲重要』[二]，『是中古前期整個時期内最好的一部官修目

[一] 按：中古時期的目録，如果不考慮一書之目録（即本書目録），而就群書之目録（即書目）來看，僅有《古今書最》、阮孝緒著述簡目等極少數目録，因特殊機緣而保存下來（以上二種，保留在釋道宣《廣弘明集》内）。

[二] 余嘉錫《目録學發微》卷一，頁二—三。

録』[一]。由於其書久佚(《隋志》、《舊唐書·經籍志》[以下簡稱『《舊唐志》』]、《新唐書·藝文志》[以下簡稱『《新唐志》』]俱作十四卷,其後則未見著録。余嘉錫因推此目『至宋遂佚』[二]),因此,關於此簿的一些問題,引起了學人的持續關注與探討。

解題(或稱『提要』)是目録學家『辨章學術,考鏡源流』(章學誠語。見《校讎通義叙》)的重要手段。事實上,目録學作爲一門古老而日新的學科,經過古代學者鄭樵(《通志·校讎略》)、章學誠(《校讎通義》)等之理論探索,並經現當代學人余嘉錫、汪辟疆、王重民、姚名達、程千帆、徐有富等先生之持續努力,已經形成了較爲明晰的學科範式與價值體系。目録學之宗旨,學界公認由章學誠所標舉之『辨章學術,考鏡源流』八字足以當之。值得追問的是,目録學家如何能够『辨章學術,考鏡源流』?作爲一代大家,余嘉錫先生就特别强調小序(即部類之序)與解題的重要性,並且以二者之有無,作爲重要標準,將目録書分爲三類[三],體現了非凡的學術眼光。如果要考察目録學家『辨章學術,考鏡源流』的手段,或者説,要衡量一部書目編纂水平與學術價值的高下,那麽,以下幾個方面可以作爲思考的出發點:

(一)著録是否全面。即所著録之圖書,能否反映某一範圍(如時代、地域、學科等)之全部面貌。

[一] 王重民《中國目録學史論叢》,中華書局,一九八四年,頁四一。
[二] 余嘉錫《目録學發微》卷三,頁八八。
[三] 余嘉錫《目録學發微》卷一,頁二。

（二）著録是否成其體系。即是否有嚴整的以書名爲中心的條目體系、以類目爲中心的分類體系。（三）是否有條别學術源流的文字。即是否有全目總序、部類小序與圖書解題等。余嘉錫先生所强調的，正是這一方面的内容。

就荀勖《晋中經簿》而言，上述第（一）方面已然無從全面考求，而僅能從後世之徵引中，考出部分被該簿著録的圖書。至於第（二）、第（三）兩個方面，通過學界之探索（詳下節），尚能窺其一鱗半爪；但對於《晋中經簿》的著録體例問題，例如本文將要討論的解題問題等，仍未得到很好的解决。

二、學界既有研究之回顧

回顧學界對《晋中經簿》之研究，其焦點主要集中在以下兩個論題上。其一，《晋中經簿》是否有二級分類？如果有，那麽，《隋志·總序》所著録之『六藝』『小學』『古諸子家』『近世子家』『兵書』『兵家』『術數』『史記』『舊事』『皇覽簿』『雜事』『詩賦』『圖贊』『汲冢書』等十四個名稱，是否爲其二級類目（『分類之名』）？抑或僅是其『分卷之名』？其二，《晋中經簿》是否有『叙録（解題）』？如果有，其面貌如何？

按：二級分類是書目分類體系的組成部分，有無二級分類的問題，涉及目録學家對當時學術、思想體系的認知水準，極爲重要。對於《晋中經簿》的分類問題，學界討論較多[一]，但其中仍有未盡，可以説迄未定論（筆者擬另文探討，此不具論）。而《晋中經簿》『敘録（解題）』之有無等問題，則涉及編目者（以荀勖爲主）如何對劉向、歆父子奠定的目録學傳統進行因革損益，能否對新出文獻之學術價值進行準確之把握，能否産生學術影響等各個層面，關涉極廣，意義重大，是中古時期諸目録學難題中最稱關鍵者之一。

《晋中經簿》有無解題？學界認識不一。清初學者朱彝尊於《〈崇文總目〉跋》中云：

《崇文總目》六十六卷，予求之四十年不獲。歸田之後，聞四明范氏天一閣有藏本，以語黄岡張學使，按部之日，傳抄寄予。展卷讀之，只有其目。當日之敘釋，無一存焉。……書籍自劉《略》、荀《簿》、王《志》、阮《録》以來，不僅條其篇目而已，必稍述作者之旨，以詔後學。故贊《七略》者，或美其『剖判藝文』，或稱其『略序洪烈』。其後殷淳則有《序録》，李肇則有《釋題》，必如是而大

[一] 按：對《晋中經簿》分類問題加以專精之研究者，有唐明元、王德平、張固也等。前二者合撰有《〈中經新簿〉四部之小類問題辨析》（《圖書館理論與實踐》，二〇〇六年第三期）、《再論〈中經新簿〉四部之小類問題》（《圖書館理論與實踐》，二〇〇九年第九期）等；後者有《四部分類法起源於荀勖説新證》《也談〈中經新簿〉四部之小類问題》《再談〈晋中經簿〉四部之小類問題》等文（均收入氏著《古典目録學研究》，華中師範大學出版社，二〇一四年）。

綱粗舉。若盡去之，是猶存虎豹之鞟，與羊犬何别歟？[一]

朱氏所云『序釋』，要在能『稍述作者之旨，以詔後學』，實即解題。朱氏將《晋中經簿》同劉歆《七略》、殷淳《四部書序録》（《新唐志》載有三十九卷）、李肇《經史釋題》等解題目録相提並論，無疑認爲該目是有解題的。朱彝尊作爲一代名家，曾采用以輯録體爲主而兼用輯考體的解題體例，撰成經學目録的集大成之作——《經義考》，無疑具有敏鋭的目録學意識。但朱氏此跋，重在致憾於《崇文總目》解題刊去之可惜，並没有對《晋中經簿》的解題面貌作更進一步的探求與討論。

民國以降，目録學作爲一門研治古代文史之學的基礎學科，日益受到學界的重視，研究者不乏其人。其中貢獻卓著、具有代表性的學者，首推余嘉錫。關於《晋中經簿》之解題，余氏云：

> 晋武帝太康二年，得汲冢古文竹書，以付秘書，於是荀勖撰次之，因鄭默《中經》，更著新簿，遂變《七略》之體，分爲甲乙丙丁四部，是爲後世經史子集之權輿，特其次序子在史前。《隋志》謂其『但録題，及言盛以縹囊，書用緗素，至於作者之意，無所論辯』。『但録題』者，蓋謂但記書名；『盛以縹囊，書用緗素』，則惟侈陳裝飾，是其書並無解題。而今《穆天子傳》，載有勖等校上序一篇，其體略如劉向《别録》，與《隋志》之言不合。據《晋書》勖傳，則勖之校書，起於得汲冢古文，或勖第於

[一] 朱彝尊《曝書亭集》卷四四，清康熙甲午（一七一四）刻本。

汲冢書撰有叙録，他書則否也。〔一〕

知余嘉錫認爲《晋中經簿》『並無解題』，或『第於汲冢書撰有叙録，他書則否也』。其他治目録學者，在《晋中經簿》解題問題上，大約有以下幾種態度：

第一種，置而不論，或僅僅致憾於該簿之未能發明作者之意。如汪辟疆云：『自荀勖之書既行，而劉、班之學遂晦。……且所貴乎目録者，在能明其條貫，撮其指意。劉、班之書，罔不如此。荀勖對於收藏書籍之法，能計及縹緗之用，而於作者之意，鮮有發明。輕重之間，未免倒置。此固不能曲爲荀氏諱者也。』〔二〕又如來新夏云：『《新簿》的體制是登録書名、卷數和撰人，並有簡略的説明，可是没有很好地繼承劉向寫書録的傳統，缺乏對圖書内容的評述和論辯。』〔三〕其實襲用《隋志》之持論。

第二種，認識不清，意見摇擺。如姚名達認爲：『兩晋、南北朝之秘閣目録，自荀勖「但録題及言，盛以縹囊，書用緗素」，至於作者之意，無所論辯」後，介紹撰人，解釋内容，批評得失之叙録，遂被屏棄不用。』〔四〕同時又云：『其書當與後來王儉《七志》同一體制，有解題而極略。』〔五〕姚氏前後意見相左，是

〔一〕余嘉錫《目録學發微》卷三，頁八八。

〔二〕汪辟疆《目録學研究》，文史哲出版社，一九九〇年（據一九三四年初版影印），頁二一。

〔三〕來新夏《古典目録學》（修訂本），中華書局，二〇一三年，頁九八。

〔四〕姚名達《中國目録學史》（王重民校閲本），上海書店，一九八四年（據商務印書館一九五七年版影印），頁一六三—一六四。

〔五〕姚名達《中國目録學史》（王重民校閲本），頁一七四。

因爲還没有對《晋中經簿》之解題問題，作更爲深入之探析〔一〕。

第三種，持否定意見。如王重民云：『《晋中經簿》没有提要或解題，與我國傳統的解題目録比較起來是有一些弱點的。』〔二〕

進入二十一世紀以來，《晋中經簿》的解題問題，重新引起學人之注意與思考。其中貢獻較著者，當推趙望秦，有《荀勖〈中經新簿〉是有叙録的》一文（以下簡稱『趙文』）〔三〕。趙文共分六個部分。第一個部分，從荀勖校書活動長達十年以上之事實，推其能『從容撰寫叙録』。第二個部分，從荀勖《本傳》『依劉向《别録》，整理記籍』，推斷荀氏效法劉氏，爲所校圖書撰寫叙録。第三個部分，從《晋中經簿》以十四卷之篇幅，著録四部書達到一千八百八十五部之事實，推斷此簿必有叙録。第四個部分，通過勾稽佚文，推斷《晋中經簿》之甲部有叙録。第五個部分，以《文章叙録》佚文爲例，證明《晋中經簿》之丁部有叙録。第六個部分，《隋志·總序》對王儉『不述作者之意』的批評，承前對荀勖『作者之意，無所論

〔一〕按：姚名達先生（達人，顯微。一九〇四—一九四二。江西興國人）畢業於清華大學國學研究院，受業於梁啓超等大家。抗戰爆發，以中正大學教員而參加戰地服務團，於新淦遇敵，犧牲於石口村，年僅三十九歲。先生所著，已有《目録學》《中國目録學史》《中國目録學年表》《劉宗周年譜》《邵念魯年譜》《朱筠年譜》《章實齋年譜》等（詳王重民先生所撰《後記》，載姚名達《中國目録學史》，頁四二一—四二五）。儻先生未犧牲而專力學術，必有更多發明，成就未可限量。

〔二〕王重民《中國目録學史論叢》，頁四二。

〔三〕趙望秦《荀勖〈中經新簿〉是有叙録的》，《中國典籍與文化》，二〇〇四年第四期，頁一〇一—一五。

辯』之批評，恰可表明荀《簿》有叙録，只是詳於事迹而略於學術而已。趙文是研究《晋中經簿》解題問題的專文，思路明晰，爬梳甚力，頗具卓識。

針對趙文，張固也先生撰《荀勖〈中經新簿〉是有叙録的嗎？》一文[一]（以下簡稱『張文』）加以探討，對趙文所提出的六個方面，逐一加以反駁，結論是：『古書中所引《中經新簿》，没有一條稱得上是叙録。』[二]總體上否定了趙文的觀點。張文還對『皇覽簿』之含義等問題，提出了精到的見解。

大約與張固也先生同時，吴光興先生對荀勖《文章叙録》及諸家『文章志』之面貌、體例淵源，亦有精到之探討。至於《晋中經簿》，吴先生認爲：『代表荀勖校書成就的《晋中經簿》事實上却是個單純編目的目録書，並不包含《别録》式的「叙録」。』『《晋中經簿》是没有解題的單純目録。』[三]其判斷同前揭余嘉錫、王重民等先生一致。

任何研究，都有助於對論題所涉真相的揭示，乃至最終解決。上揭趙望秦、張固也、吴光興三位先生之研究，均以有限而堅確的史料作爲依據，加以縝密之分析，雖持論可能相反，但都有助於朝事實真

[一] 張固也《荀勖〈中經新簿〉是有叙録的嗎？》，載氏著《古典目録學研究》，頁三六—四八。該文原載《圖書館雜志》，二〇〇八年第七期。
[二] 張固也《荀勖〈中經新簿〉是有叙録的嗎？》，載氏著《古典目録學研究》，頁四一。
[三] 吴光興《荀勖〈文章叙録〉、諸家『文章志』考》，載莫礪鋒編《周勛初先生八十壽辰紀念文集》，頁一七八、一八四。

相不斷邁進。需要特别指出的是，趙文、張文題中所稱『叙録』一詞，實即後世之『解題（提要）』。兹略作辨析。按，『叙録』一詞，屬於一書之目録（也即本書目録）的概念。中國古典目録，包括一書之目録（或曰本書目録）與群書之目録（簡稱書目）兩大類。一書之目録，以篇目（或曰篇名、篇次）爲核心，由本書篇目、本書叙録兩大部分構成；以『録』字兼包『目』與『叙』二者[一]，故一書之目録又稱爲本書書録（由篇目、叙録兩部分構成）。至於群書之目録（書目），則以書名爲核心；針對該書之論説文字（非指作者、卷數等著録項），通常稱爲解題或提要（本文統稱解題）；有解題之書目，通常稱爲解題目録（或提要目録），而解題目録則由以書名爲中心的條目部分及解題部分組成。叙録通常是構成解題的重要來源，例如《别録》的解題，來源於劉向等爲每書撰寫的叙録之文；《四庫全書總目》著録書部分的解題，來源於《四庫全書》每部書的書前叙録等。雖然叙録同解題關係密切，但是，嚴格地説，二者實際上分屬不同之層次：叙録附本書以行，是本書目録之組成部分；解題則係解題目録的重要内容，屬於群書目録（書目）之組成部分。執此以論，趙文、張文對荀《簿》叙録問題的探討，其實是在探討荀《簿》有無解題的問題，而非嚴格意義上的有無叙録的問題。實際上，由於荀《簿》久佚，此書有無叙録的問題

[一] 余嘉錫曰：『何謂目録？目謂篇目，録則合篇目及叙言之也。……必有目有叙乃得謂之録。録既兼包叙目，則舉録可以該目。……因編校之始，本以篇目爲主，故舉目言之，謂之目録也。諸書所載向、歆之奏，亦或謂之叙録。蓋二名皆舉偏以該全，相互以見意耳。』（《目録學發微》卷一，頁一六）

（即荀勖是否爲《晉中經簿》撰寫題解），已很難考論。

三、《晉中經簿》有無解題之新探

作爲古典目録四分法的開創之作，《晉中經簿》是一部『没有解題的單純目録』，還是一部有解題的目録？或者説，該簿所著録之書，書名下有無解題？要解决這個問題，必須要從制度（中央藏書整理之傳統）、體例（《晉中經簿》内在結構及容量）及實證（遺存文字之輯佚）等層面，加以討論。

（一）官方整理藏書之傳統

中國歷來有官方管理藏書的傳統。老子曾爲周守藏室之史（《史記·老子韓非列傳》），而司馬氏世典周史（《太史公自序》）。整理藏書，是史官的重要職責。漢代劉向、歆父子奉詔領校中外藏書，使先秦以來的傳世典籍首次得到大規模的、系統性的整理，形成官方定本，成爲後世官方整理藏書的典範，影響極爲深遠。『及後漢蘭臺，猶爲書部』（阮孝緒《七録序》），知班固等司理藏書，即以向、歆父子爲取法的對象[一]。

同《晋中經簿》密切相關的文獻，僅有以下數條：

（甲）阮孝緒《七録》序文：『魏、晋之世，文籍逾廣，皆藏在秘書、中、外三閣。魏秘書郎鄭默，删定舊文，時之論者，謂爲朱紫有別。晋領秘書監荀勖，因魏《中經》，更著《新簿》。雖分爲十有餘卷，而總以四部別之。惠、懷之亂，其書略盡。江左草創，十不一存。後雖鳩集，淆亂已甚。及著作佐郎李充，始加删正，因荀勖舊簿四部之法，而换其乙、丙之書，没略衆篇之名，總以甲、乙爲次。自時厥後，世相祖述。』[二]

（乙）魏徵《隋志·總序》：『魏氏代漢，采掇遺亡，藏在秘書、中、外三閣。魏秘書郎鄭默，始制《中經》。秘書監荀勖，又因《中經》，更著《新簿》，分爲四部，總括群書：一曰甲部，紀六藝及小學等書；二曰乙部，有古諸子家、近世子家、兵書、兵家、術數；三曰丙部，有史記、舊事、皇覽簿、雜事；四曰丁部，有詩賦、圖贊、汲冢書，大凡四部合二萬九千九百四十五卷。但録題，及言盛以縹囊，書用緗素。至於

[一] 按：東漢官方大規模校書有四次，其專門校書機構有蘭臺、東觀等，均按劉向、歆父子《別録》《七略》分類之法，部次典籍。說詳張宗品《東漢校書考》一文（載《漢學研究》第三十五卷第三期，二〇一七年，頁六七—一〇四）。

[二] 釋道宣《廣弘明集》卷三，《四部叢刊初編》影明汪道昆刻本。按：該書保存的阮孝緒相關資料，計有：《七録》序文、《古今書最》《七録目録》（以上合稱《七録序録》）、阮氏著述簡目、阮氏傳記等。

作者之意，無所論辯。惠、懷之亂，京華蕩覆，渠閣文籍，靡有孑遺。東晉之初，漸更鳩聚。著作郎李充，以勖舊簿校之，其見存者，但有三千一十四卷。充遂總没衆篇之名，但以甲乙爲次。自爾因循，無所變革。」〔一〕又《簿録篇》：「《晉中經》十四卷（荀勖撰）。」〔二〕

（丙）《晉書・荀勖傳》：「荀勖字公曾，潁川潁陰人，漢司空爽曾孫也。……仕魏，辟大將軍曹爽掾，遷中書通事郎。……武帝受禪……拜中書監，加侍中，領著作，與賈充共定律令。……俄領秘書監，與中書令張華依劉向《别録》，整理記籍。……及得汲郡冢中古文竹書，詔勖撰次之，以爲《中經》，列在秘書。」〔三〕

（丁）《晉書・李充傳》：「李充字弘度，江夏人。……善楷書，妙參鍾、索，世咸重之。辟丞相王導掾，轉記室參軍。……服闋，爲大著作郎。於時典籍混亂，充删除煩重，以類相從，分作四部，甚有條貫，秘閣以爲永制。」〔四〕

按：漢成帝、哀帝時劉向、歆父子先後領校群書，撰成《别録》《七略》，奠定了校書的基本規範與原

〔一〕魏徵等《隋書》卷三二，中華書局，一九七三年，頁九〇六。
〔二〕魏徵等《隋書》卷三三，頁九九一。
〔三〕房玄齡等《晉書》卷三九，中華書局，一九七四年，頁一一五二—一一五四。
〔四〕房玄齡等《晉書》卷九二，頁二三八九—二三九一。

則，使目録學成爲一門獨立的學問。經劉向、歆父子而形成的校讎與著述傳統中，整齊篇目、撰寫叙録、編成書目，是其中最爲重要的幾個步驟。《别録》《七略》體制較爲完備，解題是其中重要的組成部分（本文第六節所舉《晏子書録》，就是二目中《晏子》解題的重要來源）。向、歆父子所開創的校書傳統，爲歷代校理官書、編寫官簿者所繼承。荀勖『領秘書監，與中書令張華，依劉向《别録》，整理記籍』，即遵循向、歆父子奠定的校讎與著述傳統，厘定篇目，撰寫叙録。叙録文字，必在《晋中經簿》中有所體現，構成相應的解題内容（《新撰文章家集叙》中也有，而範圍、詳略不同。詳本文第六節）。此一傳統，至東晋李充因『典籍混亂』而『删除煩重』，撰成没有解題的簡目，纔有所改變。

（二）《晋中經簿》著録之容量

從《晋中經簿》著録體例（如著録形式、結構要素等）的層面，來審視該簿解題有無的問題，不失爲一個有效的途徑。但是，荀《簿》的著録形式與内在結構（解題是非常重要而並非必需的結構要素），由於文獻不足徵，目前還無法做出全面的描述與進一步的判斷。幸運的是，荀《簿》著録形式中的容量要素（即本書卷數、著録圖書之種數等）是明確的，這一客觀史實，爲該簿解題有無之探討，提供了可靠的依據。

《晋中經簿》的著録容量，首見於阮孝緒《古今書最》『《晋中經簿》』條：

四部書一千八百八十五部，二萬九百三十五卷。其中十六卷佛經。書簿少二卷，不詳所載多少。

一千一百一十九部亡，七百六十六部存。（釋道宣《廣弘明集》卷三）

阮孝緒出於『窮究流略，探盡秘奥』（《七録序録》）的撰述宗旨，對歷代書目之著録及當時存亡之實際，作詳盡之考察，從而留下有關《晋中經簿》的兩個關鍵數字信息：一千八百八十五部、二萬九百三十五卷。前者是荀《簿》著録的圖書種數，後者是著録圖書的總卷數。實際上，對於考察一部書目的著録容量而言，只有前者（圖書種數）纔是一個有效的衡量指標，而著録圖書的總卷數則關係不大。因爲圖書種數的多少，直接決定了目録著録條數的多少。

衡量目録著録容量的另一個重要指標，則是目録本身的卷數。在載體相同、各卷容量大致均衡的前提下，書目的卷數越多，其著録容量也就越大。《晋中經簿》之卷數，《隋志》之簿録篇作十四卷（見前揭），《舊唐志》之雜四部書目類（題作『《中書簿》』）〔二〕、《新唐志》之目録類〔三〕，所著録均與《隋志》相同。

〔二〕劉昫等《舊唐書》卷四六，中華書局，一九七五年，頁二〇一一。
〔三〕歐陽修、宋祁等《新唐書》卷五八，中華書局，一九七五年，頁一四九七。

結合《古今書最》與隋、唐《志》之記載，知《晋中經簿》以十四卷之篇幅，共著録圖書一千八百八十五部，大致相當於每卷著録圖書一百餘部（種）。僅從這個結果本身，並不能對該簿是否有解題的問題加以推論，只有將其置於書目著録的系列中加以類比，纔有可能得出有意義的結論。

《晋中經簿》之前，面貌較爲清晰而可作類比的書目，有《别録》《七略》《漢志》等。《别録》係劉向、歆父子校書時所撰書録之匯集（《七録序》：『昔劉向校書，輒爲一録，論其指歸，辨其訛謬，隨竟奏上，皆載在本書。時又别集衆録，謂之《别録》，即今之《别録》是也。』），由現存《孫卿書録》《晏子書録》等完篇可知，該目是内容完備的解題目録，文字豐碩，信息量大。根據《古今書最》，《七略》有書六百零三家（即種），凡七卷。除去《輯略》（占一卷），著録書目者凡六卷，平均每卷在一百種左右。《七略》係以《别録》爲基礎，『總群書』（《漢志序》）而成（《七録序》：『歆遂總括群篇，奏其《七略》』，『子歆撮其指要，著爲《七略》』），在兩部書之體制、格局相同的情况下[二]，知二者之别，主要是在内容之豐儉上：從卷數上看，由二十卷變爲七卷，内容壓縮幾近三分之二。《漢志》係裁取《七略》而成，僅有一卷，而著録圖書多達五百九十六家。《漢志》書名、卷數、撰者等著録要素基本齊備，同《七略》之區别，主要在於解題文字之有無。如將荀《簿》同《漢志》相較，知荀《簿》除書名、卷數、撰者等要素外，平均每卷另有大約五倍於

[二] 按：《别録》同《七略》相類，也有《輯略》。關於此目，研究者衆，要以張滌華先生之研究，最稱精審。詳其《〈别録〉的作者及其撰輯的時期》《〈别録〉的亡佚及其輯本》《〈别録〉釋名》等文（分載《阜陽師範學院學報》，一九八二年第一期、第二期、第四期）。

《漢志》的文字。這些文字，必然是荀《簿》解題中的内容。

《晉中經簿》之後，面貌清晰而可作類比的書目較多，不妨以相距最近而無闕佚的《隋志》爲例。《隋志》四卷，其著録之數，如下表所示：

表二—一　《隋志》分卷著録表

卷次	著録
第一卷（經部）	六百二十七部（通計亡書，合九百五十部）
第二卷（史部）	八百一十七部（通計亡書，合八百七十四部）
第三卷（子部）	八百五十三部
第四卷（集部）	五百五十四部（通計亡書，合一千一百四十六部）

可見《隋志》之著録，每卷均在八百多部（種）以上，第四卷（集部）更是高達一千一百四十六部；再加上附注道經、佛經二類之内容（儘管未列細目），該卷之容量尤爲驚人。值得指出的是，《隋志》每卷著録圖書之種數能有如此之多，其實同以下兩個因素密切相關：

首先，《隋志》作爲正史構成的性質。與《漢志》相同，《隋志》亦係史志目録。作爲正史的一個組成部分，《隋志》要受到『志』之體裁的限制，所以每條僅有簡單之著録（書名、卷數，偶有附注等），不可能有繁富的解題文字。

其次，『卷』作爲計量單位的特性。如所周知，早期的著述（文獻）是以簡帛作爲物質載體的，編簡成篇，捲帛成卷，『篇』『卷』具有顯示載體的物質意義；著述（文獻）既已形成，『篇』『卷』便具有了標記内容起訖的形式意義。而隨著書籍載體的不斷更新，『篇』『卷』逐漸同簡帛等載體脱離，其物質意義便不斷虚化。至《隋志》之時，古典文獻已經進入紙書時代[一]，此時之『卷』，基本上已不再與實際的物質載體相關，而僅具有形式上的意義，用以標示相關内容的起訖。因此，各卷之著録容量，因爲内容的豐儉而具備相當的彈性。

通過上述比較，知《晉中經簿》以十四卷之篇幅，而著録圖書一千八百八十五部，平均每卷著録一百餘部；以書名爲中心的每條著録内容，遠較《漢志》《隋志》爲富，而同《七略》大體相仿，因此應當具備相應的解題内容。

[一] 錢存訓先生考察了中國古代書寫材料的分期：（一）竹簡、木牘：自上古至公元三世紀或四世紀；（二）縑帛：自公元前六世紀或前五世紀至公元五世紀或六世紀；（三）紙：自公元前後直至現代（載氏著《書於竹帛——中國古代的文字記録》，上海書店出版社，二〇〇六年，頁六四）。錢先生又指出，到公元二世紀後半葉，紙已經成爲『最普遍的書寫材料』；後來風行於三至四世紀的晉代，取代了竹簡和部分縑帛的用途；四世紀時，桓玄甚至下達了禁簡令：『古無紙，故用簡，非主於敬也。今諸用簡者，皆以黄紙寫之。』（同前書，頁一〇二）

四、《晉中經簿》遺存文字之分析

如果説，上揭對官方校理藏書之傳統、《晉中經簿》著録之容量等考察，尚屬文獻繹讀、理論推導之層面，那麽，通過輯佚，找出《晉中經簿》遺存之文字而加以分析，則有可能從實證層面解決該問題，不失爲一條佳徑。但是，由於荀《簿》亡佚已久[一]，尋找實證之路頗爲不易。前揭趙望秦先生所爬梳之文字片斷，較爲零碎，信息量有限，即難以支撑其立論，因此爲張固也先生所否定。

《晉中經簿》保存下來的文字片斷，約有二十餘處，大多僅據此簿而列出某種著述的名稱、撰者及卷數等。其中信息量稍豐、具有代表性的文字有十數條。以下試按其相關性，分組加以探析。

甲、第一組

（一）臣松之案：此人姓周生，名烈。何晏《論語集解》有烈《義例》。餘所著述，見晉武帝《中經簿》。（《三國志·魏書·王肅傳》：『自魏初徵士燉煌周生烈、明帝時大司農弘農董遇等，亦歷

[一] 按：從下文所揭文字片斷上看，唐宋時對《晉中經簿》偶有引據，宋以後則無，那麽，該書有一個不斷散佚之過程，至遲於宋元之際全部亡佚。

注經傳，頗傳於世。』裴松之注『周生烈』文〔一〕

（二）見《姓苑》。今人呼人，亦曰某生，不必外生也。《晋中經簿》云：『魏侍中周生烈，本姓唐，外養周氏。』（鄭樵《通志·氏族略第二》『周生氏』下注〔二〕）

按：以上兩條資料，均介紹同一人物（周生烈）。《晋中經簿》領撰者爲荀勖，晋初人，『晋武帝《中經簿》』者，即荀勖領撰之《晋中經簿》。阮孝緒於《中經簿》前增一『晋』字（《古今書最》），是爲了同鄭默所撰之《中經》相區别（二者相對，鄭默領撰者通常稱作《魏中經簿》）。裴松之引《晋中經簿》，在於介紹周生烈的著述，因爲周生氏著述除《論語義例》外，均著録於《晋中經簿》。第二條資料，係鄭樵（一一〇四—一一六二）所引，旨在推溯周生氏之源起。此條文字，不再局限於書名、作者、卷數等簡單著録，内容上稍豐，顯然屬於解題中文字。但是，當鄭樵之世，《晋中經簿》久已亡佚，鄭氏如何得見荀《簿》文字？根據本條文字提供的信息，可以推知，鄭樵可能是依據《姓苑》而加以轉引。《姓苑》此書，後世不存，但在唐宋文獻中，多有引據。考《隋志》譜系篇内有《姓苑》一卷，題『何氏撰』〔三〕；《舊唐志》雜譜牒

〔一〕陳壽撰，裴松之注《三國志》卷一三，中華書局，一九五九年，頁四二〇。

〔二〕鄭樵《通志二十略》，王樹民點校，中華書局，一九九五年，頁四〇。

〔三〕魏徵等《隋書》卷三三，頁九九〇。

類著録十卷，題『何承天撰』〔一〕。在鄭樵身後，陳振孫（一一七九—一二六二）於其《直齋書録解題》譜牒類著録有《姓苑》二卷，解題云：『不著名氏。古有何承天《姓苑》。今此以李爲卷首，當是唐人所爲。』〔二〕據此可知，唐時譜牒學興盛，著《姓苑》者尚不止何承天一家，至南宋時此類圖書頗有存者；藏書大家陳振孫既有收藏〔三〕，那麽，比陳振孫年代更早的鄭樵，就極有可能親見《姓苑》其書並加以轉引。作爲譜牒類著作，《姓苑》自當采録存世文獻中有關名人之著述、生平等資料；《晋中經簿》唐時尚未全佚，因此能被《姓苑》著者所采録。保存在《姓苑》中的《晋中經簿》文字，又被鄭樵轉引，以釋周生氏之源起。其間文獻傳承之脉絡，較爲明晰，允合情理。鄭氏所引文字，屬於人物介紹範疇，而人物簡介，正是劉向、歆父子所撰書録的有機組成部分，在書目中即屬於解題的内容。在判斷《晋中經簿》具有解題的問題上，鄭樵此條引文，極爲有力。

〔一〕劉昫等《舊唐書》卷四六，頁二〇一二。
〔二〕陳振孫《直齋書録解題》卷八，徐小蠻、顧美華點校，上海古籍出版社，一九八七年，頁二二九。
〔三〕武秀成先生云：『古代文化之盛，莫盛於宋代；宋代典籍之富，莫富於直齋。直齋謂誰？吴興陳振孫也。』（載氏著《陳振孫評傳》，南京大學出版社，二〇〇六年，頁二五一）

乙、第二組

（三）卜商字子夏，衛人。孔子弟子，魏文侯師。《七略》云：『漢興，韓嬰傳。』《中經簿録》云：『丁寬所作。』張璠云：『或馯臂子弓所作，薛虞記。』虞，不詳何許人。（陸德明《經典釋文·序録·注解傳述人·易》『子夏《易傳》三卷』條下注〔一〕）

（四）（劉表）字景升，山陽高平人。後漢鎮南將軍、荆州牧、南城侯。《中經簿録》云：『注《易》十卷。』《七録》云：『九卷，《録》一卷。』（陸德明《經典釋文·序録·注解傳述人·易》『劉表《章句》五卷』條下注〔二〕）

（五）又案：劉向《七略》有《子夏易傳》，但此書不行已久，所存者多失真本。又荀勖《中經簿》云：『《子夏傳》四卷，或云丁寬所作。』是先達疑非子夏矣。又《隋書·經籍志》云：『《子夏傳》，殘缺，時六卷，今二卷。』知其書錯謬多矣。又王儉《七志》引劉向《七略》云：『《易傳》，子夏韓氏嬰也。』今題不稱韓氏，而載薛虞記。又今秘閣有《子夏傳》薛虞記，其質粗略，旨趣非遠，無益後學，

〔一〕陸德明撰，吴承仕疏證《經典釋文序録疏證》，中華書局，二〇〇八年，頁二七。

〔二〕陸德明撰，吴承仕疏證《經典釋文序録疏證》，頁三九。

不可將帖正經。謹議。（司馬貞《孝經老子注易傳議》[一]）

（六）『其治合之齊，則存乎神農、子儀之術』云者，案：劉向云：『扁鵲治趙太子暴疾尸蹷之病，使子明炊湯，子儀脉神，子術案摩。』又《中經簿》云：『子義《本草經》一卷。』儀與義一人也。若然，子義亦周末時人也。並不説神農。（《周禮·天官·疾醫》『以五味、五穀、五藥養其病』，賈公彦疏鄭玄注『其治合之齊，則存乎神農、子儀之術云』文[二]）

按：今日所見《晋中經簿》遺文，通常僅有隻言片語，而且以説明何人有何書爲主，如本組第（四）條，陸德明引劉表《周易注》十卷；第（六）條，賈公彦引子義《本草經》一卷等。《中經簿録》，即《晋中經簿》之别稱。第（三）條陸德明引《晋中經簿》，取其『丁寬所作』一語；第（五）條司馬貞所引，亦『或云丁寬所作』之語。二氏所引文字雖短，而討論的都是《子夏易傳》的作者問題。與司馬貞同時，劉知幾《孝經老子注易傳議》中亦論及該問題：

又按：《漢書·藝文志》，《易》有十二家，而無子夏作傳者。至梁阮氏《七録》，始有《子夏易》六卷，或云韓嬰作，或云丁寬作。然據《漢書·藝文志》，韓《易》有十二篇，丁《易》有八篇，求其符

[一] 李昉等《文苑英華》卷七六六，中華書局，一九六六年，頁四〇三五。

[二] 鄭玄注，賈公彦疏《周禮注疏》卷五，阮元校刻《十三經注疏》本，中華書局，一九八〇年，頁六六七。

會，則事殊隳刺者矣。[一]

劉知幾（六六一—七二一）、司馬貞（六七九—七三二）所以同時討論《子夏易傳》之撰人，是因爲唐玄宗『敕令有司詳定四書得失，具狀奏聞』（劉知幾《孝經老子注易傳議》）。實際上，《子夏易傳》的作者問題、真僞問題，一直是學術公案，故四庫館臣於該書提要中稱：『説《易》之家，最古者莫若是書。其僞中生僞，至一至再而未已者，亦莫若是書。』[二] 根據陸德明、劉知幾、司馬貞三家所引，不難梳理出自《七略》以來關於《子夏易傳》之著録事實：

（甲）《七略》云：『漢興，韓嬰傳。』（陸德明）

（乙）劉向《七略》有《子夏易傳》，但此書不行已久，所存者多失真本。（司馬貞）

（丙）又王儉《七志》引劉向《七略》云：『《易傳》，子夏韓氏嬰也。』（司馬貞）

（丁）《漢書·藝文志》，《易》有十二家，而無子夏作傳者。（劉知幾）

（戊）《中經簿録》云：『丁寬所作。』（陸德明）

（己）荀勖《中經簿》云：『《子夏傳》四卷，或云丁寬所作。』是先達疑非子夏矣。（司馬貞）

[一] 李昉等《文苑英華》卷七六六，頁四〇三四。按：『十二家』，當作『十三家』。

[二] 永瑢、紀昀等《欽定四庫全書總目》卷一，武英殿刻本，《景印文淵閣四庫全書》第一册，臺灣『商務印書館』，一九八六年，頁五四。

（庚）至梁阮氏《七録》，始有《子夏易》六卷，或云韓嬰作，或云丁寬作。（劉知幾）

（辛）又《隋書·經籍志》云：『《子夏傳》，殘缺，〔梁〕時六卷，今二卷。』知其書錯謬多矣。（司馬貞）

（壬）今題不稱韓氏，而載薛虞記。（司馬貞）

（癸）又今秘閣有《子夏傳》薛虞記，其質粗略，旨趣非遠，無益後學，不可將帖正經。（司馬貞）

《漢志》本於劉歆《七略》，其《六藝略》之《易》類載有十三家《易傳》，其中没有明確標明『子夏』所作者。由上揭事實，知荀勖對其時所流傳的《子夏易傳》的作者問題予以討論，以爲『或云丁寬作』。度其文意，大約默認子夏爲孔子弟子卜商，而據當時傳本之實際，又懷疑當係丁寬所作者；由此可知，當時流傳的《子夏易傳》之傳本，必然號稱爲丁寬所作。根據《漢書·儒林傳》，丁寬（字子襄，號丁將軍）是漢代《易》學大家，『作《易説》三萬言，訓故舉大誼而已，今《小章句》是也』[一]。其説經田王孫而再傳至施讎、孟喜、梁丘賀，均列於學官，顯赫一時。而丁寬之《易》學，根據《儒林傳》，其授受源流是：

孔子——魯商瞿子木——魯橋庇子庸——江東馯臂子弓——燕周醜子家——東武孫虞子乘——齊田何子裝——丁寬

[一] 班固撰，顔師古注《漢書》卷八八，中華書局，一九六二年，頁三五九七—三五九八。

由於《周易》未罹秦火，所以上述傳承譜系極其清楚，同時可知，丁寬《易》學同孔子弟子卜商（子夏）並没有什麽關係。荀勖等對此事實當然明瞭，所以『或云』二字，正顯示出荀勖對當時《子夏易傳》號稱爲丁寬所作之懷疑，顯得頗爲謹慎。王儉《七志》引《七略》，指出其中所謂《子夏易傳》之『子夏』，實即韓嬰。説明王儉試圖根據《七略》的記載，將『《韓氏》二篇（名嬰）』同『子夏』聯繫起來，對當時流傳的《子夏易傳》的作者問題，進行探索。阮孝緒綜采荀《簿》、王《志》之説，以爲『或云韓嬰作，或云丁寬作』，其實並没能明確加以辨析。陸德明認爲『子夏』即卜商（由陸氏引卜商傳記可知），而又惑於韓嬰所傳（《七略》）、丁寬所作（《晋中經簿》）之説，及薛虞所記（號稱馯臂子弓所作）之傳本（據張璠之説），也未能予以辨明。至遲在東晋之時，即有號稱薛虞所記之《子夏易傳》，更將其傳人由丁寬上推至馯臂子弓〔二〕，托古自重，愈托愈古，實則足以彰其可疑。

不難看出，《子夏易傳》之作者問題，同後出之僞本問題相纏雜，困擾著諸多學人，直至四庫館臣，也未能加以解決。獨清代學者臧庸，復倡《子夏易傳》之作者實爲漢儒韓嬰，並以『子夏』爲韓嬰之字；陳鴻森先生表彰臧氏之説，補以孫志祖所考漢人多以孔門弟子之字爲字之事例，證明韓嬰之字確爲

〔二〕按：陸德明《經典釋文・序録》著録『張璠《集解》十二卷』，注云：『安定人。東晋秘書郎，參著作。』（《經典釋文序録疏證》，頁四三）結合前揭陸氏《序録》『子夏《易傳》三卷』條下所引張璠之説（『或馯臂子弓所作，薛虞記』）。其説大約即出於《集解》，則至遲到東晋之時，已有號稱馯臂子弓所作、薛虞所記之《子夏易傳》通行於世。

『子夏』[一]。由前揭事實可知，王儉實已試圖將《漢志》所載之『《韓氏》二篇（名嬰）』同『子夏』相關聯，臧庸則更進一步，指出『子夏』爲韓嬰之字，使這種關聯更具有可信度。陳先生經過考證，持論云：『是《易傳韓氏》與《子夏易傳》其爲一書，固可毋庸置疑』[二]，『此（引按：指《子夏易傳》）與《漢志》所著録之「《易傳韓氏》」實同爲一書』[三]。

實際上，《漢志》易類所載『《韓氏》二篇（名嬰）』之表述，係班固出於史志書寫的需要，盡量予以高度提煉的結果，其完整著録，當從首條『《易傳周氏》二篇（字王孫也）』之例，作『《易傳韓氏》二篇（名嬰）』；又從《春秋》之『《公羊》《穀梁》《鄒》《夾》之《傳》』（《漢志·春秋類》小序），可分别作《（春秋）公羊傳》《（春秋）穀梁傳》《（春秋）鄒氏傳》《（春秋）夾氏傳》之例（後世即通稱《春秋公羊傳》等），也可以寫作『《（周易）韓氏傳》』（度《别録》《七略》中之著録，或即如此）。那麼，無論是『《易傳韓氏》』，還是『《周易韓氏傳》』，均不作『《子夏易傳》』。也就是説，經過劉向、歆父子之領銜校理，韓嬰之《易傳》並不寫作《子夏易傳》。後世號稱『《子夏易傳》』者，顯然向壁虚造（當然，其中可能也保留有部分古注），托古以自高（由丁寬而馯臂子弓），實際上並非韓嬰所傳之原本。

[一] 陳鴻森《「子夏易傳」考辨》，《「中央研究院」歷史語言研究所集刊》第五十六本二分，一九八五年，頁三七一—三七二。
[二] 陳鴻森《「子夏易傳」考辨》，頁三七三。
[三] 陳鴻森《「子夏易傳」考辨》，頁四〇四。

回顧學術史，不難發現，提出《子夏易傳》的作者問題並首先進行探討的，正是荀勖《晋中經簿》。事實上，當荀勖之世，《别録》《七略》俱存，其中關於『《易傳韓氏》』的著録與解題，荀氏必能看到；而荀氏之所以要探討其作者問題，一定是當時能見到號稱《子夏易傳》的傳本，而其書實際上並不能同《别録》《七略》之著録、解題相契合。這就説明兩個問題：其一，漢代所傳之『《易傳韓氏》』，至晋初至少已佚失大半。考慮到兩漢之間、東漢末年以及三國時代戰亂之頻仍與慘烈，其書散佚乃至失傳的可能性是極大的。其二，當時已出現號稱《子夏易傳》的傳本，而且聲稱由丁寬所作。限於文獻無徵，荀勖等無法辨明此本之真僞，只能在談及作者時，標明『或云丁寬作』，以示謹慎。隨著『《易傳韓氏》』的逐漸亡佚及僞本《子夏易傳》的流行，至陸德明時，已不能辨其真相，從而將『子夏』坐實爲孔子弟子卜商。

基於上述探討，知《晋中經簿》所稱『或云丁寬作』，雖寥寥數字，却也是對作者的探討，度其原文，或許别有更爲豐富的文字。顯然，此類文字的性質，也應屬於解題文字。

丙、第三組

（七）趙商作鄭玄碑銘，具載諸所注箋駁論，亦不言注《孝經》。《晋中經簿》，《周易》《尚書中候》《尚書大傳》《毛詩》《周禮》《儀禮》《禮記》《論語》凡九書，皆云：『鄭氏注。名玄。』至於《孝經》，

則稱『鄭氏解』，無『名玄』二字。其驗五也。（《孝經注疏・孝經序》『御製序並注』下邢昺疏〔一〕）

（八）唐劉子玄曰：『《晋中經簿》凡九詩，皆曰：「鄭氏注。名玄。」』（王應麟《小學紺珠》藝文類『鄭氏九書』條：『《周書》《尚書》《尚書中候》《尚書大傳》《毛詩》《周禮》《儀禮》《禮記》《論語》。』注〔二〕）

按：以上兩條，均談《晋中經簿》著録鄭玄九部著述（兩條所引，互有闕誤，合而觀之，知此九部著述分别是《周易》《尚書》《尚書中候》《尚書大傳》《毛詩》《周禮》《儀禮》《禮記》《論語》），而於撰人之介紹，均稱：『鄭氏注。名玄。』這一著録形式，同一般直接標出撰人姓名者有异。細繹其文，『鄭氏注』三字，當是其來有自的歷代著録；『名玄』二字，則是對『鄭氏』究係何人而加以討論的文字。由於反例的存在（即不著『名玄』二字者），後世學者遂能據以討論《孝經注》的撰者問題。

丁、第四組

（九）《晋中經簿》云：『盛書用皂縹囊，布裹。書函中皆有香囊。素裹封書也。』（《北堂書鈔・

〔一〕 李隆基注，邢昺疏《孝經注疏》，阮元校刻《十三經注疏》本，中華書局，一九八〇年，頁一。

〔二〕 王應麟《小學紺珠》卷四，《景印文淵閣四庫全書》第九四八册，頁四六四。按：『凡九詩』，『詩』當作『書』。

儀飾部七・囊八十》『盛書用皂縹』條下注文[一]）

（十）盛書有青縑帙、布帙、絹帙。（《晋中經簿》）帙，書衣也。（《説文》）（祝穆《古今事文類聚・别集・儒學部・書籍》[二]）

按：本組兩條，内容相近，俱談書籍之外在形制（書衣及材質）。《隋志・總序》謂荀《簿》『但録題，及言盛以縹囊，書用緗素』者，即指此。但細讀兩條文字，似非針對某一具體圖書而言，而是概括之詞。如果針對某一具體圖書，極可能取材自解題文字（如係附注，不可能於每書之下，不厭其煩地羅列形制）；如果是概括之詞，則有可能節取自總序（全書之序）或小序（部類之序）。惟資料較少，難以遽斷。

戊、第五組

（十一）孟康曰：『姓計名然，越臣也。』蔡謨曰：『《計然》者，范蠡所著書篇名耳，非人也。謂之計然者，所計而然也。群書所稱句踐之賢佐，種、蠡爲首，豈聞復有姓計名然者乎？若有此人，

[一] 按：孔廣陶校注云：『今案：陳本脱「素裹」句，餘同。考《御覽》七百零四引《中經簿》，無「布裹」兩字，「囊」下有「二」字，亦無末句。』（虞世南撰，孔廣陶校注《北堂書鈔》卷一三六，南海孔氏三十有三萬卷堂校注重刊本，《續修四庫全書》第一二一二册，上海古籍出版社，二〇〇二年，頁六四六）『陳本』指明人陳禹謨萬曆刻本。

[二] 祝穆《古今事文類聚・别集》卷二，《景印文淵閣四庫全書》第九二七册，頁五四五。

越但用半策便以致霸，是功重於范蠡，蠡之師也，焉有如此而越國不記其事，書籍不見其名，史遷不述其傳乎？』師古曰：『蔡説謬矣。據《古今人表》，計然列在第四等，豈是范蠡書篇乎？計然一號計研，故《賓戲》曰「研、桑心計於無垠」，即謂此耳。計然者，濮上人也。博學無所不通，尤善計算。嘗南游越，范蠡卑身事之。其書則有《萬物録》，著五方所出，皆直述之。事見《皇覽》及《晉中經簿》。又《吴越春秋》及《越絶書》並作計倪，此則倪、研及然聲皆相近，實一人耳。何云書籍不見哉？』」（顔師古注《漢書·貨殖傳》『昔粤王句踐困於會稽之上，乃用范蠡、計然』句〔一〕）

（十二）《晉中經》言：佛本臨倪國世子。父曰屑頭邪，母曰莫邪。身服色黄，髮如青絲。初，莫邪夢白象，始孕。及生，從左脅出。生而有髻，墮地能行。（董逌《書〈西昇經〉後》〔二〕）

按：本組兩條，都涉及人物介紹，應是解題的有機組成部分。第（十一）條，係顔師古（五八一—六四五）注《漢書·貨殖傳》之文。孟康，三國魏人（字公休。有《漢書音義》），以『計然』爲人名；而東晋學者蔡謨（字道明。二八一—三五六。有《漢書集解》）則以爲是范蠡所著書篇名。顔師古則以孟是而蔡非，並引計然傳文（『計然者……皆直述之』）爲據。錢穆先生認可蔡氏之説而否定顔師古之説，力主

〔一〕班固撰，顔師古注《漢書》卷九一，頁三六八三。

〔二〕董逌《廣川畫跋》卷二，清陸心源刻《十萬卷樓叢書》本。

『計然』是范蠡著書篇名而非人名[一]。考顔師古所爲注，其前承則爲《史記·貨殖列傳》：『昔者越王句踐困於會稽之上，乃用范蠡、計然。計然曰：「知鬥則修備，時用則知物，二者形則萬貨之情可得而觀已。……貴上極則反賤，賤下極則反貴。貴出如糞土，賤取如珠玉。財幣欲其行如流水。」修之十年，國富，厚賂戰士，士赴矢石，如渴得飲，遂報强吴，觀兵中國，稱號「五霸」。』『范蠡既雪會稽之恥，乃喟然而嘆曰：「計然之策七，越用其五而得意。既已施於國，吾欲用之家。」乃乘扁舟浮於江湖，變名易姓，適齊爲鴟夷子皮，之陶爲朱公。』裴駰《集解》云：『徐廣曰：「計然者，范蠡之師也，名研，故諺曰「研、桑心筭」。駰案：《范子》曰「計然者，葵丘濮上人，姓辛氏，字文子，其先晋國亡公子也。嘗南游於越，范蠡師事之。」』[二]又班固《漢書·古今人表》列計然於第四等（中上）[三]，又於《賓戲》中謂『鯀、鵲發精於針石，研、桑心計於無垠』[四]。知顔師古所注，依據有兩類：（甲）關於計然小傳者，本諸《史記》《漢書》及裴駰《史記集解》。由司馬遷稱『計然曰』，班固列於《古今人表》，知二氏均以其爲人名。（乙）關於《萬物録》者，本諸《皇覽》與《晋中經簿》。《晋中經簿》之前承，又可上溯至劉向、歆父子之《别録》《七略》。

[一] 錢穆《計然乃范蠡著書篇名非人名辨》，載《先秦諸子繫年》卷二，《錢賓四先生全集》第五册，聯經出版事業公司，一九九四年，頁一一九—一二四。

[二] 司馬遷撰，裴駰集解，司馬貞索隱，張守節正義《史記》卷一二九，點校本二十四史修訂本，中華書局，二〇一四年，頁三九五三。

[三] 班固撰，顔師古注《漢書》卷二〇，頁九三三。

[四] 班固撰，顔師古注《漢書》卷一〇〇，頁四二三一。

但《漢志》中無《萬物録》，或當時伏而未發，但至遲已著録於《皇覽》《晋中經簿》。《晋中經簿》著録時，著述簡介必不可少，人物小傳也應兼具，二者正是叙録體解題的有機組成部分。

張固也先生云：

如果據此認爲《中經簿》著録《萬物録》一書，介紹了計然的生平，並介紹其書内容爲『著五方所出，皆直述之』，那真是一篇典型的叙録了！但這幾條主要説明《中經新簿》對作者可能有簡單的注釋，《新唐書·藝文志》自注文字比這要詳盡得多，從來没有人稱之爲叙録；計然一條，顔注所據可能主要是《皇覽》，《中經新簿》則詳載《皇覽》篇目，或曾略及其事。因此，我們認爲古書中所引《中經新簿》，没有一條稱得上是叙録。[一]

固也先生之説，不無可議。顔師古所引計然小傳，混言出自《皇覽》及《晋中經簿》，那麽，其主體均有出自二書之可能性，甚至二書所引全同，也不無可能；實際上，清代學者的確根據顔師古此注，將計然簡要事行一節，采入《皇覽》輯本[二]。但是，即使果如張固也先生所擬測（『顔注所據可能主要是《皇覽》，《中經新簿》則詳載《皇覽》篇目，或曾略及其事』），也説明《晋中經簿》内有對人物的簡要介紹。《晋中

[一] 張固也《荀勖〈中經新簿〉是有叙録的嗎？》，載氏著《古典目録學研究》，頁四一。
[二] 孫馮翼輯《皇覽》，清刻本，《續修四庫全書》第一二一二册，頁六。

經簿》作爲書目，計然《萬物録》必在著録之列，由『著五方所出，皆直述之』二語，即可覘知。以上二語，顯然是對《萬物録》的解題，必然是《晋中經簿》中文字無疑。至於以《新唐志》自注文字之詳盡，來否定此段計然小傳之解題屬性，其實並不可靠。判斷書名下文本之屬性，主要以其文本内容爲據，也就是説，要看其内容是僅及作者姓名、圖書卷數，還是兼及其他。如果僅有作者姓名、圖書卷數，那就視作附注，是書目内各條著録的有機組成部分；如果在作者姓名、圖書卷數之外，還有篇卷分合、校理情形等，那麽，這條較爲豐富的文字，其實就不妨視作該書之解題。另外，就全目而言，是否判斷爲解題目録，就要看該目之主體，即大部分書名之下，有無附注或解題。一部書目（如《新唐志》），其主體可能僅以著録書名、略加附注的形式爲主，通常不被視作解題目録，但這並不排除小部分書名之下，具有解題〔二〕。

〔二〕例如別集类《丘爲集》條，附注云：『卷亡。蘇州嘉興人。事繼母孝，嘗有靈芝生堂下。累官太子右庶子，時年八十餘，而母無恙，給俸禄之半。及居憂，觀察使韓滉以致仕官給禄所以惠養老臣，不可在喪爲异，唯罷春秋羊酒。初還鄉，縣令謁之，爲候門磬折，令坐，乃拜。里胥立庭下，既出，乃敢坐。經縣署，降馬而趨。卒年九十六。』（歐陽修、宋祁等《新唐書》卷六〇，頁一六〇五）全祖望《移明史館帖子二》：『《新唐書·藝文志》凡前代所已有，不復措一辭者，以《漢》《隋》兩家在耳。其於三唐圖籍，必略及其大意，而官書更備，凡撰述、覆審、删正之人，皆詳載焉。……至於別集之下，雖以明經及第、幕府微僚，旁及通人德士，皆爲詳其邑里，紀其行事，使後世讀是書者，得有所據，以補列傳之所不備。而丹陽十八詩人，連名載於包融之末，擬之附傳。其中載邱爲之居喪，可以見當時牧守惠養老臣之禮；滕珦之乞休，可以見當時職官給券還鄉之禮。典則遺文，藉此不墜，斯豈僅書目而已者。』（載氏著《鮚埼亭集外編》卷四二，見朱鑄禹彙校集注《全祖望集彙校集注》，上海古籍出版社，二〇〇〇年，頁一六四六）余嘉錫先生舉此例作爲書目補傳之例（見氏撰《目録學發微》卷二，頁四二—四三）。《新唐志》標揭丘爲生平行事，正是提要之體（屬傳録體）。

第(十二)條,是董逌爲《西昇經》作跋時,對《晋中經簿》進行轉引,内容恰是對佛(釋迦牟尼,即佛陀)的介紹,其性質即是小傳。阮孝緒《古今書最》著録《晋中經簿》時有云:『其中十六卷佛經。』可見,《晋中經簿》對佛經確有著録(雖然已不清楚著録的是何種佛經)。佛教大約於東漢明帝永平年間(五八—七五年)傳入中國,譯經事業隨之逐漸展開,至西晋統一全國時,譯成漢文的佛經近二百六十五部,四百一十卷[一]。不過,當時佛教勢力還很微弱,爲上層社會接受有一個緩慢的過程,所以進入國家官藏的佛教典籍僅有十六卷。這類典籍,對荀勖等人來説,屬於新見之書。荀勖等領校圖書,既要依據《别録》《七略》,梳理舊籍,也要對新出之書(如新傳來的佛教典籍,如新問世的文章家集,如新出現的汲冢書等)加以校理。校理之時,厘定篇次、撰寫書録,就是應有之義。將這類書録,裁入《晋中經簿》,就是解題。本條董逌轉引之小傳,雖然不清楚其傳承脉絡,但董氏明確宣稱『《晋中經》言』,那麽淵源於《晋中經簿》無疑,是此簿具有解題的明證。

綜上討論,由第(二)條、第(十一)條、第(十二)條,可以確證《晋中經簿》著録各書之下,有關於人物事行之簡要介紹;通過對現存《别録》佚篇之類比,可知此種介紹,顯然是解題的有機組成部分。由此返視,前文所揭諸家引據《晋中經簿》之隻言片語,如第(三)條、第(五)條之『(或云)丁寬所作』,第

[一] 葛兆光《佛藏序》,見《佛藏》(《永樂北藏》本)第一册,上海書店出版社,二〇一一年,頁三—四。

（七）條、第（八）條之『鄭氏注。名玄』等，其實都是從解題中節取之文字片斷。如果作進一步推測，那麽，第（一）條、第（三）條、第（四）條内有關撰者之簡介，實際上也應該參考或直接引據自《晋中經簿》之解題。對《晋中經簿》進行引據的文獻，其性質各有不同：《周禮注疏》賈公彦疏、《孝經注疏》邢昺疏、《經典釋文》（《序録》）等，屬經部；《漢書》顔師古注、《三國志》裴松之注、《通志》（《氏族略》）等，屬史部；《北堂書鈔》《小學紺珠》《古今事文類聚》等，屬子部；《文苑英華》等，屬集部。因文獻性質不同，各書之撰（編）者都是根據實際需要而對《晋中經簿》加以取用，因此在形式上體現出差别；正是這種形式上的差别，使得《晋中經簿》佚存的文本顯得支零破碎，從而爲今人考察、擬構《晋中經簿》的原貌帶來了極大的困難。

如上所考，傳世文獻中直接標明引據《晋中經簿》的文字，其實非常有限，而且多爲隻言片語，考索匪易。如果擴大文獻考查的範圍，從荀勖等人其他著述中尋找有可能納入《晋中經簿》的文字，那麽，或許會有更新的發現，不失爲考察《晋中經簿》是否具有解題問題的有效途徑。

荀勖是晋初校理官書的核心人物。其著述，除《晋中經簿》《新撰文章家集叙》（詳下）外，另有《荀勖集》三卷、録一卷（見《隋志》）。其集已佚，保存下來的僅有《省吏議》《讓樂事表》《甲乙問對》《奏條牒諸律問列和意狀》《與王導書》《爲晋文王與孫皓書》及《蒲萄賦》等十餘篇（見嚴可均輯《全晋文》），多非完璧，而且與校理圖書無關。但是，其中有一篇《上〈穆天子傳〉序》，提供了值得深入探討的綫索。

五、新出汲冢竹書書録之分析

根據前揭《隋書・經籍志・總序》，汲冢書是《晋中經簿》丁部著録的三類圖書主題之一（另二類是詩賦、圖贊）。包括《穆天子傳》在内的汲冢遺書的出現[一]，是中國學術史上的一件大事，其意義可以同此前之孔壁古文經、後世之殷墟卜辭、敦煌遺書等發現相提並論；在當時即受到統治者的高度重視，『武帝以其書付秘書校綴次第，尋考指歸，而以今文寫之』（《晋書・束晳傳》）[二]。『至晋太康元年（二八〇），汲郡人發魏襄王冢，得古竹簡書，字皆科斗。發冢者不以爲意，往往散亂。帝命中書監荀勖、令和嶠，撰次爲十五部，八十七卷。』（《隋書・經籍志》古史類小序）[三]以荀勖爲代表的一批傑出學者，先後投入到汲冢竹書的整理與研究之中。根據前賢研究，汲冢竹書在晋代經過三期校理：第一期，自武帝

[一] 按：汲冢書係汲郡人不準，盗發魏王墓所得。據朱希祖所考，墓主可能是襄王或昭王、安釐王、景湣王等，但不能出於襄王以前。墓發於咸寧五年（二七九）十月，諸書至遲於太康元年（二八〇）正月，歸藏於秘府；命官校理則在太康二年（二八一）春。（載氏著《汲冢書考》，中華書局，一九六〇年，頁一、五、三七）。

[二] 房玄齡等《晋書》卷五一，頁一四三三。

[三] 魏徵等《隋書》卷三三，頁九五九。

太康二年（二八一）至太康八、九年（二八七、二八八），係荀勖、和嶠分編時期，《穆天子傳》《紀年》（初定本）皆寫定於此期；第二期，自惠帝永平元年（二九一）二月至六月，爲衛恒考正時期；第三期，自惠帝元康六年至永康元年（二九六—三〇〇），是束皙考正寫定時期，《紀年》重新改編，全部竹書七十五篇得以厘清〔一〕。這些著作，除《汲冢周書》《穆天子傳》等少數幾種外，大多逐漸蕪没〔二〕。幸運的是，諸書内容大旨，或多或少地保存在《晉書·束皙傳》中。兹據該傳所述〔三〕，表列如次：

表二-二　《束皙傳》所載汲冢竹書信息

序次	汲冢書	内容大旨
一	《紀年》十三篇	記夏以來至周幽王爲犬戎所滅，以事接之，三家分，仍述魏事至安釐王之二十年。蓋魏國之史書，大略與《春秋》皆多相應。其中經傳大异，則云夏年多殷；益干啓位，啓殺之；太甲殺伊尹；文丁殺季歷；自周受命，至穆王百年，非穆王壽百歲也；幽王既亡，有共伯和者攝行天子事，非二相共和也。

〔一〕朱希祖《汲冢書考》，頁四〇—四三。

〔二〕按：如《竹書紀年》一種，古本逐漸亡佚，今本則是後出僞托之書（其中保留有部分古本資料）。關於此書，學界探討較多，詳程平山《竹書紀年與出土文獻研究之一：竹書紀年考》（中華書局，二〇一三年）及邵東方所編《竹書紀年研究（一九八〇—二〇〇〇）》（廣西師範大學出版社，二〇一五年）等。

〔三〕房玄齡等《晉書》卷五一，頁一四三二—一四三三。

續表

序次	汲冢書	内容大旨
二	《易經》二篇	與《周易》上下經同。
三	《易繇陰陽卦》二篇	與《周易》略同，《繇辭》則异。
四	《卦下易經》一篇	似《説卦》而异。
五	《公孫段》二篇	公孫段與邵陟論《易》。
六	《國語》三篇	言楚晋事。
七	《名》三篇	似《禮記》，又似《爾雅》《論語》。
八	《師春》一篇	書《左傳》諸卜筮，『師春』似是造書者姓名也。
九	《瑣語》十一篇	諸國卜夢妖怪相書也。
十	《梁丘藏》一篇	先叙魏之世數，次言丘藏金玉事。
十一	《繳書》二篇	論弋射法。
十二	《生封》一篇	帝王所封。
十三	《大曆》二篇	鄒子談天類也。
十四	《穆天子傳》五篇	言周穆王游行四海，見帝臺、西王母。
十五	《圖詩》一篇	畫贊之屬也。

續表

序次	汲冢書	内容大旨
十六	雜書十九篇	（按：包括《周食田法》《周書》《論楚事》《周穆王美人盛姬死事》）

上表中關於前十五種著作内容大旨之論述，應該節取自束晳爲各書撰寫之書録。試將《紀年》一條，同下揭荀勖《上〈穆天子傳〉序》對照，便能瞭然。唐初修《晋書》之時，取束氏文字以説明束氏功業，可謂得法。因係節取，且過於簡省，只存一鱗半爪，難以窺其原貌，不過，亦可據此證實，晋代校理官藏，承續的是劉向、歆父子以來校理官書、撰寫書録的著述傳統。

《束晳傳》内，關於汲冢書之總括云：『大凡七十五篇，七篇簡書折壞，不識名題。』〔一〕但是根據上表，由《紀年》至《圖詩》，凡十五種，五十篇；合計雜書（四種、十九篇），則有十九種，得六十九篇；合『簡書折壞，不識名題』之七篇，得七十六篇，尚有一篇之出入。朱希祖以爲《紀年》當作『十二篇』，乃合〔二〕。

荀勖等奉武帝之命校書，『依劉向《别録》，整理記籍』（見前揭《晋書·荀勖傳》），如前所論，必然如

〔一〕房玄齡等《晋書》卷五一，頁一四三三。

〔二〕朱希祖《汲冢書考》，頁二一。

向、歆故事，厘定篇次，撰寫叙録，載入官目。所謂『校綴次第，尋考指歸』（《晋書·束皙傳》）者，正是此意。因此，荀勖校理汲冢書，必然撰有書録。今存《上〈穆天子傳〉序》一種，即是書録幸存之篇：

序。古文《穆天子傳》者，太康二年汲縣民不準盗發古冢所得書也，皆竹簡素絲編。以臣勖前所考定古尺度，其簡長二尺四寸，以墨書，一簡四十字。汲者，戰國時魏地也。按所得紀年，蓋魏惠成王子今王之冢也，於《世本》，蓋襄王也。案《史記·六國年表》，自今王二十一年至秦始皇三十四年燔書之歲，八十六年，及至太康二年初得此書，凡五百七十九年。其書言周穆王游行之事，《春秋左氏傳》曰：『穆王欲肆其心，周行於天下，將皆使有車轍馬迹焉。』此書所載，則其事也。王好巡守，得盗驪騄耳之乘，造父爲御，以觀四荒，北絶流沙，西登昆侖，見西王母，與太史公記同。汲郡收書不謹，多毁落殘缺，雖其言不典，皆是古書，頗可觀覽。謹以二尺黄紙寫上。請事平以本簡書及所新寫，並付秘書繕寫，藏之中經，副在三閣。謹序。〔一〕

〔一〕嚴可均《全晋文》卷三一，見《全上古三代秦漢三國六朝文》第四册，河北教育出版社，一九九七年，頁二二二一。按：據文末自注，知嚴氏輯自道藏本。瞿鏞鐵琴銅劍樓藏有該書，解題云：『舊題曰古文。又晋郭璞注，荀勖校定。向爲楊五川藏書，依元刊本傳録，葉心有萬卷樓雜録五字。後馮巳蒼得之，以錫山秦氏鈔本校過，改正譌字，補録序首結銜五行。其文云：侍中中書監光禄大夫濟北侯臣勖（一），領中書會議郎上蔡伯臣嶠言部（二），秘書主書令史譴勳給（三），秘書校書中郎張宙（四），郎中傅瓚校古文《穆天子傳》已訖謹並第録（五）。别本皆無之。』（瞿鏞《鐵琴銅劍樓藏書目録》，清光緒常熟瞿氏家塾刻本，《續修四庫全書》第九二六册，頁二九一）據朱希祖考辨，『中書會議郎上蔡伯臣嶠言部』當作『侍中領中書令議郎上蔡伯臣嶠』。（《汲冢書考》，頁三九）

荀勖此文，既是一篇上奏之文，同時也是《穆天子傳》一書的書録。其文包括如下部分：（甲）本書來源。（乙）原書形制（尺寸）、書寫樣式。（丙）墓主考證及距當時的時間跨度。（丁）本書内容大略及與傳世史書之對照。（戊）本書價值。（己）校上形制及存貯方式。同劉向、歆父子所撰書録（如下節所引《晏子書録》）相較，知《上〈穆天子傳〉序》文字稍簡，但是校讎情形、内容大略及本書價值、校上習語等主體部分，具備無遺。由此可證，荀勖等校理群書之步驟、撰寫書録之構成等，都步武向、歆父子之前軌。荀勖等在編撰《晋中經簿》這一國家藏書目録時，即已將汲冢書囊括在内（附於丁部之末）；那麽，這篇書録，必然成爲《晋中經簿》内《穆天子傳》解題的取材來源。

那麽，荀勖整理汲冢書，有無更多書録文字保存下來？試觀《隋志》古史類小序：

自史官放絶，作者相承，皆以班、馬爲準。起漢獻帝，雅好典籍，以班固《漢書》文繁難省，命潁川荀悦作《春秋左傳》之體，爲《漢紀》三十篇。言約而事詳，辯論多美，大行於世。至晋太康元年，汲郡人發魏襄王冢，得古竹簡書，字皆科斗。發冢者不以爲意，往往散亂。帝命中書監荀勖、令和嶠，撰次爲十五部，八十七卷。多雜碎怪妄，不可訓知，唯《周易》《紀年》，最爲分了。其《周易》上下篇，與今正同。《紀年》皆用夏正建寅之月爲歲首，起自夏、殷、周三代王事，無諸侯國别。唯特記晋國，起自殤叔，次文侯、昭侯，以至曲沃莊伯，盡晋國滅。獨記魏事，下至魏哀王，謂之『今王』。蓋魏國之史記也。其著書皆編年相次，文意大似《春秋經》。諸所記事，多與《春秋》《左氏》扶同。

學者因之，以爲《春秋》則古史記之正法，有所著述，多依《春秋》之體。今依其世代，編而叙之，以見作者之别，謂之古史。[一]

如所周知，《隋志》之成篇，有其前承，而荀勖《晋中經簿》、阮孝緒《七録》等，即是其重要的參考書目。《隋志》古史一類之設立，其直接前承則爲《七録》記傳録之注曆部，其遠源可上溯至《晋中經簿》丙部之『舊事』。因此，古史類小序，應該對《七録》注曆部小序有所取用；其中關於《紀年》之描述（『《紀年》皆用夏正建寅之月爲歲首……文意大似《春秋經》』），實際上就是根據荀勖撰《紀年》書録而節取、改寫。此段文字，同前揭束皙所撰《紀年》書録，雖側重不同，而内容相仿，知二者性質相同。蓋荀勖、束皙前後校理汲冢竹書，均有『校綴次第，尋考指歸』（《晋書·束皙傳》）之作爲。『尋考指歸』者，撰寫書録之謂也。那麽，同爲《紀年》撰寫書録，爲何《晋書》《隋志》分别取材，不相雜混？可能因爲《晋書》爲束皙作傳，所以從束氏著述中取材；而《隋志》爲書目，所以從《晋中經簿》中取材。

進一步推斷可知，荀勖等校理汲冢書，既已『撰次爲十五部，八十七卷』，那麽，將此類特殊典籍著於《晋中經簿》丁部之末，自在情理之中。因此，上揭《隋志》古史類小序（『至晋太康元年，汲郡人發魏襄王冢，得古竹簡書，字皆科斗。發冢者不以爲意，往往散亂。帝命中書監荀勖、令和嶠，撰次爲十五

[一] 魏徵等《隋書》卷三三，頁九五九。

部，八十七卷。多雜碎怪妄，不可訓知」等語），大約也本於荀勖爲此類典籍所寫之説明（等同於小序），而加以轉寫。

六、新撰文章家集書録之分析

荀勖之著述，除《晋中經簿》及前揭零篇之外，另有一部文學專科目録，即《新撰文章家集叙》（該目《隋志》著録作《雜撰文章家集叙》十卷，《舊唐志》作《新撰文章家集》五卷，《新唐志》作《新撰文章家集叙》五卷）；前人引據此目時，或省稱作《文章叙》《文章叙録》等。此目也早已亡佚，但仍有若干被引據之片斷保存下來。吴光興先生曾予輯佚：自裴松之《三國志》注輯出七節，自劉孝標《世説新語》注輯出五節，自李善《文選》注輯出一節，自《藝文類聚》輯出二節，凡十五節。除去重複，得到夏侯惠、荀緯、應璩、應貞、韋誕、孫該、杜摯、裴秀、嵇康、繆襲、何晏等十一人之傳記片斷。各節文字豐儉有差，但都是魏朝後期至西晋初期之人物。例如：

（夏侯）惠字稚權，幼以才學見稱，善屬奏議。歷散騎黄門侍郎，與鍾毓數有辯駁，事多見從。遷燕相、樂安太守。年三十七卒。（《三國志》卷九《夏侯淵傳》注引《文章叙録》）

（應）璩字休璉，博學好屬文，明帝時，歷官散騎侍郎。曹爽多違法度，璩爲詩以諷焉。典著

作，卒。（《文選》卷二一《百一詩》注引《文章録》）[一]

如前所論，荀勖領校圖書，這些新出的文章家集，當然在校理之列，而且仿劉向、歆父子故事，爲新出的文章家集撰寫書録。上述輯佚出來的文字片斷，以人物事行之簡介爲主，可見是各書書録的組成部分。由向、歆父子所撰書録及前揭《上〈穆天子傳〉序》可知，荀勖等爲新出文章家集所撰書録，其内容當然不僅僅限於人物事行之簡介而已。幸運的是，當時負責整理諸葛亮集的是陳壽，因爲撰寫《三國志》的機緣，陳壽所撰《諸葛氏集目録》，得以保存在《三國志》内：

諸葛氏集目録

開府作牧第一、權制第二、南征第三、北出第四、計算第五、訓厲第六、綜覈上第七、綜覈下第八、雜言上第九、雜言下第十、貴和第十一、兵要第十二、傳運第十三、與孫權書第十四、與諸葛瑾書第十五、與孟達書第十六、廢李平第十七、法檢上第十八、法檢下第十九、科令上第二十、科令下第二十一、軍令上第二十二、軍令中第二十三、軍令下第二十四

右二十四篇，凡十萬四千一百一十二字。

臣壽等言：臣前在著作郎，侍中領中書監濟北侯臣荀勖、中書令關内侯臣和嶠奏，使臣定故

[一] 吴光興《荀勖〈文章叙録〉、諸家『文章志』考》，頁一八一、一八三。

蜀丞相諸葛亮故事。亮毗佐危國，負阻不賓，然猶存録其言，耻善有遺，誠是大晋光明至德，澤被無疆，自古以來，未之有倫也。輒删除複重，隨類相從，凡爲二十四篇，篇名如右。

亮少有逸群之才，英霸之器……

青龍二年春，亮帥衆出武功，分兵屯田，爲久駐之基。其秋病卒。黎庶追思，以爲口實。至今梁、益之民，咨述亮者，言猶在耳。雖《甘棠》之咏召公，鄭人之歌子産，無以遠譬也。孟軻有云：『以逸道使民，雖勞不怨。以生道殺人，雖死不忿。』信矣！論者或怪亮文彩不豔，而過於丁寧周至。臣愚以爲，咎繇大賢也，周公聖人也，考之《尚書》，咎繇之謨略而雅，周公之誥煩而悉。何則？咎繇與舜、禹共談，周公與群下矢誓故也。亮所與言，盡衆人凡士，故其文指不得及遠也。然其聲教遺言，皆經事綜物，公誠之心，形於文墨，足以知其人之意，理而有補於當世。

伏惟陛下，邁踪古聖，蕩然無忌，故雖敵國誹謗之言，咸肆其辭而無所革諱，所以明大通之道也。謹録寫，上詣著作。臣壽誠惶誠恐，頓首頓首，死罪死罪。泰始十年二月一日癸巳，平陽侯相臣陳壽上。（《三國志·蜀志·諸葛亮傳》附）〔二〕

〔二〕陳壽《三國志》卷三五，頁九二九—九三一。

此篇書録，係陳壽奉荀勖、和嶠之命而作，爲我們考察荀勖領校群書之體制〔一〕，提供了一個極爲珍貴而且更爲詳盡的樣本。爲更好地説明問題，現將劉向《别録》中完篇之一『《晏子》八篇』之書録，對照如次：

内篇諫上第一，凡二十五章。
内篇諫下第二，凡二十五章。
内篇問上第三，凡三十章。
内篇問下第四，凡三十章。
内篇雜上第五，凡三十章。
内篇雜下第六，凡三十章。
外篇重而异者第七，凡二十七章。
外篇不合經術者第八，凡十八章。
右《晏子》凡内外八篇，總二百十五章。護左都水使者光禄大夫臣向言：所校中書《晏子》十一篇，臣向謹與長社尉臣參校讎，太史書五篇、臣向書一篇、臣參書十三篇，凡中外書三十篇，爲八

〔一〕《晉書·職官志》：『著作郎始到職，必撰名臣傳一人。』（房玄齡等《晉書》卷二四，頁七三五）

百三十八章。除複重二十二篇六百三十八章，定著八篇二百一十五章。外書無有三十六章，中書無有七十一章，中外皆有以相定。中書以『夭』爲『芳』，『又』爲『備』，『先』爲『牛』，『章』爲『長』，如此類者多，謹頗略箋，皆已定，以殺青書，可繕寫。晏子名嬰，謚平仲，萊人。萊者，今東萊地也。晏子博聞强記，通於古今，事齊靈公、莊公、景公，以節儉力行，盡忠極諫道齊。國君得以正行，百姓得以附親。不用則退耕於野，用則必不詘義。不可脅以邪，白刃雖交胸，終不受崔杼之劫。諫齊君懸而至，順而刻；及使諸侯，莫能詘其辭。其博通如此，蓋次管仲。内有親親，外能厚賢，居相國之位，受萬鍾之禄，故親戚待其禄而衣食五百餘家，處士待而舉火者亦甚衆。晏子衣苴布之衣，麋鹿之裘，駕敝車疲馬，盡以禄給親戚朋友，齊人以此重之。晏子蓋短。其書六篇，皆忠諫其君，文章可觀，義理可法，皆合六經之義。又有復重，文辭頗异，不敢遺失，復列以爲一篇。又有頗不合經術，似非晏子言，疑後世辨士所爲者，故亦不敢失，復以爲一篇。凡八篇，其六篇可常置旁御觀。謹第録。臣向昧死上。（《晏子》宋刻本）[一]

本篇書録，包括如下内容：（甲）本書篇次。（乙）校讎情形，如校勘所用之衆本、校定之原則、异文之舉例。（丙）撰者（晏子）之生平與事功之大略。（丁）本書内容之價值評判及内外篇之裁定原則。

[一] 姚振宗輯録，鄧駿捷校補《七略别録佚文》，上海古籍出版社，二〇〇八年，頁三九—四〇。

（戊）校上習語。

不難看出，《諸葛氏集目録》的體例，同上揭劉向、歆父子所撰《晏子書録》等極爲相似：首列篇目，次陳校理緣起及校讎情況，次述作者生平事行與功業，復加品評，明其當下之價值與意義，末列校上習語。如所周知，劉氏父子校書時曾「别集衆録」而成《别録》，那麽，同此相類，荀勖等將當時新出之文章家集的書録集合，而成《新撰文章家集叙》。因此，此篇《諸葛氏集目録》，其實就是《新撰文章家集叙》中的一個完篇。由此可以反推，前揭夏侯惠、應璩等人之文集叙録，絶不僅限於簡述人物生平事行之文字片斷，而是有著同《諸葛氏集目録》結構相似、體量或許相當的文字，内容十分豐富。所謂『新撰』之『新』，就是指對當時『新』出的文章家集進行整理、撰寫書録之『新』。荀勖等職責所在，理宜固然。

同前代書目相比，可知《晋中經簿》是荀勖領撰的國家藏書目録，其性質與《七略》相同。《七略》成書之時，將《别録》著録之書，全部納入，同時也對其書録（解題）加以裁取。可以想見的是，荀勖等在編撰《晋中經簿》之時，也必然對新出的文章家集加以著録，同時對各集之書録（如《諸葛氏集目録》），加以節取、删潤，成其官簿。

七、《晋中經簿》解題内容與體例之探討

《晋中經簿》既有解題，那麽，以下問題必然引起我們的思考：上揭《諸葛氏集目録》《上〈穆天子傳〉序》的内容，是否能全部納入荀《簿》？换句話説，荀《簿》的解題内容，能否如《諸葛氏集目録》《上〈穆天子傳〉序》一樣豐富？荀《簿》解題的内容，應該包括哪些層面？從解題體例上看，荀《簿》之解題，當屬何體？有何學術前承？這些問題，無一不是目録學與學術史上的難題，至今没有得到令人满意的解答。以下試討論之。

（一）《晋中經簿》解題之内容

通過前文之探求可知，《晋中經簿》的佚文片斷，極爲簡略，如周生烈、計然、夏侯惠等人之傳文，並不豐碩；另一方面，作爲《晋中經簿》解題取材對象的《上〈穆天子傳〉序》《諸葛氏集目録》，文字又較爲豐富，信息量頗大。那麽，《晋中經簿》解題之内容，應當處於何種狀態，包括哪些層面？

如前所述，同《七略》之解題係減省《别録》匯集之書録而成相類似，《晋中經簿》的解題内容，也是在《諸葛氏集目録》等書録的基礎上減省而成的。考察《諸葛氏集目録》的構成，知其包括本書篇目（篇

名、篇次)與本書叙録兩個部分,而本書叙録,又包括四個方面的内容:

(甲)本書校讎情況。

(乙)作者生平大略(事行、功業、學術貢獻等)。

(丙)本書價值判斷,即内容(或作者事功、思想等)之品評。

(丁)校定繕寫情況。

那麽,上述各個層面,哪些爲《晉中經簿》所取材,哪些又被删省?似難遽言。但細繹相關文獻,仍然有其端緒可尋:

其一、《七録序》云:『魏晉之世,文籍逾廣,皆藏在秘書、中、外三閣。魏秘書郎鄭默,删定舊文,時之論者,謂爲朱紫有别。晉領秘書監荀勖,因魏《中經》,更著《新簿》。雖分爲十有餘卷,而總以四部别之。惠懷之亂,其書略盡。江左草創,十不一存。後雖鳩集,淆亂已甚。及著作佐郎李充始加删正,因荀勖舊簿四部之法,而换其乙丙之書,没略衆篇之名,總以甲乙爲次。自時厥後,世相祖述。』李充編寫《晉元帝書目》時,鑒於當時圖書劇減(『十不一存』)及『淆亂已甚』之實際,采取了『没略衆篇之名』的舉措,大體上按甲乙之序編次而已。所謂『没略衆篇之名』,是指編寫書目時,省去各書之篇名(即本書之篇目部分)。李充編目,以《晉中經簿》爲依據與藍本,由此可以反證,《晉中經簿》著録之各書,必詳其本書篇目(篇名、篇次)。《隋志·總序》云:『秘書監荀勖,又因《中經》,更著《新簿》,分爲四部,總括群書……但録題，及言盛以縹囊，書用緗素。』所謂『但録題』，非指本書書名（此係任何書目之核心，毋庸强調），而是指本書篇題（即篇名）[一]。以上兩例，正反呼應，均説明《晋中經簿》之解題内，包含有各書篇目（篇題、篇次）。

其二，《隋志·總序》云：『（《晋中經簿》）但録題，及言盛以縹囊，書用緗素。至於作者之意，無所論辯。……儉又别撰《七志》……然亦不述作者之意，但於書名之下，每立一傳，而又作九篇條例，編乎首卷之中。文義淺近，未爲典則。』本段論述，有兩點值得注意。首先，所謂『盛以縹囊，書用緗素』，屬於上揭叙録之第四點（即『校定繕寫情況』）的内容；此屬荀《簿》所取用者。其次，所謂『作者之意，無所論辯』，是指上揭叙録之第三點（即『本書價值判斷』）；此屬荀《簿》之删削者。王儉《七志》，係承荀《簿》而論及（由『亦』字可知），『不述作者之意』者正同。而《七志》所謂『但於書名之下，每立一傳』，即上揭叙録之第二點（『作者生平大略』）；由此逆推，《晋中經簿》亦必有『每立一傳』之内容，也即簡列作者生平大略的内容（《七録序》稱：『儉又依《别録》之體，撰爲《七志》』，即指《七志》也有解題）。

綜合以上兩點，知《晋中經簿》之解題，至少包括以下三個層面的内容：甲、本書篇目；乙、作者生平大略；丙、校定繕寫情況。三者之中，甲、丙兩個方面比較固定、客觀，因而當以第二個方面（作者生平大略

[一] 張固也已指出：『《隋書·經籍志》總序所謂「題」，其實不是指書名，而是指篇題或篇目、篇名。』（《荀勖〈中經新簿〉是有叙録的嗎？》，載氏著《古典目録學研究》，頁四二—四三）

平大略)爲論述重點。當然,出於文本自洽性之考慮,荀勖並非機械地予以删取,而在文字上必有所潤飾。

(二)《晉中經簿》解題之類型

王重民先生在論述中國中古前期(前六年至六一八年)圖書目録事業的發展時指出:

我爲稱名的方便,擬把從劉向叙録直到《四庫全書總目》的提要都稱爲叙録體的提要,把用傳記方式的都稱爲傳録體的提要。看來,這一時期内最發達的是傳録的提要。另外,還有輯録體的提要,就是不由自己編寫,而去鈔輯序跋、史傳、筆記和有關的目録資料以起提要的作用。這一方法是在這一時期内由僧祐開其端,而由馬端臨的《文獻通考·經籍考》、朱彝尊《經義考》得到進一步發揮,和叙録體、傳録體並稱,我擬稱之爲輯録體。[一]

王先生把提要(即解題)體例分爲叙録體、傳録體、輯録體三種,基本概括了清初以前的解題類型,構建了一個比較合理的解題分類體系,因此廣爲學界所認可。《晉中經簿》的解題,包括了本書篇目、作者生平與校定繕寫情況,較劉向、歆父子的叙録體爲少而比傳録體爲豐,處於二者的中間狀態,因此

[一] 王重民《中國目録學史論叢》,頁八〇。

仍當屬叙録體，不過是在内容上有所簡化的叙録體。

從前揭著録容量上看，《晉中經簿》並不同於《漢志》之簡要著録（僅列書名、撰者，偶有附注），而是具有解題。但從解題層次上看，該簿也不同於《别録》之匯集衆録、内容豐富。應當看到，荀勖等人深諳劉向、歆父子校書故事，並且其時《别録》《七略》二書具在，不僅對劉氏父子已校之書，可以徑直取用相關解題文字，而且對於新出之書（文章家集、汲冢書等），也可以按既有體例，加以校理。那麽，《别録》與《七略》，哪一部對荀勖等影響更大，是《晉中經簿》更爲直接的學術前承？

（三）《晉中經簿》解題之前承

《别録》同《七略》，雖然都是劉向、歆父子校理漢代藏書的成果，但二者其實頗有不同。方之後世，《别録》頗類似於清代所修《四庫全書總目》，而《七略》則近似於《四庫全書簡明目録》（但無著録與存目之别）。從性質上説，《别録》雖源於劉氏父子領校群書，但却是劉向『别集衆録』的結果（體現出劉向個人卓越的文獻意識）；在一定意義上，該目還具有私撰的性質。《七略》則是成於劉歆之手的國家藏書目録，是劉氏父子校書最終告成的標志性成果，反映國家藏書面貌，體現皇帝統治意志，因此是漢代的代表性書目。阮孝緒《古今書最》通考歷代藏書源流，取《七略》而不取《别録》，正是基於對二目性質的準確認知。

荀勖《晋中經簿》是西晋國家藏書目録，其性質與《七略》相同。而《新撰文章家集叙》其實是荀勖等校理中央藏書的附屬成果，其性質與《别録》相同（只是收書限於新出之文章家集而已）。因此，深諳劉向、歆父子校書故事並能親睹《别録》《七略》二書的荀勖等人，在編撰一代藏書目録《晋中經簿》時，在内容層次與體例安排上，更多地取法了《七略》。換句話説，《晋中經簿》的學術前承，主要是《七略》而非《别録》〔一〕。

需要補充説明的是，荀勖《晋中經簿》同其《新撰文章家集叙》，在著録圖書數量上有多寡之别（後者僅載新出之文章家集），解題内容上亦有簡繁之异（如陳壽所撰《諸葛氏集目録》，《晋中經簿》僅節取其中部分内容，而《新撰文章家集叙》則予以全録）。原因在於，荀勖編撰二目之旨趣不同。前揭《諸葛氏集目録》與《上〈穆天子傳〉序》，恰好是兩類文獻的代表性書録：一類是在《别録》《七略》之後，新出現的文章家集〔二〕；一類是新出土的文獻，猶如後世之特藏圖書。因爲兩類都是『新』出之書，所以荀勖纔有撰寫書録的必要；至於傳世文獻，《别録》《七略》俱在，荀勖《晋中經簿》可以直接根據需要加以著

〔一〕按：從今天《别録》《七略》之佚文來看，《别録》尚有數章完篇（如《晏子》《荀子》《列子》之書録等）保留下來，而《七略》基本上僅有零字斷文，不成其篇。原因可能在於，二書同時行世，但因《别録》更爲繁富，所以學者更樂於取用。關於二書之輯佚，匯總性成果有姚振宗輯録、鄧駿捷校補之《七略别録佚文　七略佚文》一書（上海古籍出版社，二〇〇八年）。

〔二〕吴光興先生考察後指出：『從《文章叙録》的佚文與唯一完整保存的《諸葛亮集叙録》來看，涉及的作者都是建安以下至魏晋之交的人物。』（《荀勖〈文章叙録〉、諸家『文章志』考》，載莫礪鋒編《周勛初先生八十壽辰紀念文集》，頁一七八）

録、取用，無須新撰（當然並不排除在文字上有所取捨潤飾）。至於爲新出文人别集所撰寫之叙録，荀勖亦遵循劉向「别集衆録」之前例，另外編成《新撰文章家集叙》一書。該目能有十卷之多，足見其繁富。《晋中經簿》係官修綜合目録，《新撰文章家集叙》則屬文學專科目録，二者之間，既有聯繫，又有區别[一]。至於荀勖是否匯集汲冢書之目録而另成一書，因文獻無徵，不能遽斷。

八、結論

本文上以七節之篇幅，對《晋中經簿》的解題問題進行了較爲全面的探討。通過上述分析與討論，可以得出如下認識：

（一）《晋中經簿》是荀勖等領撰的國家藏書目録，是校理當時國家藏書的成果。晋初國家藏書，來源有二：舊有之藏書及新出之典籍。新出典籍，至少有如下三類：（甲）新出現之文章家集，（乙）新發現之汲冢書，（丙）新産生之佛教典籍。由於其時劉向、歆父子之《别録》《七略》尚存，凡舊有之藏書而獲見於二目者，荀勖等均可從《别録》《七略》中直接取材，因此，其校理圖書之重點，就是包括上述文

[一] 關於荀勖《晋中經簿》同《文章叙録》之關係，吴光興先生《荀勖〈文章叙録〉、諸家『文章志』考》一文，論述較詳，卓識頗多，可以參考（載莫礪鋒編《周勛初先生八十壽辰紀念文集》，頁一七四—二〇三）。

章家集、汲冢書、佛教典籍在内的新出典籍。

（二）荀勖等校書，『依劉向《别録》，整理記籍』（《晋書》荀勖本傳），『校綴次第，尋考指歸』（《晋書·束皙傳》），遵循的仍是劉向、歆父子傳承下來的官書校理範式。因此，每書校畢，當依照向、歆故事，撰寫一篇同《晏子書録》相類似的書録。前揭《諸葛氏集目録》《上〈穆天子傳〉序》等，就是遺存至今的完篇，是當時撰有書録的明證。

（三）荀勖對當時新出之文章家集特别留意，將其書録匯集在一起，别成《新撰文章家集叙》（通常簡稱《文章叙録》）一種。雖然同屬荀勖等校理官書之成果，但該目屬文學專科目録，與作爲國家藏書目録的《晋中經簿》，在性質上有所不同。兩部書目在著録數量、解題容量等方面存在差异，既有聯繫，也有區别，主要是因爲撰述旨趣不同，從而在内容與形式上有不同的體現。

（四）《晋中經簿》作爲國家藏書目録，具有解題，是一部解題目録。其解題之來源，主要有兩類：（甲）舊有之藏書，取材於《别録》《七略》之解題。（乙）新出之典籍，取材於包括《新撰文章家集叙》所收者在内的新撰書録。

（五）《晋中經簿》《新撰文章家集叙》問世之後，其著録（如圖書之撰人、卷數等）與解題，往往爲後世學人所取材。今存周生烈、計然、佛陀等傳記之片斷，與荀勖所撰《紀年》書録之片斷、陳壽所撰《諸葛氏集目録》之完篇，就是當時《晋中經簿》解題取材的對象，是該簿具有解題的明證。

總之，荀勖的領校群書與編撰書目，同劉向、歆父子極爲相似，其規模與範式，均應引起重視。《晋中經簿》的撰寫，不僅深刻影響了後世書目分類之格局（由六分轉爲四分），也深刻影響了後世書目解題之體例（從叙録體開始向傳録體轉變）。期待本文對荀勖《晋中經簿》解題問題的探討，不僅可以更新學界既有之認識〔一〕，也能推動對中古時期目録學與學術史更爲深入的研究。

二〇一八年八月十五日，初稿於貴陽大成精舍；十二月十五日，定稿於臺北修齊會館。

（本文原載《歷史文獻研究》第四十三輯，廣陵書社，二〇一九年）

〔一〕如余嘉錫先生認爲：『晋武帝太康二年，得汲冢古文竹書，以付秘書，於是荀勖撰次之，因鄭默《中經》，更著《新簿》，遂變《七略》之體，分爲甲乙丙丁四部，是爲後世經史子集之權輿，特其次序子在史前。《隋志》謂其「但録題，及言盛以縹囊，書用緗素，至於作者之意，無所論辯」。「但録題」者，蓋謂但記書名；「盛以縹囊，書用緗素」，則惟侈陳裝飾，是其書並無解題。而今《穆天子傳》，載有勖等校上序一篇，其體略如劉向《别録》，與《隋志》之言不合。據《晋書》勖傳，則勖之校書，起於得汲冢古文，或勖第於汲冢書撰有叙録，他書則否也。』（《目録學發微》卷三，頁八八）其中對荀勖校書源起及《晋中經簿》有無解題之觀點，都應修正。

叁 《七志》提要體例考

《七志》是南朝宋、齊時期著名學者王儉（四五二—四八九）編撰的有提要（或稱『解題』）的綜合性目録，因其著録豐富、分類創新等特點而廣受重視，被認爲是對南齊以前文化典籍『最有參考使用價值』[一]之作。該目的提要體例是中國古典目録提要體例發展中十分重要的一環，但因其書亡佚已久，對其提要面貌及體例問題，學界認識頗有不同。本文擬在輯佚的基礎上，全面考察並揭示《七志》對輯録體提要體例的繼承與拓展。

[一] 王重民《中國目録學史論叢》，中華書局，一九八四年，頁五九。

一、學界對《七志》提要體例之認識

《隋書·經籍志》(以下簡稱《隋志》)總序：『(王)儉又别撰《七志》……然亦不述作者之意，但於書名之下，每立一傳，而又作九篇條例，編乎首卷之中。文義淺近，未爲典則。』〔一〕後來學者探討《七志》體例，多據《隋志》此説立論。如姚名達先生指出：『所謂傳者，非專指作者之傳記，乃稱書名之解題也。其體制當與《郡齋讀書志》及《直齋書録解題》略似，重在説明書之内容而不述作者之思想，故其文字當稍簡耳。』其提要則『介乎有叙録之《别録》與無叙録之《晋中經簿》兩者之間』，『實衍《七略》之緒』〔二〕。余嘉錫先生亦承《隋志》之説：『蓋王儉之《志》，惟詳於撰人事迹，於指歸訛謬，少所發明』〔三〕。

王重民先生對古代目録的提要體例做了總結，指出《七志》的體例是傳録體，利用了『文章志』或其

〔一〕魏徵等《隋書》卷三二，中華書局，一九七三年，頁九〇六—九〇七。

〔二〕姚名達《中國目録學史》，上海古籍出版社，二〇〇二年，頁一四八—一四九。按：按照下述王重民先生的分法，《郡齋讀書志》《直齋書録解題》的體例爲叙録體，與《七志》不同。《晋中經簿》也是有提要的，説見趙望秦《荀勖〈中經新簿〉是有叙録的》(載《中國典籍與文化》，二〇〇四年四期，頁一〇—一五)、張宗友《〈晋中經簿〉解題考》(載《歷史文獻研究》第四十三輯，廣陵書社，二〇一九年，頁二一八—二四五)。

〔三〕余嘉錫《目録學發微》卷一，巴蜀書社，一九九一年，頁三。

他解題目録〔二〕。王先生認爲荀勖《新撰文章家集叙》（通常簡稱爲《文章叙録》）、摯虞《文章志》、傅亮《續文章志》、丘淵之《晋義熙以來新集目録》、晋元帝《江左文章志》、沈約《宋世文章志》等，也都采用了傳録體，並且成爲《七志》重要的取用資源與學術前承。傳録體的特點，或者在於『以别集的叙録做基礎』（指《文章叙録》），或者在於『不論文體，不言作意，專記撰人事迹，間及文章的流傳存佚情况』，『主要由撰人事迹和文章篇目構成』（指《文章志》）〔三〕。筆者認爲，《七志》的主要特點是著録了極其豐富的現存書籍（即所謂『今書』），並且采用了傳録體的提要體例，從而彌補了東晋李充《晋元帝書目》以來著録簡單的不足。

繼王重民先生之後，來新夏先生對《七志》的提要體例也有專門論述：『這是比叙録體内容簡略的一種體例。……劉宋王儉的《七志》，《隋志》也説它「不述作者之意，但於書名之下每立一傳」。此「傳」字不是傳記，而是傳注，即解釋説明。那麼它與《中經新簿》似爲一體。由於《七志》的「每立一傳」，所

〔二〕王重民《中國目録學史論叢》，頁六〇、六八。按：王先生在論述中國中古前期（公元前六年至公元六一八年）圖書目録事業的發展時，將古代目録的提要體例分爲叙録體、傳録體、輯録體三種（頁八〇），基本概括了清初以前的提要類型，構建了一個比較合理的分類體系，因而廣爲學者接受和采用。

〔三〕王重民《中國目録學史論叢》，頁六九—七〇。按《文章叙録》《晋義熙以來新集目録》的提要體例當爲叙録體，傳録體的體例則由摯虞《文章志》所創。説詳吴光興《荀勖〈文章叙録〉、諸家『文章志』考》一文（載莫礪鋒主編《周勛初先生八十壽辰紀念文集》，中華書局，二〇〇八年，頁一七四—二〇三）。

以一般説這種體例是傳録體，即注録體。後世一般藏書的典藏登録僅寫一簡要内容提要，當屬此體。』〔一〕可見來先生雖認爲《七志》的提要體例爲傳録體，而對其特點的認識，與王重民先生頗有不同。其原因當在於，《七志》已經亡佚，其提要概貌難以獲睹，因此，對《七志》提要體例的探討，只能建立在《隋志》等文獻的有限記載上。

目前學界對《七志》提要體例的認識，大體不出上述範圍〔二〕。如欲進一步考察《七志》提要的面貌，進而得到更爲明晰的認識，必須在《七志》佚文輯録的基礎上進行。

二、《七志》提要輯佚

《七志》佚文，主要保存於陸德明《經典釋文·序録》、李善《文選》注中。現將二者所引佚文輯出，條列如次：

〔一〕來新夏《古典目録學淺説》，中華書局，二〇〇三年，頁四九—五〇。按：《中經新簿》是荀勖《晋中經簿》之别稱。

〔二〕近年來論及《七志》提要體例的論文主要有王嘉川《關於王儉〈七志〉研究的幾個問題》（《圖書與情報》，二〇〇一年第二期，頁五二—五六）、王岳紅《略論王儉的〈七志〉及其時代特徵》（《圖書情報工作》，二〇〇六年第三期，頁一三九—一四二）、高路明《晋及南朝目録體例考》（《北京大學中國古文獻研究中心集刊》第七輯，北京大學出版社，二〇〇八年，頁一〇一—一〇九）等。

（一）（陸績）字公紀，吴郡吴人。後漢偏將軍，鬱林太守。《七志》云：『《録》一卷。』（《經典釋文》卷一『陸績《述》十三卷』條下注引[一]）

（二）（王弼）字輔嗣，山陽高平人。魏尚書郎，年二十四卒。注《易》上下經六卷，作《易略例》一卷，又注《老子》。《七志》云：『注《易》十卷。』（《經典釋文》卷一『王弼《注》七卷』條下注引）

（三）（張璠）安定人，東晉秘書郎，參著作。集二十二家解。《序》云：『依向秀本。』……《七録》云：『集二十八家。』《七志》云：『十卷。』（《經典釋文》卷一『張璠《集解》十二卷』條下注引）[二]

（四）荀輝，字景文，潁川潁陰人，晋太子中庶子。爲《易義》。《七志》云：『注《易》十卷。』（《經典釋文》卷一『張璠《集解》十二卷』條下注引）

（五）《七録》云：『不詳何人。』《七志》云：『是王弼後人。』案：《蜀李書》云：『姓范，名長生，一名賢。隱居青城山，自號蜀才。李雄以爲丞相。』（《經典釋文》卷一『蜀才《注》十卷』條下注引）

[一] 陸德明《經典釋文》，影印通志堂本，中華書局，一九八三年，頁六（以下數條出處相同，頁次從略）。

[二] 按：中間省去對張璠所集二十二家之簡介，下引荀輝一條内容即在其内。本段注文之末云：『邢融、裴藻、許適、楊藻四人，不詳何人，並爲《易義》。』與荀輝一條對比可知，四人生平既不得詳，《七志》當無所録。故注文最末據《七録》《七志》所載之家數與卷數，注解的對象當是張璠《集解》。因此，本文將與《七志》有關的注文處理爲兩條。

（六）《今書七志》曰：『木華，字玄虚。』（《文選》卷一二『木玄虚』條下注引[一]）

（七）宋書《七志》曰：『謝瞻，字宣遠，東郡人也。幼能屬文。宋黄門郎。以弟晦權貴，求爲豫章太守，卒。高祖游戲馬台，命僚佐賦詩，瞻之所作冠於時。』（《文選》卷二〇『謝宣遠』條下注引）

（八）王儉《七志》曰：『高祖游張良廟，並命僚佐賦詩，瞻之所造，冠於一時。』（《文選》卷二一『謝宣遠』條下注引）

（九）《今書七志》曰：『《應璩集》謂之「新詩」，以百言爲一篇，或謂之「百一詩」。』（《文選》卷二一『百一詩一首』條下注引）

（十）《今書七志》曰：『棗據，字道彦，潁川人。弱冠辟大將軍府，遷尚書郎。太尉賈充爲伐吴都督，請爲從事中郎。遷中庶子，卒。』（《文選》卷二九『棗道彦』條下注引）

（十一）《今書七志》曰：『張翰，字季鷹，吴郡人也。文藻新麗。齊王冏辟爲東曹掾。睹天下亂，東歸，卒於家。』（《文選》卷二九『張季鷹』條下注引）

從内容上看，以上十一條，共涉及十人：陸績、王弼、張璠、荀輝、蜀才（范長生）、木華、謝瞻、應璩、

[一] 蕭統《文選》，上海古籍出版社，一九八六年，頁五四三（以下數條出處相同，頁次從略）。

褰據、張翰，其時代由東漢至宋，可知《七志》專記現存之書（『今書』），具有藏書總目的性質。第（九）條所涉及的應璩，荀勖《文章叙録》、摯虞《文章志》對其人均有介紹：

《文章録》曰：『璩字休璉，博學好屬文，明帝時歷官散騎侍郎。曹爽多違法度，璩爲詩以諷焉。典著作，卒。』《文章志》曰：『璩，汝南人也。』〔一〕

《文章叙録》與諸家『文章志』，均爲王儉《七志》所取材。上引三家與應璩有關的文字片斷，其内容各不相同。《文章叙録》的提要是叙録體，文字頗詳，摯虞、王儉等據以撰寫提要，李善等據以作注，在取材時當各有側重。《文選》卷十二『木玄虚』條下注既引《七志》之文（參上引第（六）條），又引傅亮《文章志》（即《續文章志》）曰：『廣川木玄虚爲《海賦》，文甚俊麗，足繼前良。』其關於木華的介紹，與《七志》側重不同，可爲旁證。值得注意的是，上述第（九）條所引《七志》文字，與應璩生平事迹絶無關係，很可能出於王氏新撰。

〔一〕《文選》卷二一『百一詩一首』條『應璩』字下注引（頁一〇一五—一〇一六）。此下還有『《詩序》曰：「下流，應侯自誨也。」』指《百一詩序》，非《文章志》文。

三、《七志》提要體例探論

陸德明《經典釋文》所引前四條，僅對相關條目的卷數情況加以説明，當屬於著述目録的範圍；第五條則涉及作者身份。李善《文選》注所引凡六條，除『百一詩一首』條外，全爲作者概况（如字號、郡望及生平事迹等）之介紹，而行文頗爲簡省。如將這十一條合而觀之，那麽，可知王儉《七志》的提要體例，前『傳』後『目』，是撰者生平事迹與其著述目録的有機結合。王重民先生指出《文章志》『主要由撰人事迹和文章篇目構成』，確爲明識，《七志》繼承的正是這一提要結構。由此返視，前輯《經典釋文》各條佚文中的撰者生平文字，很可能即引自《七志》。

將上揭佚文片斷合而觀之，則《七志》對傳録體體例之拓展，主要體現在以下兩個方面：

一是擴大傳録體提要之應用範圍。『文章志』系列是文學專科目録，以文學著作爲著録對象；《七志》則是綜合性目録（王重民先生稱爲『系統目録』），主要著録當時現存之書（即所謂『今書』）。王儉另有闕書目録，以備搜訪）。

二是拓展傳録體提要之著録内容。『文章志』系列的提要，其内容以撰者事迹與著述目録爲主，比較簡略。由『文藻新麗』『瞻之所造，冠於一時』等句，推知《七志》提要中，不乏對作家作品的評論文字；另由『百一詩一首』一條來看，提要中也有對相關文體的討論。這就突破了『傳記＋目録』的提要模式，也突破了王重民先生所論《文章志》『不論文體，不言作意』的局限，是對『文章志』系列之提要體例的繼承與完善。

總之，《七志》的提要面貌，既有撰者事迹、著述目録，也時有作品評論、文體探討。其中，對撰者事迹（即傳記）的介紹，是《七志》提要的重點所在。前引各家對《七志》提要體例的認知，亦因此需加修正〔二〕。

（本文原載《圖書館》，二〇一〇年第四期）

〔二〕如《隋志》謂《七志》『不述作者之意，但於書名之下，每立一傳』，其『作者之意』，當指撰述宗旨、學術源流而言，的確不是《七志》提要的内容重點；而『每立一傳』之『傳』，由其佚文來看，當以『作者傳記』的理解爲佳。

肆　《七録》分卷考

本文討論中古時期重要書目《七録》的内部分卷問題。《七録》由南朝齊梁時代學者阮孝緒撰就，「其分類系統尤極清明整齊之致」，「在分類史中所占之地位，實爲一承先啓後之關鍵」[一]。《七録》與王儉《七志》並稱（習稱「王阮《志》《録》」），被目爲齊、梁時期「兩部最有成就最有影響的目録巨著，壓倒了這一時期内一切的官修目録」，「應該特别加以研究、分析和闡述」[二]。撰者阮孝緒（四七九—五三六），字士宗，河南尉氏人，生於建康。曾祖阮歆，宋中領軍；祖阮慧真，臨賀太守；父阮彦之，太尉從事中郎。阮氏係當時望族，與王、謝兩大家族約爲婚姻：孝緒母出自王氏；孝緒一姊係忠烈王妃（忠烈王蕭恢，梁太祖費太妃所出），一姊適謝安七世孫。孝緒自幼以孝聞，性格沉静，絶意仕進，同當朝權貴刻意保持距離，惟與裴子野等有學問之名士相交游，建立了有效的學術交游網絡。姚思廉《梁書》卷五

[一] 姚名達《中國目録學史》，上海古籍出版社，二〇〇二年，頁六二、六五。
[二] 王重民《中國目録學史論叢》，中華書局，一九八四年，頁五四。

一、李延壽《南史》卷七六、釋道宣《廣弘明集》卷三均有傳。

阮孝緒《七録》，與荀勖《晋中經簿》、王儉《七志》，是魏晋六朝時期最重要的三部書目，在古代書目分類體系的演變歷程中舉足輕重，《七録》更是後來《隋書·經籍志》最爲重要的學術前承。《七録》同《晋中經簿》《七志》均已亡佚，關於三部書目的體制問題，諸如有無小序、有無解題、内部如何分卷等問題，都是此期目録學史上有待解決的重要問題[一]。學界對《七録》關注較多[二]，但於其分卷問題（即各部分占有多少卷的問題），均未涉及。事實上，分卷問題不僅關涉書目體制，還與當時總體學術面貌密切相關，是考察各類典籍所占比重與學術盛衰的重要憑藉，有深入探析的必要。

[一] 筆者撰有《〈七録〉小序考》，對《七録》小序問題予以論定，並考出《經典録》尚書部、詩部、禮部、春秋部共四部小序之完篇。文載《歷史文獻研究》第四十六輯（廣陵書社，二〇二一年，頁一六六—一七六）。

[二] 學界已有兩種試圖恢復《七録》著録原貌的成果，即殷炳艷《〈七録〉研究及其重輯》（吉林大學碩士學位論文，二〇〇九年）、任莉莉《七録輯證》（上海古籍出版社，二〇一一年）。其他較有發明的論文有張固也《〈七録序〉探微二則》（《古籍整理研究學刊》，二〇〇八年第一期），張固也、殷炳艷《阮孝緒〈七録〉成書年代考》（《吉林師範大學學報》，二〇一〇年第六期），薛紅、唐明元《〈七録序〉所附〈古今書最〉探微》（《圖書館理論與實踐》，二〇一三年第四期），翟新明《選本·評論·文體：〈七録〉總集、雜文二分及其集部文體學價值》（《古典文獻研究》第二十四輯下卷，二〇二一年）以及張宗友《〈古今書最〉發微》（《古典文獻研究》第二十四輯下卷，二〇二一年）等。

一、關於《七録》之著録

阮孝緒《七録》，《隋書·經籍志》（以下簡稱『《隋志》』）之簿録篇著録作十二卷，《舊唐書·經籍志》（以下簡稱『《舊唐志》』）之目録類（題『雜四部書目』）、《新唐書·藝文志》（以下簡稱『《新唐志》』）之目録類並同。至於《七録》内部各録（即一級分類）之卷帙分布，《隋志》等三部史志目録並未涉及。

除以上三種史志外，目前可考之有關《七録》之資料（包括卷數之記載），最早可追溯至與《隋書》（唐顯慶元年［六五六］奏進）大約同時之《廣弘明集》（釋道宣［五九六—六六七］撰）。該書卷三有一批以『七録序』爲題的相關資料，包括《七録序》《古今書最》《七録目録》及阮孝緒著述簡目、阮孝緒傳等五個部分；根據書目體制，前三個部分可以合稱作《七録序録》〔一〕。《廣弘明集》通行本係《四部叢刊》影

〔一〕姚振宗兼用《七録序目》《七録叙目》之稱。如其針對《隋志》譜系類『《錢圖》一卷』之考證，案語稱『《七録序目·記傳録第十一》曰：譜狀部，四十二種，四百二十三帙，一千六十四卷』云云，針對簿録類『《七略別録》二十卷』之考證，稱『梁阮孝緒《七録叙目》曰：至孝成之世，命光禄大夫劉向及子俊歆等讎校篇籍』云云。（以上分載氏著《隋書經籍志考證》卷二一、卷二三，見《二十五史補編》第四册，開明書店，一九三七年，頁三八五）前者引《七録目録》之記載，後者引《七録序》之文字，是知姚氏將《七録序》至《七録目録》合稱作《七録序目》或《七録叙目》（『序』『叙』通用，故姚氏二稱並用）。目録之『録』兼包『目』與『叙』，可以『録』該『目』，故有序録之稱，如《經典玄儒大義序録》《經典釋文序録》《南齊書序録》等（詳余嘉錫《目録學發微》卷一《目録釋名》，巴蜀書社，一九九一年，頁一七—一八）。據《廣弘明集》所載阮孝緒著述簡目，知其《七録》固有《序録》一卷（詳下文之校理。具見表四-三）。兹依其實際，稱作《七録序録》。

印之明汪道昆刻本（以下簡稱『汪刻本』），所載阮氏著述簡目内容如次（各條前序數係筆者所加）：

（一）《文字集略》，一帙，三卷，《序録》一卷。

（二）《正史删繁》，十四帙，一百三十五卷，《序録》一卷。

（三）《高隱傳》，一帙，十卷，《序例》一卷。

（四）《古今世代録》，一帙，七卷。

（五）《序録》，二帙，一十一卷。

（六）《雜文》，一帙，十卷。

（七）《聲緯》，一帙，一卷。

（八）右七種，二十一帙，一百八十一卷，阮孝緒撰。不足編諸前録，而載於此。

下至明代，胡應麟《經籍會通》對阮孝緒著述情形有所記載：『阮自著書二十一帙，一百八十一卷，附《七録》末，今無一傳。惜其用力之勤，並識此。餘見《隋志》，詳具《弘明集》中。』附注云：『《文字集略》《正史削繁》《高隱傳》《古今世代録》《雜文》《聲緯》並諸《序録》《序例》共七種，合所編《七録》，共八種。』[一]是胡氏以上揭阮氏著述簡目内並無《七録》，且將《序録》《序例》合而觀之。

[一] 胡應麟《少室山房筆叢》卷一，上海書店出版社，二〇〇一年，頁九。

余嘉錫《目録學發微》卷三引《梁書》阮孝緒本傳「所著《七録》等書二百五十餘卷行於世」，按語稱：「案：《南史·隱逸傳》作「所著《七録》《削繁》等一百八十一卷」。考孝緒所著書七種，附見《七録序》後，卷數與《南史》合。然其中並無《七録》。《削繁》者，孝緒嘗作《正史削繁》也。」〔一〕是余氏亦以阮氏著述簡目内無《七録》。

今人任莉莉研究《七録》成果最爲豐碩，其《七録輯證·前言》云：「阮氏著述宏富，據其《七録序目》所言，有《七録》十二卷；《文字集略》三卷，《序録》一卷；《正史删繁》一百三十五卷，《序録》一卷；《高隱傳》十卷，《序例》一卷；《古今世代録》七卷，《序録》十一卷；《雜文》十卷；《聲緯》一卷。凡七種，一百九十二卷。此七種著作，後來不幸全部散佚。」〔二〕知任氏將上揭阮氏著述簡目視爲《七録序目》之一部分，且其中不含《七録》。

通過文本比較（如對「《序録》十一卷」之信據）可知，《經籍會通》《目録學發微》《七録輯證》所記，都以汪刻本爲據（胡應麟〔一五五一—一六〇二〕較汪道昆〔一五二五—一五九三〕晚生二十餘年）。不過，胡、任二氏對阮氏著述簡目之解讀（胡氏認爲阮氏著述有八種、二十一帙、一百八十二卷，任氏認爲有七種、一百九十二卷。任氏未計帙數），同前揭阮氏著述簡目内之小計（「七種，二十一帙，一百八十

〔一〕余嘉錫《目録學發微》卷三，頁九六。
〔二〕任莉莉《七録輯證·前言》，頁一。

一卷』），並未吻合。目前可考的三種阮氏傳記内，《南史》本傳與《廣弘明集》卷三所載阮氏傳均作『一百八十一卷』，而《梁書》本傳稱『所著《七録》等書二百五十卷，行於世』（《梁書》卷五一），與上述各家之總計頗不相合。這種淩雜的現狀顯然不利於討論，亟應首先予以校理。

《廣弘明集》是一種釋氏著述，《大藏經》收有此書。較汪刻本爲早者，則有《趙城金藏》本與《思溪藏》本〔一〕。將此二本同汪刻本對勘，則三本文字不同者有第（五）、第（七）兩條，其文字异同如下表所示：

表四-一　阮氏著述簡目三本异同表

序次	書名	汪刻本	《趙城金藏》本	《思溪藏》本
（五）	《序録》	《序録》，二帙，一十一卷。	《七録》，一帙，一十一卷。	《七録》，二帙，一十一卷。
（七）	《聲緯》	《聲緯》，一帙，一卷。	《聲緯》，一帙，十卷。	《聲緯》，一帙，一卷。

可知第（五）條（《序録》）差异較大，書名、帙數各有不同；第（七）條（《聲緯》）則惟《趙城金藏》本所載卷數有别。

〔一〕《趙城金藏》本，本文使用北京圖書館出版社二〇〇八年影印本（《七録》資料在第九四册第二〇〇—二一四頁）；《思溪藏》本，本文使用國家圖書館出版社二〇一八年影印本（題《宋思溪藏本廣弘明集》。《七録》資料在第一册第一〇〇—一一六頁）。

釋道宣纂就《廣弘明集》之時，阮氏著述簡目文字具有惟一性，上述差异，應是歷代傳抄所致。試將汪刻本所載内容勒爲下表：

表四–二　阮氏著述簡目（汪刻本）分項表

序次	書名	帙數	卷數	其他
（一）	《文字集略》	一	三	《序録》一卷
（二）	《正史删繁》	十四	一百三十五	《序録》一卷
（三）	《高隱傳》	一	十	《序例》一卷
（四）	《古今世代録》	一	七	
（五）	《序録》	二	一十一	
（六）	《雜文》	一	十	
（七）	《聲緯》	一	一	
（八）	原計	二十一	一百八十一	（合於上）
	新計	二十一	一百七十七	三

表中所謂『原計』，是指原文之末已有之小計；所謂『新計』，是采據各條内容所做之新統計。根據此表並結合上文，可得以下認識：

（甲）上表中『卷數』與『其他』欄内卷數，應合併計算，即《文字集略》凡四卷，《正史删繁》凡一百三十六卷，《高隱傳》凡十一卷。惟有如此，根據各條内容得出的新統計（『新計』）卷數纔與原文之小計（『原計』）卷數基本相符（《七録輯證》作『一百九十二卷』，應是將『新計』之一百八十卷加上《七録》之十二卷而得）。

（乙）上表中《序録》一種，應從《趙城金藏》本、《思溪藏》本作『《七録》』。否則，『原計』之一百八十一卷加上《七録》之十二卷（前揭《隋志》《舊唐志》《新唐志》記載之卷數），共有一百九十三卷，顯然超過《南史》阮氏本傳與《廣弘明集》卷三所載阮氏傳所記之『一百八十一卷』。若就其性質而作深入論析，則知『序録』通常係某種著述之本書書録，一般止於一卷（如陸德明《經典釋文序録》），絶無可能達到十一卷之鉅，更斷無本書七卷而本書書録作十一卷之理（如《七録輯證》即將其視作《古今世代録》七卷之《序録》）。阮孝緒本人著述不過七種，有序録或序例者不過四種，合而成帙，亦絶無十一卷之可能；如係裁取他人著述之序録而成書，則與其同類著作《雜文》十卷相衝突。故『《序録》十一卷』，必然是『《七録》十一卷』。前揭胡應麟諸家，皆昧於此節，宜滋困惑。

（丙）《七録》的實際卷數，應從《隋志》《舊唐志》《新唐志》作『十二卷』。《趙城金藏》本、《思溪藏》本、汪刻本所載，實際上脱去『《序録》一卷』字樣，蓋傳抄時蒙前文兩處相同文本而忽之。表四-二中『新計』之數同『原計』之數有一卷之差者，正在於此。

又《七録》之帙數，當以二帙爲是，否則總帙數亦不能與『原計』『新計』相合。《趙城金藏》本作『一帙』者，蓋傳抄時蒙上下多處『一帙』而忽之。

（丁）第（七）條内《聲緯》之卷數，當是一卷而非《趙城金藏》本之十卷，否則得出之總卷數（爲『一百九十卷』），與前揭諸家無一相合。蓋係抄時誤『一』爲『十』。

（戊）《正史删繁》一種，《隋志》雜史類著録作『《正史削繁》九十四卷』，《舊唐志》《新唐志》之雜史類均著録作『《正史削繁》十四卷』。其書名當以《正史削繁》爲正。阮氏諸作中，以此書最爲繁富，高達一百三十六卷（含《序録》一卷）。所謂『正史』，即《記傳録》國史部之『國史』。此部爲《隋志》所本，設爲史部首類，正易其名作『正史』。阮氏之世，史書極盛，國史部多達『二百一十六種，五百九帙，四千五百九十六卷』（《七録目録》）。此書名以『削繁』，可見阮氏志在依傍衆史，削繁取菁，兼存音義[一]，别成一家之史。其志意，當具見本書《序録》之中；本書『正史』命名之義，必參見於國史部之小序内。國史部小序已佚，而以《七録》國史部爲直接前承的《隋志》正史類，其小序首稱『古者天子諸侯，必有國史，以紀

[一] 按：姚振宗《隋書經籍志考證》卷一三有『《正史削繁》九十四卷』條，按語云：『按《顔氏家訓·書證篇》引《正史削繁》音義一條，則其書亦兼音義，隋時尚存九十四卷，至唐僅存十四卷。』（《二十五史補編》第四册，頁二四七）檢《顔氏家訓·書證》云：『《三輔決録》云：「前隊大夫范仲公，鹽豉蒜果共一筩。」「果」當作魏顆之「顆」。……《正史削繁》音義又音蒜顆爲「苦戈反」，皆失也。』（王利器《顔氏家訓集解（增補本）》卷六，中華書局，一九九三年，頁四七〇）此條爲阮氏此書書名作《正史削繁》之又一佐證。

言行，後世多務，其道彌繁』云云，收束以『今依其世代，聚而編之，以備正史』，藉此猶可想見阮氏命名之義、削繁之旨。

通過以上校理，可知阮孝緒著有《文字集略》四卷（含《序録》一卷）、《正史削繁》一百三十六卷（含《序録》一卷）、《高隱傳》十一卷（含《序例》一卷）、《古今世代録》七卷、《七録》十二卷（含《序録》一卷）、《雜文》十卷、《聲緯》一卷。阮氏實際著述情形，具見下表：

表四－三　阮氏著述簡目分項表

序次	書名	帙數	卷數
一	《文字集略》	一	四（含《序録》一卷）
二	《正史削繁》	十四	一百三十六（含《序録》一卷）
三	《高隱傳》	一	十一（含《序例》一卷）
四	《古今世代録》	一	七
五	《七録》	二	十二（含《序録》一卷）
六	《雜文》	一	十
七	《聲緯》	一	一
總計		二十一	一百八十一

可見，阮孝緒著述總計有七種、二十一帙、一百八十一卷（正與『原計』相合），其中《七録》有二帙、十二卷（含《序録》一卷）。總卷數的確定是考察《七録》分卷問題的先決條件。

二、影響《七録》分卷的重要因素

一般來説，如果没有相應的文獻記載，那麽，亡佚圖書的内部分卷情況是極難考求的。幸運的是，《七録》雖佚，但其内部構成及著録情況，具載於《七録序録》，且因《廣弘明集》之傳抄而得以保存。阮氏《七録序》自道其撰述旨趣，云：『孝緒少愛墳籍，長而弗倦，卧病閑居，傍無塵雜。晨光纔啓，緗囊已散，宵漏既分，緑帙方掩。猶不能窮究流略，探盡秘奥。每披録内省，多有缺然。其遺文隱記，頗好搜集。凡自宋、齊已來，王公搢紳之館，苟能蓄聚墳籍，必思致其名簿。凡在所遇，若見若聞，校之官目，多所遺漏。遂總集衆家，更爲新録。其方内經史，至於術伎，合爲五録，謂之《内篇》；方外佛道，各爲一録，謂之《外篇》。凡爲録有七，故名《七録》。』

阮孝緒又論其各録淵源所自與命名之由，有云：『今所撰《七録》，斟酌王、劉。王以「六藝」之稱不足標榜經目，改爲「經典」。今則從之，故序《經典録》爲《内篇》第一。劉、王並以衆史合於《春秋》。劉氏之世，史書甚寡，附見《春秋》，誠得其例。今衆家記傳，倍於經典，猶從此志，實爲繁蕪。且《七略》詩賦不從《六藝》詩部，蓋由其書既多，所以别爲一略。今依擬斯例，分出衆史，序《記傳録》爲《内篇》第二。諸子之稱，劉、王並同。又劉有《兵書略》，王以「兵」字淺薄，「軍」言深廣，故改「兵」爲「軍」。竊謂古有兵革、兵戎、治兵、用兵之言，斯則武事之總名也。所以還改「軍」從「兵」。兵書既少，不足别録，今附於子末，總以「子兵」爲稱，故序《子兵録》爲《内篇》第三。王以「詩賦」之名，不兼餘制，故改爲「文翰」。竊以頃世文詞，總謂之「集」，變「翰」爲「集」，於名尤顯，故序《文集録》爲《内篇》第四。王以「數術」之稱，有繁雜之嫌，故改爲「陰陽」；「方伎」之言，事無典據，又改爲「藝術」。竊以「陰陽」偏有所繫，不如「數術」之該通。「術藝」則濫「六藝」與「數術」，不逮「方伎」之要顯，故還依劉氏，各守本名。但房中、神仙，既入仙道，醫經、經方，不足别創，故合「術伎」之稱，以名一録，爲《内篇》第五。王氏《圖譜》一志，劉《略》所無。劉《數術》中雖有曆譜，而與今譜有異。竊以圖畫之篇，宜從所圖爲部，故隨其名題，各附本録。譜既注記之類，宜與史體相參，故載於《記傳》之末。自斯已上，皆《内篇》也。釋氏之教，實被中土，講説諷味，方軌孔籍。王氏雖載於篇，而不在志限，即理求事，未是所安，故序《佛法録》爲《外篇》第一。仙道之書，由來尚矣。劉氏神仙，陳於《方伎》之末。王氏道經，書於《七志》之外。今合序《仙道録》爲《外篇》第二。王則先道而後佛，今則先佛而後道，蓋所宗有不同，亦由其教有淺深也。凡内外兩篇，合爲《七録》。天下之遺書秘記，庶幾窮於是矣。」

由上揭《七録序》文，知阮孝緒以『窮究流略，探盡秘奥』爲職志，對存世公私書目廣泛搜集，匯爲一爐，並按己意分爲七個子類，即《内篇》五録：《經典録》《記傳録》《子兵録》《文集録》《術伎録》；《外篇》二録：《佛法録》《仙道録》。加上前揭《七録序録》，可知《七録》其書，實由八個部分組成。《七録》共十二卷，《七録序録》居一卷，則自《經典録》至《仙道録》等七録，共有十一卷。那麽，《經典録》等七録各有幾卷，乃能共成十一卷？史無明文，必須藉助可見材料作進一步之探析。

《七録》内部分卷，首先同其一級部類有關（其時已進入紙書時代，「篇」「卷」等計量單位已逐漸失去簡帛時代所具有的與載體之間的物質聯繫，而變成以區分内容爲主要功能的意義單位。因此，在多卷本的書目中，每個一級部類至少占有一卷），其次則同《經典録》等七録之著録體量有關。《七録序録》之《古今書最》部分，有《七録》本書著録的詳細記載：

新集《七録》内外篇，圖書凡五十五部，六千二百八十八種，八千五百四十七帙，四萬四千五百二十六卷。（六千七十八種，八千二百八十四帙，四萬三千六百二十四卷，經書；二百三種，二百六十三帙，八百七十九卷，圖符。）

《内篇》五録，四十六部，三千四百五十三種，五千四百九十三帙，三萬七千九百八十三卷。（三千三百一十八種，五千三百六帙，三萬七千一百八卷，經書；一百三十五種，一百八十七帙，七百七十五卷，圖也。）

《外篇》二録，九部，二千八百三十五種，三千五十四帙，六千五百三十八卷。（二千七百五十

九種，五千九百七十八帙，六千四百三十四卷，經書；七十六種、七十八帙、一百卷，符圖。）〔一〕

上述文字，《趙城金藏》本、《思溪藏》本、汪刻本基本一致，可見比較符合釋道宣抄録之原貌，可用作考察《七録》分卷問題的重要憑據。其内容可轉寫爲下表：

表四-四　《七録》著録統計表

《古今書最》所載《七録》著録	部數	種數	帙數	卷數
全目正文	五十五	六二八八	八五四七	四四五二六
全目附注（經書＋符圖）		六二八一（六〇七八＋二〇三）	八五四七（八二八四＋二六三）	四四五〇三（四三六二四＋八七九）
誤差		七	〇	二十三

阮孝緒在編撰《七録》之時，對其内、外篇七録著録之數，瞭然於胸，《古今書最》内正文之著録與附注之著録，應能高度一致。上表中誤差（七種、二十三卷）之存在，説明《廣弘明集》在遞相傳抄之時，難

〔一〕按：括號内文本爲原文之小字附注。其中「圖符」「圖也」「符圖」稱名不一。此詞實與「經書」相對，因此應以「符圖」爲準（《仙道録》中有符圖部，可爲佐證）。《趙城金藏》本將「萬」俗寫作「万」字，《内篇》符圖之「一百三十五種」，誤作「一萬三十五種」；《外篇》符圖之「二千九百七十八帙」，汪刻本誤作「五千九百七十八帙」。

免有誤。好在誤差極小，完全可以用作進一步申論之基礎。

《七録目録》係《七録序録》之第三個部分，提供了《七録》本書各録之詳細著録情況。例如《經典録内篇第一》：

易部，本四種，九十六帙，五百九十卷。

尚書部，二十七種，二十八帙，一百九十卷。

詩部，五十二種，六十一帙，三百九十八卷。

禮部，一百四十種，二百一十一帙，一千五百七十卷。

樂部，五種，五帙，二十五卷。

春秋部，一百一十一種，一百三十九帙，一千一百五十三卷。

論語部，五十一種，五十二帙，四百一十六卷。

孝經部，五十九種，五十九帙，一百四十四卷。

小學部，七十二種，七十二帙，三百一十三卷。

右九部，五百九十一種，七百一十帙，四千七百一十卷。

上揭文本，《趙城金藏》本、《思溪藏》本、汪刻本基本一致，惟《思溪藏》本易部「本四種」作「大四種」，《趙城金藏》本小計作「四千七百一卷」。可證諸本在傳抄之時，偶有小异。

又如《佛法録外篇第一》：

戒律部，七十一種，八十八帙，三百二十九卷。

禪定部，一百四種，一百八帙，一百七十六卷。

智慧部，二千七十七種，二千一百九十帙，三千六百七十七卷。

疑似部，四十六種，四十六帙，六十卷。

論記部，一百一十二種，一百六十四帙，一千一百五十八卷。

右五部，二千四百一十種，二千五百九十五帙，五千四百卷。

上揭文本，《趙城金藏》本、《思溪藏》本、汪刻本基本一致，惟戒律部，《趙城金藏》本作『三百三十九卷』。復可證諸本在傳抄之時，偶有小异。在同一著述文本内部存在數字差异（儘管很小）的情况下，該著述數字記載之可靠性，需要加以檢驗。

（一）《七録序録》著録之可靠性

如果要通過上揭詳細著録數字來推斷《經典録》等七録的卷帙問題，首先要考慮的是上述數字之可靠性。由於《七録序録》之外，别無文獻可徵，那麽，利用上述記載之『内證』，就是惟一的有效取徑。所謂『内證』，就是利用《七録序録》内部記載數字互相印證與發明。例如，上述《經典録》的著録情况，可轉寫爲下表：

表四-五　《七録·經典録》(汪刻本)著録統計表

《經典録》各部	種	帙	卷
易部	四	九十六	五九〇
尚書部	二十七	二十八	一九〇
詩部	五十二	六十一	三九八
禮部	一四〇	二一一	一五七〇
樂部	五	五	二十五
春秋部	一一一	一三九	一一五三
論語部	五十一	五十二	四一六
孝經部	五十九	五十九	一四四
小學部	七十二	七十二	三一三
新計	五二一	七二三	四七九九
原計	五九一	七一〇	四七一〇
『新計』較『原計』	[少]七十	[增]一十三	[增]八十九

圖四　《七録目録・經典録・易部》文字异同示意圖

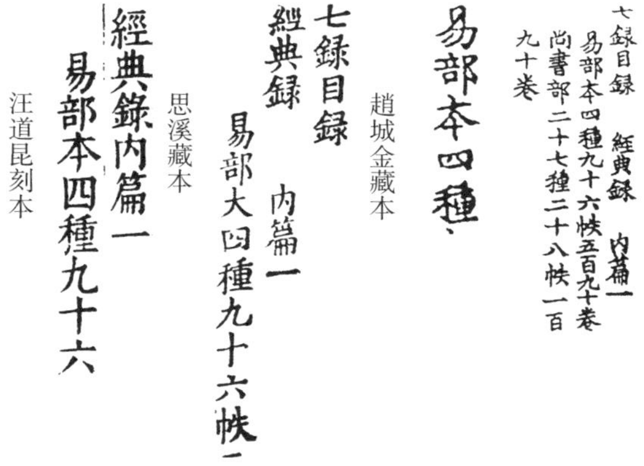

七録目録　經典録　内篇一
易部本四種九十六帙五百九十卷
尚書部二十七種二十八帙一百九十卷

易部本四種

趙城金藏本

七録目録
經典録　内篇一
易部大四種九十六帙一

思溪藏本

經典錄內篇一
易部本四種九十六

汪道昆刻本

所謂『原計』，是指《經典録》原文之末小計之數；『新計』，是指根據各部著録數字重新統計之數。兩者相比，就可以判斷『原計』之數的可靠性。據表四-五可知，『新計』較『原計』頗有出入（『新計』不足者用『[少]』，增多者用『[增]』）：種數、帙數、卷數相差分别爲七十、十三、八十九。尤其是圖書之種數，誤差已經超過了百分之十。這個誤差並不算小。

如果仔細校驗就會發現，易部四種、九十六帙、五百九十卷，平均每種達到二十四帙、一百四十七卷以上。易學著述，從無如此之鉅者。檢《隋志》易類，卷數最鉅者係梁武帝所撰《周易講疏》，亦不過三十五卷而已，其他率在三十卷以內。又細勘各部著録通例，一般於各部之後徑列種數（如『尚書部二十七種』等），惟此部作『易部本四種』，多一『本』字，與通例齟齬不合。因此，此處『本四種』很可能是『七十四種』之誤：《趙城金藏》本將『七十』誤合爲一字，傳抄作『本』；《思溪藏》本抄者又脱去『本』下『十』字而作

『大』；汪刻本則徑刻作『本』（參見圖四）。古書豎寫，稍有疏忽，即易生此誤。

如果上述推測不誤，那麽，七十四種易類著作有九十六帙、五百九十卷，就比較合乎實際。果如此，則上表中『新計』與『原計』之種數並無差别，説明《經典録》原文小計之數（『原計』）頗爲可靠。

上揭《佛法録》之著録，可轉寫爲下表：

表四-六　《七録·佛法録》（汪刻本）著録統計表

《佛法録》各部	種	帙	卷
戒律部	七十一	八十八	三三九
禪定部	一〇四	一〇八	一七六
智慧部	二〇七七	二一九〇	三六七七
疑似部	四十六	四十六	六十
論記部	一一二	一六四	一一五八
新計	二四一〇	二五九六	五四〇〇
原計	二四一〇	二五九五	五四〇〇
『新計』較『原計』	〇	[增]一	〇

可見此録『新計』（各部統計）較『原計』（文末小計）之種數、卷數全同，惟帙數有一帙之差，可謂幾

乎全同。

經過逐録統計，《經典録》等七録各部合計之數（『新計』）相較於各録末小計之數（『原計』），均有差异，具見下表（『新計』較『原計』多出者用『［增］』表示，不足者用『［少］』表示）：

表四－七 《七録》著録比較表

各録	種	帙	卷
《經典録》	○	［增］十三	［增］八十九
《記傳録》	［少］三	［增］十二	［少］七
《子兵録》	○	○	［少］八
《文集録》	［增］二十	［增］三	［增］五
《術伎録》	［少］十三	［少］五	［少］三
《佛法録》	○	［增］一	○
《仙道録》	［少］四	○	［少］二

可見出入較大者係《文集録》，『新計』較『原計』增加了二十種、三帙、五卷，與《佛法録》之幾乎全同形成對比。《廣弘明集》係釋家典籍，僧人傳抄之時，對於佛教資料極爲慎重，力避出錯。《七録序録》得以保存在《廣弘明集》内，正是因爲《七録》内有《佛法録》的緣故。

據表四-七可知，儘管今存《七録目録》内文本偶有出入，而差别不大，因此各録小計之數（『原計』）可以用作進一步申論之依據。《七録目録》内各録小計之數如次：

《經典録》：九部，五百九十一種，七百一十帙，四千七百一十卷；

《記傳録》：十二部，一千二十種，二千二百四十八帙，一萬四千八百八十八卷；

《子兵録》：一十一部，二百九十種，五百五十三帙，三千八百九十四卷；

《文集録》：四部，一千四十二種，一千三百七十五帙，一萬七百五十五卷；

《術伎録》：十部，五百五種，六百六帙，三千七百三十六卷；

《佛法録》：五部，二千四百一十種，二千五百九十五帙，五千四百卷；

《仙道録》：四部，四百二十五種，四百五十九帙，一千一百三十八卷。

據此，可得出《七録》著録之總數，正可與前揭《古今書最》内《七録》著録之總數（表四-四）進行比較：

表四-八　《七録》著録分項統計表

《七録》各録	部數	種數	帙數	卷數
《經典録》	九	五九一	七一〇	四七一〇
《記傳録》	十二	一〇二〇	二二四八	一四八八八

續表

《七録》各録	部數	種數	帙數	卷數
《子兵録》	十一	二九〇	五五三	三八九四
《文集録》	四	一〇四二	一三七五	一〇七五五
《術伎録》	十	五〇五	六〇六	三七三六
《佛法録》	五	二四一〇	二五九五	五四〇〇
《仙道録》	四	四二五	四五九	一一三八
以上合計	五十五	六二八三	八五四六	四四五二一
《古今書最》所載《七録》著録之總數	五十五	六二八八	八五四七	四四五二六

兩相比較，知《七録目録》所載著録之總數，同《古今書最》所載者僅有五種、一帙、五卷之差异（圖書種數之誤差僅有萬分之七）。這個事實再次表明，不僅《七録目録》所載各録小計之數（『原計』）比較可靠，而且整個《七録序録》所載之各種數字也基本可靠，從而可以作爲進一步分析與申論之基礎。

（二）影響《七録》分卷的相關因素

欲利用《七録序録》之著録來推繹《七録》各録所占之卷數，第二個重要的問題是，《七録目録》所載各録之部數、種數、帙數與卷數，究竟哪一類數字最爲重要，直接與各録所占卷數之問題密切相關？這個問題的實質是，如何考較各録的著録體量。事實上，正是一級分類（『録』）之數量與各録之體量決定了《七録》内部如何分卷。

首先，《七録》各録之部數（即其二級分類之數），同《七録》各録所占之卷數問題，並不直接相關。這是因爲，《七録》各録之二級分類（部），並不是按照著録圖書之數量來確定的，而是根據圖書之性質來區分的，因此，各録二級分類之多少，並不代表各録實際著録圖書數量之比例。這一點，實際上與《七録》的書目性質密切相關。由上揭表四-五可知，《經典録》之樂部，僅有五種、五帙、二十五卷。更極端的例子出現在《子兵録》：

陰陽部，一種，一帙，一卷。

縱横部，二種，二帙，五卷。

農部，一種，一帙，三卷。

以如此之少之圖書自成其一部，足以説明阮孝緒設置部類的根本依據是圖書性質，而與藏書實際情形無關，此即余嘉錫先生所謂『離書與目而二之』〔一〕。阮孝緒之志意，乃在『窮究流略，探盡秘奥』

〔一〕余嘉錫《目録學發微》卷四，頁一四五。

（《七録序》），因而廣搜公私書目，薈萃爲一，因此《七録》之性質乃是阮氏之知見書目而非其藏書目録（在更廣泛的意義上，《七録》可以視作其時梁代公私藏書的聯合目録，但由於所載各書並非一一經阮氏親睹，未必能保證其中無殘闕、亡佚書之存在〔一〕）。《七録》之一級類目（『録』）、二級類目（『部』），完全是阮氏基於對學術體系與源流之認知，並借鑒《别録》《晋中經簿》等書目之部次而加以設置的，與其本人藏書之實際無關（雖然阮氏本人藏書必涵括在《七録》内）。因此，《七録》各録之二級部目之數，並不與各録所占之卷數問題直接相關。

其次，《七録》各録著録之圖書總卷數，與各録所占之卷數問題亦不直接相關。這是因爲，雖然總卷數是由各書之卷數累加而成，但古書之卷數相差極大，少則一卷，多則數十卷、上百卷（如《隋志》集部總集類所載劉義慶《集林》，即有一百八十一卷之鉅）。因此，各録著録圖書之總卷數與各録著録圖書之種數，並不是等比關係。根據表四-八，《記傳録》有書一千零二十種，總卷數即有一萬四千八百八十八卷；《佛法録》有書高達兩千四百一十種，總卷數止有五千四百卷。根據表四-一〇（見下），《七録》各録中平均每種卷數最多者是《記傳録》，其數在十四至十五卷之間；其次是《子兵録》，其數在十三至十四卷之間。而平

〔一〕余嘉錫先生拈出一例：『《隋書·經籍志》有《後漢書》一百三十卷，注云：「無《帝紀》。吴武陵太守謝承撰。」《舊唐書·經籍志》卷同，而不云無《帝紀》，蓋史略之。案：《隋志》言「無《帝紀》」者，蓋隋東都所得謝承書傳寫闕其《帝紀》耳。然不云梁有《帝紀》幾卷亡，則《七録》所載已非完本，不始於隋矣。』（《讀已見書齋随筆》，載《余嘉錫文史論集》，嶽麓書社，一九九七年，頁六〇五）

均每種卷數最少者是《佛法録》與《仙道録》，其數僅在二至三卷之間。一般而言，無論某書卷帙有多少，在書目中都只能有一條記録。因此，《七録》各録圖書之總卷數並不與各録所占之卷數問題直接相關。《隋志》即可爲佐證，其各部著録之數（不含『通計亡佚』之數）如下表所示：

表四-九　《隋志》著録總數表

《隋志》	經部	史部	子部	集部	備注
著録圖書之數（種）	六二七	八一七	八五三	五五四	凡二八五一部（種）。另道佛附載集部，不録細目
各部著録總卷數	五三七一	一三二六四	六四三七	六六二二	
《隋志》各部卷數	一	一	一	一	

《隋志》史部著録總卷數高達一萬三千多卷，分别近乎其他三部著録總卷數的兩倍，但在《隋書》之中，仍然只有一卷之篇幅，可證書目各一級部類著録圖書之總卷數，並不是影響各一級部類所占卷數的直接因素。

再次，《七録》各録著録之圖書帙數，同各録所占卷數之問題，也不具有相關性。『帙』是圖書的封套（《説文·巾部》：『帙，書衣也。』），一般由布製成，起保護圖書的作用；後引申作整理圖書（動詞）與計量圖書之單位（量詞）。作爲『窮究流略，探盡秘奥』的一種手段，阮孝緒對漢代以降代表性書目著録之數進行了精細的統計，撰成《古今書最》一篇，共著録十二種書目：《七録》《後漢書·藝文志》《晋中經簿》之後，自東晋李充《晋元帝書目》起，開始著録書目之帙數。在書籍史上，某種圖書之帙數同其卷數之關係，是一個很重要的問題，不少學者都發表過見解。例如，胡應麟《經籍會通（一）》指出：

凡書，唐以前皆爲卷軸，蓋今所謂一卷，即古之一軸。至裝輯成帙，疑皆出於雕板之後，然六朝已有之。阮孝緒《七録》，大抵五卷以上爲一帙。前代書帙之制，僅此足徵，因録於左。雖頗無關涉，亦博雅所必知也。〔一〕

如前所述，胡應麟親見《廣弘明集》内所載之《七録》資料，故能據此提出「大抵五卷以上爲一帙」之論斷。這一論斷之準確性，可以利用上揭表四-八作進一步之驗證。

表四-一〇 《七録》各録平均每種、每帙卷數表

《七録》各録	部數	種數	帙數	卷數	平均每種之卷數	平均每帙之卷數
《經典録》	九	五九一	七一〇	四七一〇	七點九七	六點六三
《記傳録》	十二	一〇二〇	二二四八	一四八八八	十四點六〇	六點六二

〔一〕 胡應麟《少室山房筆叢》卷一，頁九。

續表

《七録》各録	部數	種數	帙數	卷數	平均每種之卷數	平均每帙之卷數
《子兵録》	十一	二九〇	五五三	三八九四	十三點四三	七點〇四
《文集録》	四	一〇四二	一三七五	一〇七五五	十點三二	七點八二
《術伎録》	十	五〇五	六〇六	三七三六	七點四〇	六點一六
《佛法録》	五	二四一〇	二五九五	五四〇〇	二點二四	二點〇八
《仙道録》	四	四二五	四五九	一一三八	二點六七	二點四八
以上合計	五十五	六二八三	八五四六	四四五二一	七點〇九	五點二一
《古今書最》所載《七録》著録之數	五十五	六二八八	八五四七	四四五二六	七點〇八	五點二一

據上表，《七録》各録中平均每帙卷數最多者依次是《文集録》《子兵録》，其數在七至八卷；最少者是《佛法録》與《仙道録》，其數在二至三卷。總體而言，《七録》著録之圖書，平均每帙爲五點二一卷，可知胡應麟氏提出之『大抵五卷以上爲一帙』之論斷，應是經過計算而提出，因此十分準確。

胡應麟之論斷，是就總體著録而言，至於每帙容納卷數之上限，胡氏並未論及。余嘉錫《書册制度補考·書帙》云:『帙之盛書,大抵以十卷爲率,多者亦不過十一二卷。』[一]今人辛德勇撰有《由梁元帝著述書目看兩晋南北朝時期的四部分類體系》一文,第三部分談『書籍裝幀史上之卷軸時代卷與帙的關係』,在評述葉德輝、馬衡、余嘉錫等學人之見解之後,以梁元帝蕭繹著述書目爲據,提出兩個論斷:『(一)每一帙内不能混裝兩種以上不同的書籍。(二)一種書每十卷裝入一帙,餘出的零頭和不足十卷的書籍,均單盛一帙,不與其他書籍相混。』[二]兩個論斷簡潔清楚,指出了每帙十卷的容納上限。不過,根據《廣弘明集》所載阮氏著述簡目(見前揭表四-三),知《高隱傳》一種,實有十一卷,而止有一帙。又據《七録目録》所載,《七録·文集録》之總集部有書十六種、六十四帙、六百四十九卷,平均每帙都在十卷以上,表明一定有十卷以上的圖書裝在同一帙内。有此二例,可證每帙十卷只是一般通例,而並非不可逾越之界限[三]。

[一] 余嘉錫《余嘉錫文史論集》,頁五一八。

[二] 辛德勇《歷史的空間與空間的歷史》,北京師範大學出版社,二〇〇五年,頁三三四。

[三] 張固也指出:『我們認爲卷軸時代的圖書合帙方法最基本的有兩條:卷數多者以十卷一帙爲標準,卷數少者可以兩種以上混裝在一帙。但對具體圖書的合帙來説,會有一些複雜情况。主要是十一卷至十五卷的圖書,超出合帙標準不多,有些實際書寫用紙比普通十卷還少,合爲一帙或兩帙,在不同的時代和目録中有不同的處理方法,而總的趨勢是時代越晚合爲一帙的越多。佛經目録中常見二三十多經(卷)同帙的現象,合計其紙數,實際亦正相當於十卷。』『上述兩條合帙方法實際基於一個原理:合帙是爲了使每帙用紙多少、卷軸大小盡量均衡。』(張固也《論卷軸時代的圖書合帙方法》,載氏著《古典目録學研究》,華中師範大學出版社,二〇一四年,頁二四五)考察更細,持論更爲宏通。

無論圖書之帙數與卷數之對應關係如何，其與圖書之種數問題關係不大，因此不是考量《七録》各録所占卷數問題的關鍵性因素。由於書目的核心是具體的圖書，是圍繞書名而展開的各種著録項目（諸如卷數、撰者、存佚、真僞乃至提要等）的集合，因此，每種圖書在書目内就是一個以書名爲核心的基本著録單元，根據性質相同或相近的原則，進而組合成類（部）、成部（録、略）。因此，除一級部類的數量之外，真正對書目各一級部類所占卷數起決定作用的是其著録圖書的種數，而不是其二級類目之多寡以及帙數、卷數之多少。

三、《七録》各録卷數之擬測

如上所論，判斷《七録》之分卷（即各録所占之卷數），除一級部類之數量外，最重要的影響因素是各録著録圖書之種數。據前揭《七録目録》所載各録文末之小計（『原計』），知各録著録圖書之種數分别是：

《經典録》五百九十一種，

《記傳録》一千零二十種，

《子兵録》二百九十種，

《文集録》一千零四十二種，

《術伎録》五百零五種，

《佛法録》二千四百一十種，

《仙道録》四百二十五種。

欲判斷《七録》各録所占之卷數，可參考其他書目内部之分卷。今可考最早之書目當係《别録》與《七略》，《别録》有二十卷，而其目已佚，各略所占之卷數，並無詳確之記載可依。根據《古今書最》，《七略》有七卷，共著録圖書六百零三家（『家』即『種』），顯然《輯略》與《六藝略》《諸子略》《詩賦略》《兵書略》《術數略》《方技略》各占一卷。此例説明，書目内部一級分類之略（録、部）數與各類著録圖書之種數，是考量分卷問題最重要的兩個因素。《漢書·藝文志》（以下簡稱『《漢志》』）著録有五百九十六家（『家』即『種』），限於正史體例，在《漢書》中僅占一卷。《漢志》係以《七略》爲本而稍加損益（『出』『入』）而成，兩者著録圖書之種數非常接近（僅有七種之差），且均屬簡帛時代之書目，兩目卷數之多寡有别，主要在於《七略》具有簡略之解題，因此文字遠較《漢志》爲富。《漢志》僅著録書名、卷（篇）數、撰者，偶有附注，極爲簡略，『爰著目録，略序洪烈』（班固《漢書叙傳》）而已，故在全書中僅占一卷。荀勖《晋中經簿》分爲甲、乙、丙、丁四部（約略相當於後世之經、子、史、集），《古今書最》載其著録圖書之數爲一千八百八十五部（種），而全目有十四卷（據《隋志》《舊唐志》等著録）之鉅，平均每部著録圖書四百七十餘種，較《漢志》爲少，而四部平均卷數在三卷以上，可知其書亦有簡略之解題〔一〕。但四部各占多少卷，因無各部著録圖書種數之記載，尚無法考知。

《七録》之後，在書目内部分卷問題上距離《七録》最近且最具參考價值的是《隋志》。據前揭表四-九，知《隋志》僅分四部，各占一卷，而各部著録圖書之種數分别是：經部六百二十七部（種），史部八百一十七部（種），子部八百五十三部（種），集部五百五十四部（種），並附道經、佛經二千三百二十九部（無細目），合計六千五百二十部（種）。以四卷之篇幅而著録如此鉅量之圖書，正基於《隋志》史志目録的性質（各書名之下，僅有簡略之條目或附注，而無解題）。

同《隋志》相似，《七録》已非簡帛時代之書目，而是紙書時代之書目。此時書目一卷之容量，如係簡目，可至八百餘種（見《隋志》之史部、子部）。《七録》各録，最少者爲《子兵録》，有二百九十種；最多者《佛法録》，有二千四百一十種。《七録》十二卷，八個部分，其中《七録序録》有一卷，其餘七個部分（七録）則有十一卷。

綜合上述分析與參照，知擬測《七録》内部之分卷時，以下幾個方面需要特別注意：

（一）《七録》各録（一級部類），至少占一卷。

〔一〕筆者撰有《〈晋中經簿〉解題考》一文，對此一問題有深入之探索。文載《歷史文獻研究》第四十三輯（廣陵書社，二〇一九年，頁二一八—二四五）。

（二）《七録》各録著録圖書之種數，決定各録所占之卷數。

（三）《七録》各録共有十一卷（《序録》爲一卷）。

據此，可得《七録》分卷情形如下表：

表四-一一　《七録》分卷擬測表

《七録》各録	部數	種數	帙數	卷數	各録卷數
《七録序録》	——	——	——	——	一
《經典録》	九	五九一	七一〇	四七一〇	一
《記傳録》	十二	一〇二〇	二二四八	一四八八八	二
《子兵録》	十一	二九〇	五五三	三八九四	一
《文集録》	四	一〇四二	一三七五	一〇七五五	二
《術伎録》	十	五〇五	六〇六	三七三六	一
《佛法録》	五	二四一〇	二五九五	五四〇〇	三
《仙道録》	四	四二五	四五九	一一三八	一
合計（據《七録目録》）	五十五	六二八三	八五四六	四四五二一	十二

四、結語

本文討論阮孝緒《七録》的内部分卷問題。通過上述討論，有以下認識：

（一）《七録》是阮孝緒著述之一，其卷數爲十二卷（含《序録》一卷）。根據《廣弘明集》所附阮氏著述簡目，知阮氏另有《文字集略》四卷（含《序録》一卷）、《正史削繁》一百三十六卷（含《序録》一卷）、《高隱傳》十一卷（含《序例》一卷）、《古今世代録》七卷、《雜文》十卷、《聲緯》一卷。阮氏著述合計有七種、二十一帙、一百八十一卷。

（二）現存《廣弘明集》各本所載阮氏著述簡目内，均脱去《七録》條應有之『《序録》一卷』字樣，因此招致各種誤讀。總體而論，《廣弘明集》内《七録》資料所載之各種數字，雖偶有出入，但可信度高，可以作爲進一步推繹、申論之基礎。

（三）《七録》有八個部分組成，即《七録序録》《經典録》《記傳録》《子兵録》《文集録》《術伎録》《佛法録》《仙道録》。《七録序録》占一卷，另外七録共占十一卷。

（四）決定《七録》分卷面貌最重要的因素有兩個，一是一級分類之録數，二是各録著録圖書之種數。《七録》的二級分類之部數（五十五部）、著録圖書之帙數（合八千五百四十六帙）、著録圖書之總卷數（四萬四千五百二十一卷），均與《七録》分卷問題關聯性不强，不是可供參考的直接依據。

（五）通過參照簡帛時代重要書目《七略》《漢志》以及紙書時代重要書目《隋志》之内部分卷，《七録》各録之卷數擬測如次：《經典録》一卷、《記傳録》二卷、《子兵録》一卷、《文集録》二卷、《術伎録》一卷、《佛法録》三卷、《仙道録》一卷。合《七録序録》一卷，共計十二卷。

以上對《七録》分卷問題的討論，有助於加深對中古時期書目面貌與體制的認識，有助於充分發掘《廣弘明集》所載《七録》相關資料的實貴價值。文中析論不足及未盡之處，尚祈學界同人有以正之。

（本文原載《古典文獻研究》第二十五輯上卷，鳳凰出版社，二〇二二年）

伍　《七録》小序考

《七録》係阮孝緒所撰綜合目録〔一〕，以著録宏富、分類清整著稱，是《隋書·經籍志》（以下簡稱『《隋志》』）非常重要之學術前承〔二〕。由於此著久佚〔三〕，學人有所討論，主要以保存於《廣弘明集》内之《七録序録》後附傳（釋道宣《廣弘明集》卷三）。

〔一〕按：阮孝緒（四七九—五三六），字士宗，陳留尉氏人。處士。傳見《梁書》卷五一（《處士傳》）、《南史》卷七六（《隱逸傳》）及《七録序録》後附傳（釋道宣《廣弘明集》卷三）。

〔二〕按：《七録》内篇五録（《經典録》《記傳録》《子兵録》《文集録》《術伎録》），外篇二録（《佛法録》《仙道録》），共分五十五部，著録圖書六千二百八十八種，八千五百四十七帙，四萬四千五百二十六卷。王重民先生認爲，該著『比《七志》内容著録更爲豐富，分類更有條理』，『達到了這一時期中全國綜合性系統目録的最高峰』（載氏著《中國目録學史論叢》，中華書局，一九八四年，頁六一）。許世瑛先生認爲，『其分類系統尤極清明整齊之致』（載氏著《中國目録學史》，中國文化大學出版社，一九八二年，頁四五）；『《隋志》之四部，貌似荀、李，而質實劉、阮，遠承《七略》之三十八種，近繼《七録》之四十六部，嫡脉相傳，間世一現』（同前，頁五一）。

〔三〕按：關於《七録》之亡佚時間，昌彼得等認爲：『《隋志》《新舊唐志》、尤袤《遂初堂書目》均有著録，足見南宋初年此書猶存，何時亡佚，已不可考。』（昌彼得、潘美月《中國目録學》，文史哲出版社，一九八六年，頁一二九）

録序録》爲依據〔一〕。對於該著之性質及基本面貌如何等問題，既有研究成果，堪稱豐碩〔二〕，但仍有不少重要問題有待深入探析。例如，《七録》是否具有小序？如果有，其面貌如何？有無遺存文本？同《漢書·藝文志》（以下簡稱『《漢志》』）、《隋志》之小序，又有何關係？此等問題，學人即罕有討論。本文通過文獻繹讀、輯佚與重構，試對《七録》小序問題，予以考論。

一、《七録》小序之論定

小序，指書目部類之後條別學術源流之説明性文字，係中國古典目録之重要組成部分，是目録學

〔一〕按：釋道宣《廣弘明集》卷三有部分《七録》資料，包括《七録序》《古今書最》《七録目録》、阮氏著述簡目、阮氏傳記等五個部分；前三者實係《七録》之本書目録，屬於卷首部分，應合稱爲『《七録序録》』。姚振宗有《七録序目》《七録叙目》之稱，蓋合《七録序》與《七録目録》而言。《廣弘明集》有傳世之各種道藏本，另有宋思溪藏本、《四部叢刊初編》影印明汪道昆刻本（簡稱『汪刻本』）、文淵閣《四庫全書》本及清人臧鏞堂抄本等。本文以通行之汪刻本爲主，必要時徵引其他各本。

〔二〕按：《七録》係阮氏所撰綜合性書目，已是學界共識。徐有富先生論定其私撰性質及影響（《影響較大的私家書目是〈七録〉而非〈七志〉》，《江蘇圖書館學報》，一九八五年第三期），張固也、殷炳艷等考定其成書年代（《阮孝緒〈七録〉成書年代考》，《吉林師範大學學報》，二〇一〇年第六期）。近來輯佚之作，如殷炳艷《〈七録〉研究及其重輯》（吉林大學碩士學位論文，二〇〇九年）、任莉莉《七録輯證》（上海古籍出版社，二〇一一年）等，對該目基本面貌之恢復，用力甚勤，貢獻頗著。

所以能『辨章學術，考鏡源流』〔一〕之重要手段。『小序』一詞，原指經典篇章之題解，如《書小序》《詩小序》等；用指書目部序，則首見《舊唐書·經籍志·序》：『煚等撰集，依班固《藝文志》體例，諸書隨部皆有小序，發明其指。近史官撰《隋書·經籍志》，其例亦然。』〔二〕余嘉錫先生則用以通指書目部類之序：『目録之書有三類：一曰部類之後有小序，書名之下有解題者；二曰有小序而無解題者；三曰小序解題並無，只著書名者。』〔三〕又曰：『小序之體，所以辨章學術之得失也。劉歆嗣父之業，部次群書，分爲六略，又叙各家之源流利弊，總爲一篇，謂之《輯略》，以當發凡起例。班固就《七略》删取其要以爲《藝文志》，因散《輯略》之文，分載各類之後，以便觀覽。』〔四〕按其層級，可分一級類目之小序、二級類目之小序等。

由《漢志》之體制可知，劉向、歆父子之《别録》《七略》，除《詩賦略》各類外，於每略、每類之下，俱有小序；《隋志》於每部、每類（篇）之下，亦各有小序。由《漢志》至《隋志》，小序之體，儼然成其序列。那麽，處於二志之間之《七録》，有無小序？此一問題，通過《七録序》下列文字之繹讀，大致可予論定：

〔一〕章學誠《校讎通義·叙》，載葉瑛校注《文史通義校注》，中華書局，一九八五年，頁九四五。
〔二〕劉昫等《舊唐書》卷四六，中華書局，一九七五年，頁一九六四。
〔三〕余嘉錫《目録學發微》卷一，巴蜀書社，一九九一年，頁二。
〔四〕余嘉錫《目録學發微》卷二，頁五五。

孝緒少愛墳籍，長而弗倦，卧病閑居，傍無塵雜。晨光纔啓，緗囊已散，宵漏既分，緑帙方掩。猶不能窮究流略，探盡秘奥。每披録内省，多有缺然。……遂總集衆家，更爲新録。

昔劉向校書，輒爲一録，論其指歸，辨其訛謬，隨竟奏上，皆載在本書。時又别集衆録，謂之《别録》，即今之《别録》是也。子歆撮其指要，著爲《七略》，其一篇即六篇之總最，故以《輯略》爲名。

今所撰《七録》，斟酌王、劉。

阮孝緒「少愛墳籍」，深以「不能窮究流略，探盡秘奥」爲憾，其志向實已昭然；復對劉向、歆父子校定群書、撰寫叙録、「撮其指要」之故事，極爲諳熟，故所撰《七録》，即斟酌於王儉《七志》、劉氏父子《别録》《七略》之體制而定其類别、體例。那麽，阮氏仿效劉氏父子成例，爲《七録》撰寫小序，自在情理之中。關於此一問題，最具説服力之材料，見《隋書·許善心傳》：

十七年，除秘書丞。於時秘藏圖籍尚多淆亂，善心放阮孝緒《七録》，更製《七林》，各爲總叙，冠於篇首。又於部録之下，明作者之意，區分其類例焉。〔一〕

〔一〕魏徵等《隋書》卷五八，中華書局，一九七三年，頁一四二七。

唐初修《隋史》之時，《别録》《七略》及《七録》俱存〔一〕，故該史所記，極爲可信。由於許善心《七林》完全模仿《七録》，因此，通過此段對《七林》體制之説明，可以反推《七録》之體制：

據此傳，知《七録》於每一録各有總叙一篇，部録之下亦有小序，與《漢、隋志》同。今《廣弘明集》所録，特其全書之大叙耳。善心書《隋、唐志》皆不著録，《隋志叙》亦無一言及之。蓋成書未久，旋即亡佚矣。〔二〕

余嘉錫先生推定《七録》「部録之下亦有小序」，堪稱定論。但是，對於《七録》小序之面貌如何等問題，可能限於文獻不足，余先生並未予以申論；後來學者，對此也未能有所拓展。

〔一〕按：《隋志》史部簿録篇有《七略别録》二十卷、《七略》七卷、《七録》十二卷。關於《别録》又名《七略别録》一事，張滌華先生《〈别録〉釋名》一文，解釋最爲精審、宏通，可參（載《阜陽師院學報》，一九八二年第四期，頁一—八）。

〔二〕余嘉錫《目録學發微》卷二，頁五八。按：「總序（叙）」（「每一録各有總叙一篇」）、「大序（叙）」（「全書之大叙」）、「小序」（「部録之下亦有小序」）等詞，頗相混用，余先生似未嚴加區分。「小序」一詞，顯借《詩》《書》之小序（各篇之序）而來；相對之「大序」（「大叙」），則指全目之序。至於「總序」，《四庫全書總目》四部均有，蓋爲余先生所本，實則涵括於「小序」之内（係一級類目之序）。

二、《七録》小序之輯佚

小序『所以辨章學術之得失』（余嘉錫語，見前引），其於部類之意義，正同大序之於全目、解題之於具體著作相類，均係目録學家『辨章學術，考鏡源流』之重要手段。正因如此，小序並不易作：

> 計現存書目，有小序者，《漢志》《隋志》《崇文總目》《四庫提要》四家而已，而《崇文總目》尚未足爲重輕。蓋目録之書，莫難於叙録，而小序則尤難之難者。章學誠所謂『非深明於道術精微、群言得失之故者，不足與此』。後世部次甲乙、紀録經史者，代有其人，而求能推闡大義，條别學術异同，使人由委溯源，以想見墳籍之初者，千百之中，不十一焉』，蓋謂此也。〔一〕

惟其要能『辨章學術之得失』，小序因此並不易作（對作者之學術素養要求極高），也因此具有重要之學術價值，即使零篇斷簡，亦吉光片羽，值得珍視、探求。《崇文總目》雖『尚未足爲重輕』，而學人猶孜孜於佚文之輯録，原因即在於此。

對傳世文獻内所存佚文進行輯佚，是發現、重構《七録》小序面貌的重要取徑。《七録》雖佚，尚有

〔一〕余嘉錫《目録學發微》卷二，頁六〇。

部分文字，爲後來學者如陸德明（《經典釋文》）、司馬貞（《史記索隱》）、張守節（《史記正義》）及王應麟（《玉海》《漢藝文志考證》）等所徵引。通過考察，知諸家所引者，多片文隻字，内容多局限於對人物簡要生平及所著篇卷之介紹。其中有幾組，内容截然不同，很可能出自《七録》小序。以下試作分析。

（一）王應麟《玉海·藝文·春秋》『《夾氏》』：

《漢志》：《鄒氏》無師，《夾氏》未有書。

《史記正義》：《七録》云：建武中，《鄒》《夾氏》皆絶。

《隋志》：王莽之亂，《鄒氏》無師，《夾氏》亡。〔一〕

按：以上所引三條資料，均叙春秋學之授受與傳承。《七録》一條，係據張守節《史記正義》（以下或簡稱作『《正義》』）轉引，序次在《漢志》《隋志》之間，故其所引文本性質，當與二志相同。『《鄒氏》無師，《夾氏》未有書』，出自《漢志·六藝略》春秋類小序〔二〕；『王莽之亂，《鄒氏》無師，《夾氏》亡』，出自《隋志·經部》春秋類小序〔三〕。《七録》所云『建武中，《鄒》《夾氏》皆絶』，討論東漢春秋學之傳承，且不

〔一〕王應麟撰，武秀成、趙庶洋校證《玉海藝文校證》卷六，鳳凰出版社，二〇一三年，頁二二三四。
〔二〕班固《漢書》卷三〇，中華書局，一九六五年，頁一七一五。
〔三〕魏徵等《隋書》卷三二，頁九三二。

限於某一家，亦當屬小序文字；度其位置，當出自《經典録》之春秋部小序。『建武』係光武帝劉秀年號（二五—五六），故此數語所論，係鄒氏、夾氏兩家春秋學説在東漢初年之傳承興廢，必出阮孝緒之手無疑。

又按：王應麟《漢藝文志考證》（以下或簡稱作『《考證》』）卷三『《鄒氏傳》十一卷　《夾氏傳》十一卷』條，引《七録》云：『建武中，《鄒》《夾氏》皆絶。王吉能爲《騶氏春秋》。』[一]此條文字，需辨析者有二。其一，王氏雖徑稱《七録》，但據上文所引《玉海》文字，知王氏並未見到《七録》傳本，本條亦當據張守節《史記正義》轉引。其二，王吉係西漢昭、宣時人[二]，如阮孝緒在小序中討論其學之授受，當置於『建武』之前。因此，『王吉能爲《騶氏春秋》』一句，並非《經典録》春秋部小序之文。

（二）王應麟《玉海・藝文・書》『漢尚書三家博士　尚書古文同异』條，引《隋志》云：『三家並立，而歐陽最盛。晋永嘉之亂，歐陽、大、小夏侯《尚書》並亡。』注引《史記正義》：

《七録》云：『三家至西晋並亡。』[三]

[一] 王應麟《漢藝文志考證》卷三，開明書店，一九三六年，頁一四〇一。

[二] 按：王吉，字子陽，琅邪皋虞人，曾爲昌邑王中尉，『兼通《五經》，能爲《騶氏春秋》。以《詩》《論語》教授，好梁丘賀説《易》。』（班固《漢書》卷七二，頁三〇五八—三〇六八）

[三] 王應麟撰，武秀成、趙庶洋校證《玉海藝文校證》卷三，頁一四〇。

又，王應麟《漢藝文志考證》卷一『歐陽章句　大小夏侯章句』條：

初，《書》唯有歐陽。孝宣世，立大、小夏侯。《七録》云：『三家至西晉並亡。』其説間見於義疏。[一]

按：『三家至西晉並亡』者，係叙歐陽（高）、大夏侯（勝）、小夏侯（建）三家尚書學説在西晉之流傳興廢，從時代上看，必出阮氏之手無疑；又就歐陽、大、小夏侯三家説立論，並不針對某一家（種）著述而言，當係小序文字，且出自《經典録》尚書部小序無疑。

（三）《玉海・藝文・三禮》『周儀禮　漢高堂生士禮　曲禮』條，引《史記正義》云：

《七録》云：『古經出魯淹中，其書周宗伯所掌五禮威儀之事，有六十六篇，無敢傳者。後博士侍其生得十七篇，鄭玄注今之《儀禮》是也，餘篇皆亡。』（《儀禮》疏云：『古文十七篇，與高堂生所傳相似。』）[二]

又，《漢藝文志考證》内，亦引有文字相同或性質相近者數則：

[一] 王應麟《漢藝文志考證》卷一，頁一三九二。

[二] 王應麟撰，武秀成、趙庶洋校證《玉海藝文校證》卷五，頁一九〇。

《七録》云：『餘篇皆亡。』（卷二『禮古經五十六卷』條，引《儀禮》疏『古文十七篇，與高堂生所傳者同，而字多不同。餘三十九篇，絶無師説』下注引）

《七録》云：『古經，周宗伯所掌五禮威儀之事。』（同上條，『又有《奔喪》《投壺》《遷廟》《釁廟》《曲禮》《少儀》《内則》《弟子職》諸篇，見《大、小戴記》及《管子》』下注引）

《七録》云：『博士侍其生得十七篇。』（卷二『經七十篇［劉原父曰：當作十七］』條注引）

《七録》云：『自後漢諸儒多爲小戴訓，即今之《禮記》。』（卷二『大戴禮　小戴禮［不著録］』條注引）[一]

按：據前考，知上舉《考證》所注引《七録》者四則，均當據《史記正義》所引據者析出。《玉海》所載，文字較豐，討論《禮古經》（《儀禮》）之授受源流，又論及鄭玄，當出自《經典録》禮部小序。惟所舉『侍其生』其人，前所未聞。王應麟《姓氏急就篇》卷下『梁其庶侍祝』條，有考云：『侍其氏，漢廣野君之裔孫，賜氏食其。後有爲武帝侍中者，因又合官與氏而稱。《七録》有博士侍其生。王僧孺《百家譜》，蕭休緒取侍其義叔女。漢侍其元矩。魏侍其衡。宋侍其瑋。』[二]知王氏所見《正義》傳本，確作『侍其

[一] 以上俱見王應麟《漢藝文志考證》卷二，頁一三九七。

[二] 王應麟《姓氏急就篇》卷下，《景印文淵閣四庫全書》第九四八册，臺灣『商務印書館』，一九八六年，頁六九二。

生』，遂用以考侍其氏之源流。

三、《七録》小序之完篇

通過上揭對傳世文獻所引《七録》逸文之選擇、論析，知《經典録》内尚書部、禮部、春秋部小序，尚有文字遺存，余嘉錫先生依據《隋書・許善心傳》對《七林》之記載，推出《七録》具有小序之論斷，從而得以證實。《七録》小序部分文本得以保存，實賴張守節、王應麟二氏之遞相引據，一綫相傳，可謂功不可没。同時也不難發現，上揭《七録》小序文字，均係王應麟據《史記正義》轉引者，並不見於今存《史記》三家注合刻本内〔一〕。由此引發如下問題：（甲）張守節對《七録》之徵引，是否可信？（乙）爲何今《史記》合刻本之《正義》内，未見更多徵引資料？（丙）王應麟有無可能見到三家注合刻本以外之《史記正義》文本？

張守節（六八二—？），《舊唐書》《新唐書》均無傳。其《史記正義序》自署官職爲『諸王侍讀宣議郎

〔一〕按：張守節《史記正義》，先以單本形式流傳。南宋光宗紹熙（一一九〇—一一九四）年間，黄善夫首創三家注合刻體例，而疏於校勘，脱衍訛誤較多。説詳張玉春《〈史記〉版本研究》第五章、第六章（商務印書館，二〇〇一年，頁二六四—三三四）。

守右清道率府長史』〔一〕，係太子東宫屬官。考『侍讀』之職，『無常員，掌講導經學』〔二〕。東宫設有崇賢館（後改崇文館）作爲太子學館，太子、諸王要修習五經、四史（《史記》《漢書》《東觀漢記》《三國志》）；館内侍讀，俱一時名儒，如孔穎達、劉伯莊、王元感、李善、褚無量、劉知幾、張嘉會等。張守節榮任斯職，足見其學殖深厚，頗孚衆望。東宫所設司經局，掌四庫圖籍繕寫刊輯之事，典藏極富〔三〕。阮孝緒《七録》，唐初尚存（《隋志》《舊唐書・經籍志》《新唐書・藝文志》俱著録爲十二卷），張守節因此得以通讀、引據，《正義》所引，因此可信。

張守節自稱其『涉學三十餘年，六籍九流地里蒼雅鋭心觀采，評《史》《漢》詮衆訓釋而作《正義》，郡國城邑，委曲申明，古典幽微，竊探其美，索理允愜，次舊書之旨，兼音解注，引致旁通，凡成三十卷，名曰《史記正義》』，於開元二十四年（七三六），『殺青斯竟』〔四〕。其書始爲單行，南宋黄善夫合刻三家注本《史記》時，始將其書納入，因疏於校勘，頗有脱誤（見前注）；文字同裴駰《集解》、司馬貞《索隱》相同或

〔一〕張守節《史記正義序》，見《史記》（點校本二十四史修訂本）附録，中華書局，二〇一四年，頁四〇五七。
〔二〕歐陽修、宋祁等《新唐書》卷四九上，中華書局，一九七五年，頁一二九二。
〔三〕關於張守節職掌及學行之論述，參袁傳璋《宋人著作五種徵引〈史記正義〉佚文考索》一書之《導論》（中華書局，二〇一六年，頁二一—四）。
〔四〕張守節《史記正義序》，見《史記》（點校本二十四史修訂本）附録，頁四〇五七—四〇五八。

相近者，頗有删削[一]。上揭《經典録》内尚書部、禮部、春秋部小序等，即屬被刊落者[二]。

王應麟（一二二三—一二九六），字伯厚，號厚齋、深寧居士，慶元府鄞縣人。九歲通《六經》，十九歲進士及第，三十一歲博學鴻詞中選，歷任秘書郎、著作郎、直學士院、秘書監兼權中書舍人，官至禮部尚書兼給事中。著述弘富，有《玉海》《困學紀聞》《漢藝文志考證》等三十餘種。入《宋史·儒林傳》。王氏長期執掌秘書，故得以盡閲館閣所藏天下圖書，因此能讀到《史記正義》之單行本[三]。王應麟對上揭《七録》小序佚文之引據，可爲佐證。但也可看出，王氏所見《正義》傳本，可能已非全貌。

《史記正義》於宋人合刻《史記》三家注時有所删削之事實，表明《史記正義》之逸文内，有保留《七録》文本之可能，因此有助於《七録》小序之尋求。在《史記正義》逸文輯佚方面，日本學者瀧川龜太郎（號資言。一八六五—一九四六）、水澤利忠（一九一八—二〇一三）貢獻甚著。前者有《史記會注考證》，得佚文一四一八條；後者有《史記會注考證校補》，又校出二二七條。張衍田先生《史記正義佚文

[一] 説詳袁傳璋《宋人著作五種徵引〈史記正義〉佚文考索·導論》，頁四—五。

[二] 按：《正義》被刊落者頗多，如張文虎校《史記》，於《吴太伯世家》「是爲虞仲」下出校記云：「《吴郡志·考證門》引《史記正義》云「《周本紀》云古公有長子曰太伯，次曰虞仲。《左傳》云太伯、虞仲，太王之昭。按周章弟亦稱虞仲，當是周章弟仲初封於虞，號曰虞仲。然太伯弟仲雍亦稱虞仲者，當是周章弟封於虞，仲雍是其始祖，後代人以國配仲，故又號始祖爲虞仲」。以上八十九字，蓋當在此，合刻者嫌與《索隱》複而文又冗亂，故删之。」（張文虎《校勘史記集解索隱正義札記》卷四，中華書局，二〇一二年，頁三六九）即其中一例。

[三] 説詳袁傳璋《宋人著作五種徵引〈史記正義〉佚文考索·導論》，頁一〇—一一。

輯校》一書，即係摘録二氏所輯佚文而成（合計一六四五條）。細檢《輯校》，竟能得到較爲完備之《七録》小序四條。第一條：

《漢藝文志》：『事爲《春秋》，言爲《尚書》，帝王靡不同之。仲尼思存前聖之業，以魯周公之國，禮文備物，史官有法，故與左丘明視其史記，據行事，仍人道，因興以立功，就敗以成罰，假日月以定曆數，藉朝聘以正禮樂。有所褒諱貶損，不可書見，口授弟子，弟子退而异言。丘明恐弟子各安其意，以失其真，故論本事而作傳，明夫子不以空言説經也。所貶損大人有權威，皆形於傳，是以隱其書而不宣，所以免時難也。末代口説流行，故有《公羊》《穀梁》《鄒》《夾》之《傳》。』《七録》曰：『漢興，有《公羊》《穀梁》並立國學。《左氏》始出乎張蒼家，本無傳之者。建武中，《鄒》《夾氏》皆滅絶。自漢末稍貴《左氏》，服虔、杜預二注與《公羊》《穀梁》俱立國學。』按：左丘明，魯史也。夾，音頰也。（《史記》『言《春秋》於齊魯自胡毋生，於趙自董仲舒』下《正義》）〔一〕

按：此處所引《七録》文字，當出自《經典録》春秋部之小序。前揭王應麟所引，不過一句而已（其

〔一〕張衍田輯校《史記正義佚文輯校》（增訂本），第一四七〇條，中華書局，二〇二一年，頁四三八—四三九。按：所引《漢志》，乃《六藝略》春秋類小序，文字多有省略與改寫。『出乎張蒼家』之『乎』，瀧川資言《唐張守節史記正義佚存》原作『于』。〔日〕瀧川資言著，〔日〕小澤賢二録文，袁傳璋校點《唐張守節史記正義佚存》，中華書局，二〇一九年，頁五九七。

中尚脱一『滅』字）；此處稍豐，内容係簡述自漢以降春秋學之概況。

第二條：

言《詩》，於魯則申培公，於齊則轅固生，於燕則韓太傅。申公爲《詩》訓詁，而齊轅固、燕韓生皆爲之傳，或取采雜説，咸非其本義，與不得已，三家皆列於學官。又有毛公之學，自爲子夏所傳。《七録》云：『毛公《詩傳》，後鄭玄箋之，諸儒各爲注解。其《齊詩》久亡，《魯詩》亡於西晉，《韓詩》雖有，無傳之者，毛氏、鄭氏獨立國學也。』（《史記》『言《詩》雖殊，多本於申公』下《正義》）〔一〕

按：此處所引《七録》文字，即《經典録》詩部小序，而王應麟未能引據者。其内容，係敘《詩經》齊、魯、韓、毛四家學説於東漢以降之傳承興廢。

第三條：

《藝文志》云：『孔子纂《尚書》，上斷於堯，下訖於秦，凡百篇，而爲之序，言其作意。秦燔書禁學，濟南伏生獨壁藏之。漢興，求得二十九篇，以教齊魯之間。訖孝宣代，有歐陽、大小夏侯氏，立於學官。』《七録》云：『魯恭王時，壞孔子舊宅，得古文《尚書》，孔安國爲之傳，以隸古寫之，凡五十

〔一〕張衍田輯校《史記正義佚文輯校》（增訂本），第一四七八條，頁四四一。按：『後鄭玄箋之，諸儒各爲注解』，《唐張守節史記正義佚存》作『後鄭玄箋諸儒合爲注解』（頁五九八）。『毛氏、鄭氏』，疑當作『毛詩鄭氏』。

八篇。其餘錯亂磨滅，不可復知。至漢明帝並傳。歐陽氏書獨擅一代，三家至西晉並亡。今古文孫氏、鄭玄《注》云列於國學也。』（《史記》『漢定，伏生求其書，亡數十篇，獨得二十九篇，即以教於齊魯之間』下《正義》）〔一〕

按：此處所引《七録》文字，即《經典録》尚書部小序；前揭第（二）組中王應麟所引者，亦僅其中一句而已。小序内容，上承《漢志》尚書類小序，下叙東漢以降尚書學之傳承、興廢及現狀。

第四條：

謝丞云：『秦代有魯人高堂伯人也。』《藝文志》云：『《易》曰：「有夫婦、父子、君臣、上下，禮義有所錯。」而帝王質文，世有損益。至周曲爲之防，事爲之制，故曰「《禮經》三百，威儀三千」。及周衰，諸侯將逾法度，恶其害己，皆滅去其籍。自孔子時而不具，至秦大壞。漢興，魯高堂生《士禮》十七篇。訖孝宣代，后蒼最明，戴德、戴聖、慶普皆其弟子，三家立於學官。』《七録》云：『自後漢諸儒多小戴訓，即今《禮記》是也。後又作《曲臺記》，而慶氏傳之，並亡。《大戴》立於國學。又

〔一〕張衍田輯校《史記正義佚文輯校》（增訂本），第一四八二條，頁四四二—四四三。按：『古文孫氏』，張衍田出注云：『瀧川本《考證》云：「《正義》引《七録》『孫氏』二字有誤，或云當作『孔氏』。」（頁四二九）今核《唐張守節史記正義佚存》，瀧川氏於『孫』字旁批有『？』號（頁六〇〇），已存其疑。孫氏未聞。考《隋志》尚書類小序中云：『梁、陳所講，有孔、鄭二家。』（頁九一五）知當作『孔氏』。又，『鄭玄《注》云』，《唐張守節史記正義佚存》作『鄭玄注者』（頁六〇〇），文意即豁然開朗。

古經出魯淹中，皆書周宗伯所掌五禮威儀之事，有五十六篇，無敢傳者。後博士傳其書，得十七篇，鄭玄注，今之《儀禮》是也，餘篇皆亡。《周官》六篇，周代所理天下之書也，鄭玄注。今二經立於國學。』案：《禮經》，《周禮》也。威儀，《儀禮》也。（《史記》『諸學者多言《禮》，而魯高堂生最本』下《正義》）[一]

按：此即《經典録》禮部小序，分叙《禮記》《儀禮》《周禮》之授受流傳。其文較前揭第（三）組内王應麟所引者爲豐，並知王氏所引『侍其生』者，乃『傳其書』之誤。文中『訖孝宣代』之『代』，『周代所理天下之書』之『理』，分别係避唐太宗李世民及唐高宗李治之名諱，其文本出自張守節之手，確鑿無疑。

繼瀧川、水澤二氏之後，袁傳璋先生亦致力於《史記正義》佚文之輯佚。通過對吕祖謙《大事記解題》、王應麟《玉海》《通鑑地理通釋》《詩地理考》及胡三省《新注資治通鑑》等五種宋人著作之考索，復有三九四條《史記正義》佚文得以輯出。其中《正義》引據《七録》之材料，僅有三條，均係據《玉海》輯出

[一] 張衍田輯校《史記正義佚文輯校》（增訂本），第一四八三條，頁四四三—四四四。按：『後又作《曲臺記》』之『作』，瀧川資言《唐張守節史記正義佚存》作『爲』；『有五十六篇』，《唐張守節史記正義佚存》作『有六十六篇』；『淹中』，《唐張守節史記正義佚存》作『奄中』，而於『奄』字旁加『?』；『後博士傳其書』，《唐張守節史記正義佚存》旁注一『高』字（頁六〇一）。

者；惟屬於《七録》小序者僅一條〔一〕，尚無更新發現。

四、《七録》小序之價值

綜上所考，《七録》中《經典録》尚書部、詩部、禮部、春秋部共四部小序，得以『再發現』〔二〕，在目録學、經學及阮孝緒專題研究等領域，均有其獨到之學術價值。以下試作陳述。

（一）目録學。在中國學術史上，最重要之古典官修書目有三種：《漢書·藝文志》（通常簡稱《漢志》）、《隋書·經籍志》（通常簡稱《隋志》）與《四庫全書總目》（宋修《崇文總目》僅有輯本，重要性因此降低）。劉向、歆父子領校群書，開創目録之學，所撰《别録》《七略》之體制，通過《漢志》可以覘知：（甲）一級類目稱『略』，凡六，皆有小序（略序）；（乙）二級類目稱『種』（習稱爲『類』），凡三十八，除《詩

〔一〕按：第一條是：『《七録》云：建武中鄒、夾皆絶。』（《宋人著作五種徵引〈史記正義〉佚文考索》，頁一一〇）第二條是：『《七録》曰：《春秋斷獄》五卷。』（同前）第三條是：『《七録》有《蘇秦書》。』（同前，頁一一四）其中第一條，參見前文輯佚部分第（一）組之討論。

〔二〕按：史料之『再發現』，係安平秋先生提出：『在學術研究過程中，我們不僅要注意發現「新材料」，更要善於在常見的書中發掘有價值的資料（我們姑且把這種發掘稱爲史料的「再發現」）。』『利用常見的書，一樣可以做高質量的研究。』（《宋人著作五種徵引〈史記正義〉佚文考索·序》，頁二）

賦略》五個子類外，皆有小序；（丙）著録六百零三家著述，各有書録（即後世習稱之解題或提要）。《隋志》則分爲四部，子類四十（或稱爲『篇』），各有小序；著録三千一百二十七部，無解題。在《漢志》與《隋志》之間，尚有《晋中經簿》（荀勖撰）、《七志》（王儉撰）及《七録》等重要書目，因均已亡佚，其體制若何，往往無法全面認知。《七録》距《隋志》最近，是後者最重要之學術前承，觀《隋志》每以『梁有』爲稱，即見一斑（今人亦據此輯佚，試圖恢復《七録》之著録）。余嘉錫先生係一代文獻大家，嘗論定《七録》有小序，並稱：『計現存書目，有小序者，《漢志》《隋志》《崇文總目》《四庫提要》四家而已。』（見前引）《七録》四部小序之『再發現』，實從文獻上證實余先生對《七録》具有小序之論斷。從《漢志》（本諸《别録》《七略》）到《七録》，再到《隋志》，三部書目均有小序；此一目録體制之傳承脉絡，因此得以豐富、瞭然。

（二）經學。上揭四部小序，均在《經典録》，内容係梳理學術源流，可以簡明學術史視之，故現存四部小序之經學價值，實不言自明。今以尚書部小序爲例，對《漢志》《七録》《隋志》三家試予比較。《漢志》尚書類小序云：

《易》曰：『河出圖，雒出書，聖人則之。』故《書》之所起遠矣，至孔子纂焉，上斷於堯，下訖於秦，凡百篇，而爲之序，言其作意。秦燔書禁學，濟南伏生獨壁藏之。漢興亡失，求得二十九篇，以教齊魯之間。訖孝宣世，有《歐陽》《大小夏侯氏》，立於學官。《古文尚書》者，出孔子壁中。武帝末，魯共王壞孔子宅，欲以廣其宫，而得《古文尚書》及《禮記》《論語》《孝經》凡數十篇，皆古字也。

共王往入其宅，聞鼓琴瑟鍾磬之音，於是懼，乃止不壞。孔安國者，孔子後也，悉得其書，以考二十九篇，得多十六篇。安國獻之。遭巫蠱事，未列於學官。劉向以中古文校歐陽、大小夏侯三家經文，《酒誥》脱簡一，《召誥》脱簡二。率簡二十五字者，脱亦二十五字，簡二十二字者，脱亦二十二字，文字异者七百有餘，脱字數十。《書》者，古之號令，號令於衆，其言不立具，則聽受施行者弗曉。古文讀應爾雅，故解古今語而可知也。[一]

《漢志》小序叙《尚書》之源起、編纂、傳承及校讎，要言不繁，堪稱簡明之尚書學史（中間論及劉向校書情形，顯然經過班固之改寫）。通過比較，知《七録》小序則自孔壁古文談起，重在東漢以降尚書學之傳承、某家學説之興廢，及當朝所立國學之史實，接續《漢志》之意極爲明顯，而文字更爲簡要。

《隋志》尚書類小序，文字豐贍，兹不具引[二]。細繹其文，知其實以《漢志》《七録》爲本而加詳之。試觀下表：

[一] 班固《漢書》卷三〇，頁一七〇六—一七〇七。
[二] 魏徵等《隋書》卷三二，頁九一四—九一五。

表五　《七録》《隋志》尚書類小序對照表

《七録》	《隋志》
魯恭王時，壞孔子舊宅，得古文《尚書》，孔安國爲之傳，以隸古寫之，凡五十八篇。	初漢武帝時，魯恭王壞孔子舊宅，得其末孫惠所藏之書，字皆古文。孔安國以今文校之，得二十五篇。其《泰誓》與河内女子所獻不同。又濟南伏生所誦，有五篇相合。安國並依古文，開其篇第，以隸古字寫之，合成五十八篇。
其餘錯亂磨灭，不可復知。	其餘篇簡錯亂，不可復讀，並送之官府。
至漢明帝並傳。歐陽氏書獨擅一代，	……歐陽，大、小夏侯，三家並立。訖漢東京，相傳不絶，而歐陽最盛。
三家至西晋並亡。	及永嘉之亂，歐陽，大、小夏侯《尚書》並亡。
今古文孫〔孔〕氏、鄭玄《注》云列於國學也。	梁、陳所講，有孔、鄭二家，齊代唯傳鄭義。

凡《七録》所寫，《隋志》均一一呼應，足證《隋志》小序，正以《漢志》《七録》爲骨，而加以增益、改寫及補充而成，文字因此較爲豐碩（《隋志》未撰解題，而著力於全目大序、部類小序之撰寫，又係後出，宜其較豐）。《隋志》復接續《漢志》紹承《七録》（本諸《别録》《七録》）之傳統，叙寫由梁至隋之授受源流（『梁、陳所講，有孔、鄭二家，齊代唯傳鄭義。至隋，孔、鄭並行，而鄭氏甚微。自餘所存，無復師説』云云）。

以上以尚書部爲例，發明《七録》小序之經學價值。其他三部小序，同此相類[一]。如果《七録》其他各録、各部之小序均能得以『再發現』，其意義不言而喻。由《漢志》到《七録》，由《七録》到《隋志》，中國古典目録通過小序以書寫學術源流之傳統，可謂斑斑能考，彬彬稱盛。今人考察由漢至隋之學術史，多以《隋書》《北史》之儒林傳及《隋志》之總序、小序等爲據，而《七録·經典録》四部小序之『再發現』，無疑能爲此際學術史之考察，提供更爲直接之引證資料與典範論述。

（三）阮孝緒研究。學界對阮孝緒其人其學之研究，主要依據史傳文字（《梁書》及《南史》本傳）、《七録序録》及所附傳記等。由於資料有限，無法作出更多之推論。例如，《梁書》及《南史》本傳均稱阮氏『年十三，遍通《五經》』，那麽，阮氏本人經學造詣究竟如何？二史均載阮氏同善筮者張有道論筮卦爻象，知其通於易學；《七録序録》所附阮氏著述，内有《文字集略》四卷，知其精於小學。除此之外，尚無更多憑藉。由上揭《經典録》之尚書部、詩部、禮部、春秋部小序可知，阮孝緒對經學源流極爲瞭然，堪稱博通。《七録》著録之宏富、分類之清整、體制之完備、小序之精審，足證阮氏堪稱一代文獻大家、學術大家，是劉向、歆父子之後，最爲傑出之目録學家之一。

[一] 如《詩》，陸德明《釋文序録》云：『《韓詩》雖在，人無傳之者。』《隋志·詩類序》云：『《韓詩》雖存，人無傳之者。』時賢申論云：『二家親見原典，實著之録，可信；謂《韓詩》雖存有傳本，專家授學無人，故存猶亡也。亦是實情。』（程元敏《詩序新考》，五南圖書出版股份有限公司，二〇〇五年，頁二一六）其實《釋文序録》《隋志·詩類序》俱本諸阮氏《經典録·詩部序》。

五、餘論

以上通過文獻繹讀、逸文輯佚，考出《七録》尚存四部小序，並對小序之學術價值，略作發明。此外，尚有以下值得申論之處：

其一，《七録》小序之内容。上揭《七録》四部小序，文本均極簡要（約在百字以内）。小序『所以辨章學術之得失』（見前引余嘉錫先生語），故其内容，尤重學術之傳承；且自成專文，於内容起訖、文字書寫上具有自洽性（觀《漢志》《隋志》各序即可知）。《七録》小序，雖重在東漢以後，而於此前之學術脉絡，必有梳理；尚書部、春秋部小序具存，可以覽知。由此可證，詩部、禮部等小序内，亦當有此類追溯前承之文字。前揭詩類小序之前，『言《詩》，於魯則申培公……又有毛公之學，自爲子夏所傳』云云，所述正西漢詩經學之授受，度《七録》小序内，必有相關文字；張守節因書法需要，而有所移置、抽繹或改寫。

其二，《七録》其他小序之有無。由《七録》四部之有小序，不僅可以推知《經典録》其餘各部（《易部》《樂部》《論語部》《小學部》《孝經部》《讖緯部》）均有小序，《經典録》亦當有小序；其餘各録（《記傳録》《子兵録》《文集録》《佛法録》《仙道録》）及其各部，也各具小序。加上大序（即現存之《七録序》），

《七録》之體制，堪稱全備。

其三，《七録》小序之傳承。中國古代文獻，常淪陷於天災（水火），更毁滅於人禍（兵燹、禁毁），能傳世者極少。張守節因其有利之條件（任職東宫）及雄偉之抱負，得以『六籍九流地里蒼雅鋭心觀采』，將《七録》部分小序保存於《正義》中；王應麟司職秘書，得睹《正義》之單傳本，遂能采入己著，使《七録》小序保留若干片斷[一]；瀧川、水澤二氏，各費數十年之力，考求《史記》散逸之注文，遂使相對完整之四篇小序，得以『再發現』。《七録》小序之體，因此可考；魏晋六朝之學術史，又多佳構：四位學者，足稱《七録》之功臣。

（本文原載《歷史文獻研究》第四十六輯，廣陵書社，二〇二一年）

[一] 按：由王應麟據《史記正義》所采之《七録》小序文字限於四部，以及瀧川、水澤所輯《七録》小序亦限於相同四部之事實，度張守節根據需要，有所取材，並未將《七録》全部小序采入《正義》；王應麟所見《正義》傳本，可能有闕，是以采擇有限。

陸　《古今書最》發微

《古今書最》(以下或簡稱『《書最》』)，南朝梁處士阮孝緒(字士宗。四七九—五三六。陳留尉氏人)所撰，係其《七録序録》之重要組成部分〔一〕。關於《書最》，學界頗有論及，不乏深入之研討。余嘉錫先生撰《目録學發微》，注意到《書最》『只計卷數，無稱篇者』〔二〕之事實；姚名達先生論古代目録之分

〔一〕阮孝緒《七録》十二卷(《隋書·經籍志》《舊唐書·經籍志》《新唐書·藝文志》著録皆同)，其書久亡，所遺僅零散片斷，惟釋道宣《廣弘明集》内保留之部分資料，較爲完整。此一部分資料，因前題『《七録序》』，學界或籠統以此題稱之，其實不盡準確。繹其實際，乃有五個部分：(甲)《七録總序》(通常稱爲《七録序》)，(乙)《古今書最》，(丙)《七録目録》，(丁)阮孝緒個人著述目録，(戊)阮孝緒小傳。前三個部分，先序後目，其實是《七録》之本書目録部分，正確名稱應該是《七録序録》。作爲《七録》之有機組成部分，《七録序録》即該目之第十二卷。《廣弘明集》常見傳本有宋思溪藏本(國家圖書館出版社，二〇一八年)、《四部叢刊初編》影印明汪道昆刻本(以下簡稱『汪刻本』)、清文淵閣《四庫全書》本及清藏鏞堂抄本等。本文使用宋思溪藏本《古今書最》部分，見頁一一〇—一一三)。

〔二〕余嘉錫《目録學發微》卷二，巴蜀書社，一九九一年，頁三〇。

類，對《書最》曾予引及，用以探討『五分法之偶現』等問題〔一〕。余、姚二氏，僅以《書最》爲申論依據，尚未對《書最》本身之相關問題，展開深入討論。進入新世紀以來，《書最》開始引起學人之重視與研究。張固也先生有《〈七録序〉探微二則》，就《書最》所載諸目存亡之數之所出、所載《晋中經簿》著録佛經卷數之實際等問題，展開討論〔二〕。薛紅、唐明元合撰《〈七録序〉所附〈古今書最〉探微》專文（以下簡稱『《探微》』），對『古今書最』之含義及其撰述目的、著録範圍、圖書存佚及計量單位、佛經著録與歸類等問題，頗有探討與發明〔三〕。針對薛、唐二氏之《探微》，張固也復撰《關於〈古今書最〉的幾個問題》〔四〕專文，對《古今書最》之内容起訖、設置目的、收録範圍、圖書存佚之反映、著録『帙』『卷』之意義及其對佛經之歸類與收録等問題，加以研究，創見迭出，頗能新人耳目。

應當指出，學界關於《古今書最》之既有研究成果，堪稱豐碩，但通過覆按、考索，結合中古時期目録學、學術史之研究現狀，可知其中仍有誤識之處及未發之覆，有待更進一步之探析。值得深入探研之問題有：（甲）作爲一種具有專名之單篇文獻，《書最》之文獻性質如何？（乙）《書最》體現阮孝緒何

〔一〕姚名達《中國目録學史·分類篇》，上海古籍出版社，二〇〇二年，頁六〇、六六。

〔二〕張固也《〈七録序〉探微二則》，載氏著《古典目録學研究》，華中師範大學出版社，二〇一四年，頁五六—六五。按：據文末自注，該文原載《古籍整理研究學刊》，二〇〇八年第一期。

〔三〕薛紅、唐明元《〈七録序〉所附〈古今書最〉探微》，《圖書館理論與實踐》，二〇一三年第四期，頁六八—七一。

〔四〕張固也《古典目録學研究》，頁六六—七四。按：據文末自注，該文係與熊熠輝合撰，原載《長春師大學報》，二〇一四年第三期。

種撰述旨趣?;易言之,阮孝緒爲何撰寫《書最》?;(丙)《書最》共著録多少種書目?;各目何以能爲阮氏所選取?;易言之,阮氏《書最》選目之標準是什麽?;(丁)《書最》現存文本,是否可靠?;能否準確反映所收諸目之編撰及著録之實際?;(戊)在目録學史中,《書最》具有何種價值?;等等。以上五個層面之問題,既有研究或未涉及,或雖能涉及,而所論有限,未能盡探其藴,因此仍有深入討論之必要與空間。事實上,除《漢書·藝文志》(以下或簡稱『《漢志》』)之外,《書最》所記諸目全部亡佚,因此《書最》文本成爲探討所記諸目面貌的直接文獻,《書最》因此成爲中古時期最重要的學術文獻之一。準確繹讀《書最》,不僅有助於梳理南朝梁以前古典文獻之傳承脉絡,也有助於研究阮孝緒之學術思想,有助於研究南朝士林之學術生態。以下試加考論。

一、《古今書最》之文獻性質與撰述旨趣

作爲《七録序録》的重要組成部分,《古今書最》自爲起訖,有其獨立性(當然也與《七録序》密切相關)。那麽,《書最》之文獻性質如何?;體現出阮孝緒何種撰述旨趣?;本節擬對此加以探討。

（一）《古今書最》之文獻性質

《古今書最》文字不長（白文僅五百六十一字），爲討論方便，兹移録如次[一]：

古今書最

（一）《七略》。書三十八種，六百三家，一萬三千二百一十九卷。

五百七十二家亡。三十一家存。

（二）《漢書·藝文志》。書三十八種，五百九十六家，一萬三千三百六十九卷。

五百五十二家亡。四十四家存。

二十八家在。［宗友按：汪刻本無『二十八家在』五字。］

（三）袁山松《後漢·藝文志》。書。

八十七家亡。［宗友按：汪刻本無『袁山松』三字，且『書』後有『若干卷』三字。］

（四）《晉中經簿》。四部書一千八百八十五部，二萬九百三十五卷。其中十六卷佛經，書簿少

[一] 説明：甲、文本以宋思溪藏本爲底本，汪刻本不同者，用『宗友按』加以説明，置於方括號『［ ］』内。乙、原文之附注文本，特置於小括號『（ ）』内，以明起訖。丙、各條序次爲筆者所加。

二卷，不詳所載多少。

一千一百一十九部亡。七百六十六部存。

（五）《晋元帝書目》。四部三百五帙，三千一十四卷。

（六）《晋義熙四年秘閣四部目録》。

（七）《宋元嘉八年秘閣四部目録》。一千五百六十四帙，一萬四千五百八十二卷。（五十五帙，四百三十八卷，佛經）。［宗友按：『六十四帙』，汪刻本作『六十有四帙』。］

（八）《宋元徽元年秘閣四部書目録》。二千二十帙，一萬五千七十四卷。

（九）《齊永明元年秘閣四部目録》。五千新足。合二千三百三十二帙，一萬八千一十卷。

（十）《梁天監四年文德正御四部及術數書目録》。合二千九百六十八帙，二萬三千一百六卷。（秘書丞殷鈞撰《秘閣四部書》，少於文德書，故不録其數也。）［宗友按：末兩句，汪刻本作『秘閣四部書少於文德，故書不録其數也』。其中『故書』二字係倒文。］

（十一）新集《七録》内外篇。圖書凡五十五部，六千二百八十八種，八千五百四十七帙，四萬四千五百二十六卷。（六千七十八種，八千二百八十四帙，四萬三千六百二十四卷，經書；二百三種，二百六十三帙，八百七十九卷，圖符。）

内篇五録：四十六部，三千四百五十三種，五千四百九十三帙，三萬七千九百八十三卷。（三千三百一十八種，五千三百六帙，三萬七千一百八卷，經書；一百三十五種，一百八十七帙，七百七十五卷，圖也。）

外篇二録：九部，二千八百三十五種，三千五十四帙，六千五百三十八卷。（二千七百五十九種，二千九百七十八帙，六千四百三十四卷，經書；七十六種，七十八帙，一百卷，符圖。）［宗友按：『二千九百七十八帙』之『二千』，汪刻本作『五千』。］

知《書最》所記，凡十一條。

關於《古今書最》之文獻性質，學者或從題名中『書最』一詞之含義出發，指出『「古今書最」不是書目之名，而是指古今圖書的總會，即圖書總財産賬』〔一〕。此一見解，僅注意到《書最》對諸目著録、現存之數的記載，而對《書最》之性質有根本性誤判。從上揭内容可以看出，《書最》對《七略》以降之重要書目加以著録，至阮氏本人所撰《七録》止，共有十一條記載。每條記載，書名是其當然之核心；書名之外，纔是種類及其著録之數。毫無疑問，《書最》本身就是一部書目——此其最根本之文獻屬性。當然，《書最》並非普通之藏書目録，而是有其獨特性。從著録内容上看，除書名外，主要記録各目一級分

〔一〕傅榮賢《淺論阮孝緒〈七録序〉的目録學思想及其影響》，《圖書館理論與實踐》，二〇一一年第五期，頁五六。

類之數及其著録圖書之總數，因此屬於特種目録之範疇，係目録之目録（書目之書目）〔一〕；《書最》與《七録·記傳録·簿録部》是可考的最早的兩部書目之書目，堪稱『雙璧』。另從撰者身份上看，該目出於作爲處士的阮孝緒個人之手，因此屬於私撰目録。除《漢志》外，《書最》所記諸目後均亡佚，但阮孝緒均得以親見，因而對於諸目著録之數如數家珍，並能據當時之存世圖書加以覆按，兼志其存亡之數。因此，《書最》又是阮氏之知見書目。

自漢至梁，官修及私撰書目遠不止《書最》所録之十一條（《七録·記傳録·簿録部》即載有三十六種），選取上述諸目加以著録，阮孝緒必有其特殊之考量。事實上，《書最》之撰述旨趣，正同《七録》之旨趣緊密相關。

（二）《古今書最》之撰述旨趣

《古今書最》之撰述旨趣何在？易言之，阮孝緒爲何要編撰《古今書最》？〔二〕要回答此一問題，須從

〔一〕按：關於古代目録之類型，學界分類角度很多。程千帆、徐有富先生按著録内容之不同，將目録分爲綜合目録、學科目録、特種目録三大類，較爲通達簡明（詳《校讎廣義·目録編》）。

〔二〕張固也指出，《古今書最》的直接目的有二，一是吸取王儉《七志》的成功經驗，粗略反映圖書發展歷史和存亡狀況；二是注釋説明序文；『《古今書最》的最終目的是更直觀地反映出當朝藏書和文化之盛』。（《關於〈古今書最〉的幾個問題》，載氏著《古典目録學研究》，頁六九）其説指出了部分事實，而對阮孝緒『窮究流略，探盡秘奧』的宏偉抱負，有所忽視。

《書最》著録内容上進行考察。如果細繹《書最》文本，即知該目雖以書目爲著録對象，但又不僅僅止於鈔録書名而已；阮氏於各項書名之後，具録其一級部類之數、著録圖書之種（家）數、帙數、卷數等；部分記載之後，復有當時存亡數字之統計，所含信息極爲簡要，值得深入解讀。試將《書最》内容，表列如次：

表六－一　《古今書最》統計表

序次	書目	著録面貌			現狀統計
		分類	種數	卷帙	
（一）	七略	六略，三十八種	六〇三家	一三二一九卷	五七二家亡，三十一家存
（二）	漢書・藝文志	六略，三十八種	五九六家	一三三六九卷	五五二家亡，四十四家存
（三）	後漢書・藝文志	六略	—	——〔汪刻本作『若干卷』〕	—
（四）	晋中經簿	四部	一八八五部	二〇九三五卷	一一一九部亡，七六六部存
（五）	晋元帝書目	四部	—	三〇五帙 三〇一四卷	—
（六）	晋義熙四年秘閣四部目録	四部	—	—	—

續表

序次	書目	著録面貌			現狀統計
		分類	種數	卷帙	
（七）	宋元嘉八年秘閣四部目録	四部	—	一五六四帙 一四五八二卷（五五帙四三八卷佛經）	—
（八）	宋元徽元年秘閣四部書目録	四部	—	二〇二〇帙 一五〇七四卷	—
（九）	齊永明元年秘閣四部目録	四部	—	（五千新足） 合二三三三二帙 一八〇一〇卷	—
（十）	梁天監四年文德正御四部及術數書目録	五部	—	合二九六八帙 二三一〇六卷	—
（十一）	新集七録	七録，五十五部	六二八八種	八五四七帙 四四五二六卷	同左（經書：六〇七八種，八二八四帙，四三六二四卷；圖符：一〇三種，二六三帙，八七九卷）

續表

序次	書目	著録面貌			現狀統計
		分類	種數	卷帙	
（十一）	新集七録	内篇五録，四十六部	三四五三種	五四九三帙 三七九八三卷	同左（經書：三三一八種，五三〇六帙，三七一〇八卷；圖：一三五種，一八七帙，七七五卷）
		外篇二録，九部	二八三五種	三〇五四帙 六五三八卷	同左（經書：二七五九種，二九七八帙，六四三四卷；符圖：七十六種，七十八帙，一〇〇卷）

注：（一）『書目』一欄，省去書名號，以求簡潔。（二）表中缺項，用『——』表示。

阮孝緒爲何在《古今書最》中詳細著録各家書目分類之數及著録圖書之種類、卷帙並現存之面貌？此必同其撰述宗旨密切相關。阮氏於《七録總序》中，備陳典籍之産生、孔子删書及歷代收書、校書之事實，復自述云：

孝緒少愛墳籍，長而弗倦，卧病閑居，傍無塵雜。晨光纔啓，緗囊已散，宵漏既分，緑帙方掩。

猶不能窮究流略，探盡秘奥。每披録内省，多有缺然。其遺文隱記，頗好搜集。凡自宋、齊已來，王公搢紳之館，苟能蓄聚墳籍，必思致其名簿。凡在所遇，若見若聞，校之官目，多所遺漏。遂總集衆家，更爲新録。其方内經史，至於術伎，合爲五録，謂之内篇；方外佛道，各爲一録，謂之外篇。凡爲録有七，故名《七録》。

細繹其文，知阮孝緒實以『窮究流略，探盡秘奥』爲職志，具有明辨目録學術源流、探析文獻傳承内在規律的弘通的學術追求；而『總集衆家，更爲新録』，則是實現上述學術追求的具體取徑。鑒於『披録内省，多有缺然』之現狀，阮氏長期搜集文獻，包括『遺文隱記』與私藏書目（『王公搢紳』之『名簿』），均在采擷之列。阮氏對《七略》以降重要書目之著録情況逐一加以統計，並同當時官私藏書實際加以覆按，記其存佚，以見古今學術之興衰絶續。《古今書最》，正是阮氏此一志意與努力之學術結晶。因此，作爲《七録序録》的有機組成部分，《古今書最》意在梳理歷代重要書目之圖書著録及其流存面貌，從而將其『窮究流略，探盡秘奥』的宏偉抱負落到實處，以提供翔實可據的文獻支撑。此即阮氏撰寫《古今書最》之旨趣所在。無獨有偶，《七録序録》的第三部分——《七録目録》，亦詳載各録之部數、種數、帙數與卷數，同《古今書最》一脉相承，正可作爲阮孝緒貫徹其撰述旨趣之另一例證。

由《古今書最》之現存文本可知，其中惟《七略》《漢書・藝文志》《後漢書・藝文志》《晋中經簿》四種之下，附記有存亡之家（部）數，其他書目則無。此一事實，該如何解讀？張固也先生結合《七録序》

『（王儉《七志》）其外又條《七略》及漢《藝文志》、《中經簿》所闕之書，並方外之經佛經、道經各爲一録』之記述，斷定此目存亡之數，乃是阮孝緒『轉引王儉的統計數字』。阮孝緒在編撰《七録》時，並未作過書籍存亡的調查工作』〔一〕；『阮孝緒實際並未親自做過圖書存亡的統計，則前四條統計應該都是照抄王儉《七志》而來』〔二〕。其説頗具啓發性，因爲《古今書最》之創設，的確受到王儉编制闕書目録的影響。惟《七録序》明言『凡在所遇，若見若聞，校之官目，多所遺漏』，知阮孝緒根據當時官私簿録，校核歷代目録所載圖書之存亡，乃是實現其撰述職志之必要取徑。上表中『卷帙』一列，除第（六）條（《晋義熙四年秘閣四部目録》）外，各條之卷數、帙數均有翔實記録，可知此列各目原本均有詳細統計，惟文本後來在傳抄中佚失而已。事實上，《古今書最》是阮孝緒的知見書目，對各目著録面貌與現狀，必能瞭然。因此，表中『種數』一列，阮孝緒必有翔實統計，惟第（五）至第（十）各條之種數，傳抄遺失而已（第（十）條是梁代書目，阮孝緒絶無因不能目睹而不加著録之理）。由此返視『分類』一列，現存但有一級分類（略、部、録）之數，二級分類則並不全。度阮氏撰寫《書最》之時，二級分類必予著録，眉目清晰。

〔一〕張固也《〈七録序〉探微二則》，載氏著《古典目録學研究》，頁六三。
〔二〕張固也《〈古今書最〉的幾個問題》，載氏著《古典目録學研究》，頁七一。

二、《古今書最》著録考論

根據上揭表六－一，知《古今書最》現存文本，頗有佚失，已非阮孝緒編撰之全貌。那麼，《書最》所收，共有多少種書目？所收諸目之實際面貌，應當如何？《書最》現存文字，是否可靠？有無訛誤？能否準確反映諸目之實際？探討此類問題，有助於正確認識《書最》之面貌與功用，故不揣淺陋，試予討論。討論之基礎，本於以下兩點認識：

（甲）根據《七録目録》，知《記傳録》之簿録部，著録有書目『三十六種，六十二帙，三百三十八卷』。《書最》所記諸目，顯然是其中經阮孝緒挑選之代表性書目，除《七録》外，必然都在簿録部著録之列。

（乙）《書最》既然以梳理歷代重要書目著録圖書的流存現狀爲職志，那麼，阮孝緒一定親見諸目，並且對其著録面貌及現狀，必有較爲詳細之考察與記録。

以下試對現存《書最》記述諸目之文本，加以分析。

（一）《七略》

《七略》（題劉歆撰）及其前承《别録》（題劉向撰），係劉向、歆父子領校群書時所撰就者，是中國古典目録學的奠基之作。《漢書·藝文志》（以下簡稱《漢志》）即以《七略》爲其前承。没有《七略》，便没有《漢志》；没有《漢志》，考察中國上古至秦漢之文獻面貌與學術源流的難度，便大大增加。《七略》之重要性，不言而喻。《古今書最》首載《七略》，文曰：『書三十八種，六百三家，一萬三千二百一十九卷。』『五百七十二家亡，三十一家存。』著録之數及當時存亡之數，極爲分明，知《書最》此條文本尚全，所載統計數字亦極爲可信（見下《漢志》部分之申論）。《别録》《七略》至唐猶存，以阮孝緒之博學及其『蓄聚墳籍』之能力，必能親見其書，親驗其數，故《書最》所記之數字，必然可信[一]。

如上所論，《别録》實爲《七略》之前承。那麽，阮孝緒爲何獨取《七略》作爲統計對象，而不取《别録》？考班固《漢志序》云：『每一書已，向輒條其篇目，撮其指意，録而奏之。會向卒，哀帝復使向子侍中奉車都尉歆卒父業。歆於是總群書而奏其《七略》。』阮孝緒《七録序》云：『昔劉向校書，輒爲一録，

[一] 李零《從簡帛古書看古書的經典化》：『漢代的時候，我們能知道的古書，大部分都著録在《漢書·藝文志》當中。《漢書·藝文志》裏有多少書，大家要有一個概念。這個數字是，它大約有六百多種，一萬三千多卷。這個統計，只是大概。劉歆是一個數字（六〇三種，一三二一七卷），班固是又一個數字（六七七種，一二九九四卷）。……實際上，古人没有留下這麽多書，現在留下來的書，先秦兩漢，連東漢都加上，也不過一一五種，只有原來的六分之一還不到。』（載氏著《簡帛古書與學術源流》[修訂本]，三聯書店，二〇〇八年，頁四七〇—四七一）執此返觀《書最》現存文本，則《七略》當時所存『三十一家』僅占『六百三家』的二十分之一，與李零的判斷相去甚遠。頗疑『三十一家』前脱一『百』字（下文《漢書·藝文志》之『四十四家』前似亦脱一『百』字）。當然，今存文本之差誤，並不影響《書最》當時統計之準確性。

論其指歸，辨其訛謬，隨竟奏上，皆載在本書。時又别集衆録，謂之《别録》，即今之《别録》是也。子歆撮其指要，著爲《七略》。』故相較於《别録》，《七略》堪稱是劉向、歆父子奉詔校書的總結性成果，具有中央藏書總目的官撰性質（最後完成於劉歆之手）；其内容簡要而全面（《隋書・經籍志》著録《别録》二十卷，《七略》七卷），在考察西漢一代藏書情況時，更具代表性；且卷帙較少（七卷。《别録》二十卷），便於查檢，因此爲阮孝緒所選用。

（二）《漢書・藝文志》

《漢志》由班固所撰，開中國古代史志目録之先河；又因爲《别録》《七略》後來亡佚，相關圖書幸賴《漢志》之著録方能得窺一斑，所以該目實爲探討先秦及西漢學術之津梁，學術價值極要。《古今書最》次録該目，文曰：『書三十八種，五百九十六家，一萬三千三百六十九卷。』『五百五十二家亡，四十四家存。』考《漢志》卷末總計云：『大凡書，六略，三十八種，五百九十六家，萬三千二百六十九卷。』自注云：『入三家，五十篇，省兵十家。』[一]知《古今書最》中『一萬三千三百六十九卷』之『三百』，其實當作『二百』。班固總計在前，阮孝緒統計在後，且《漢書》傳承不墜，故此處字誤，當出於後人傳抄之失。

[一] 班固《漢書》卷三〇，中華書局，一九六二年，頁一七八一。

根據前揭表六一一（《〈古今書最〉統計表》），知《漢志》同《七略》均分六略、三十八種，而在著録家數、卷數上，《漢書・藝文志》則少了七家，多了五十卷。班固曾自陳其《藝文略》實據《七略》而來（《漢志序》末云：『今删其要，以備篇籍』），兩部書目分類全同、著録基本相同，正可印證。至於兩部書目在著録數字上存在之差异，則是因爲班固在撰寫《藝文志》時，對《七略》有所損益。班固一『入』（『入三家，五十篇』）一『省』（『省兵十家』），《漢志》正好比《七略》少七家，多五十篇〔一〕。由此返觀，前揭阮孝緒對《七略》著録之數的統計，極爲可信。

值得注意的是，《隋書・經籍志》（以下或簡稱《隋志》）總序云：『（劉歆）遂總括群篇，撮其指要，著爲《七略》……大凡三萬三千九十卷。』〔二〕《隋志》雖以《七録》爲重要前承，此處統計數字，則顯然有誤（『三萬』當作『一萬』，『三千』後脱去『二百』）。馬端臨《文獻通考・經籍考》、王應麟《玉海・藝文・書目》、胡應麟《經籍會通》等重要文獻，均承襲此誤，未能明辨。

〔一〕按：後世學者如姚振宗（《漢書藝文志條理》）、當今學者如李零（《蘭臺萬卷》）等，對《漢志》實存之數均有統計，同《古今書最》均有出入。李零認爲『疑抄寫有誤，累計難免齟齬不合』（載氏著《蘭臺萬卷》［修訂本］，生活・讀書・新知三聯書店，二〇一三年，頁二二二）。

〔二〕魏徵等《隋書》卷三二，中華書局，一九七三年，頁九〇五—九〇六。

（三）《後漢書・藝文志》

《後漢書・藝文志》，《古今書最》記曰：『袁山松《後漢藝文志》。書。』『八十七家亡。』其中『袁山松』三字，汪刻本等無；『書』字之後，汪刻本有『若干卷』三字。細考《書最》其他各條著録之例，均不録撰人，故『袁山松』三字，或係後人增益。又阮孝緒必親見其書而録其卷數，思溪藏本顯然脱漏，而汪刻本之『若干』二字，亦係後人補入。《後漢書》撰者有數家，今通行本係范曄所撰者，但無《藝文志》。阮孝緒羅列歷代校書事實，《七録序》云：『校書郎班固、傅毅，並典秘籍。固乃因《七略》之辭，爲《漢書・藝文志》。其後有著述者，袁山松亦録在其書。』《隋志》著録《後漢書》一百卷，『晉秘書監袁山松撰』。《書最》所計《後漢書・藝文志》，即袁山松所撰者（袁氏或作袁崧，《晉書》有傳）。袁氏此志之分類，阮孝緒《七録總序》未予討論，因此，其分類當一仍《漢志》之舊，分六略、三十八種。阮孝緒所記存亡之數，也僅剩『八十七家亡』一句。不難推知，袁氏此志所著録之家數（圖書種數）、卷數，以及圖書現存之數，其文字均在傳鈔中散佚。

（四）《晉中經簿》

《晉中經簿》，《隋志》、《舊唐書・經籍志》（以下或簡稱《舊唐志》）、《新唐書・藝文志》（以下或簡稱

《新唐志》)俱予著録,均作十四卷。《古今書最》記云:『四部書一千八百八十五部,二萬九百三十五卷。其中十六卷佛經,書簿少二卷,不詳所載多少。』『一千一百一十九部亡,七百六十六部存。』對圖書著録之數的描述,已由《七略》以降之『種』,改稱爲『部』。

按:《晋中經簿》,别稱《中經新簿》,荀勖所撰(以下或簡稱作『荀《簿》』)。阮孝緒《七録序》云:『魏秘書郎鄭默,删定舊文,時之論者,謂爲朱紫有别。晋領秘書監荀勖,因魏《中經》,更著《新簿》。雖分爲十有餘卷,而總以四部别之。』在中國目録學史上,《晋中經簿》以開創四分法而著稱。《書最》此條文字較全。『其中十六卷佛經,書簿少二卷,不詳所載多少』等記載〔一〕,是阮孝緒統計時所寫,知其時《中經新簿》在傳抄中已有缺損(此句係對統計數字之補充,似應當作爲附注文字,宜用小字書寫、刊刻)。佛經十六卷,即包含在『二萬九百三十五卷』之内;但阮孝緒所見《晋中經簿》,已少二卷(『書簿少二卷』),而此二卷内即著録有佛經,所以不詳此十六卷佛經之具體書名、部數。余嘉錫先生推測,佛經當著録於《晋中經簿》之乙部『近世子家』内〔二〕,那麽,『少二卷』之『書簿』,所缺者當包含近世子家(或其部分)在内。

又按:《隋志總序》云:『秘書監荀勖,又因《中經》,更著《新簿》,分爲四部,總括群書。……大凡

〔一〕 關於此數句,學界有不同之解讀。張固也先生結合當時翻譯之佛經介入士大夫生活之程度,將『十六卷』解讀爲《晋中經簿》著録佛經之卷數,識見頗爲精到。參氏撰《〈七録序〉探微二則》一文之討論(見《古典目録學研究》,頁五七—五八)。
〔二〕 余嘉錫《目録學發微》卷四,頁一四七。

四部，合二萬九千九百四十五卷。』[一]其數較《書最》所計多九千零一十卷。近有學者推測，此數『是唐初加上失而復得的兩卷書簿所載而得到的統計結果』[二]。鑒於《隋志》之記載頗有訛誤之事實（如上揭對《七略》著録之數之誤記），那麽，此處也有屬於誤記之可能，《書最》文字可信度更高。

（五）《晉元帝書目》

《晉元帝書目》（李充撰），在中國目録學史上，以奠定四部分類之次序（即甲經、乙史、丙子、丁集之次序）而著稱。《隋志》《舊唐志》《新唐志》俱未著録此目，知此目至遲佚於唐初；後世瞭解此目，全賴阮孝緒《七録序録》之記載。《古今書最》記曰：『四部三百五帙，三千一十四卷。』又《七録序》云：『晉領秘書監荀勖，因魏《中經》，更著《新簿》。雖分爲十有餘卷，而總以四部别之。惠懷之亂，其書略盡。江左草創，十不一存。後雖鳩集，淆亂已甚。及著作佐郎李充始加删正，因荀勖舊簿四部之法，而换其乙丙之書，没略衆篇之名，總以甲乙爲次。自時厥後，世相祖述。』而《隋志總序》云：『惠、懷之亂，京華蕩覆，渠閣文籍，靡有孑遺。東晉之初，漸更鳩聚。著作郎李充以勖舊簿校之，其見存者，但有三千一

[一] 魏徵等《隋書》卷三二，頁九〇六。按：《舊唐志·後序》云：『至晉總括群書，裁二萬七千九百四十五卷。』（劉昫等《舊唐書》卷四七，中華書局，一九七五年，頁二〇八一）其數當本諸《隋志》，知『七千』當作『九千』。

[二] 張固也《也談〈中經新簿〉四部之小類問題》，載氏著《古典目録學研究》，頁一四。

十四卷。充遂總没衆篇之名，但以甲乙爲次。自爾因循，無所變革。』〔一〕細繹上述文字可知，《隋志總序》所記，實以《書最》及《七録序》爲據；其『見存』『三千一十四卷』之數，即襲用阮孝緒之統計。至於《晋元帝書目》著録圖書之部數、存亡之數，今《書最》並無，當由於傳鈔中之遺失。又，前揭《七略》至《晋中經簿》，俱言『書』若干種（部），故此條内『四部』之後，當有『書某某部』。

按：綜合上述文字，還能得出以下認知：

甲、李充據荀《簿》查點圖書，所得僅三千零一十四卷，較荀《簿》所載（阮氏清點出二萬九千零三十五卷，但非全部）僅占百分之十點三八。易言之，西晋圖書經亂散失近百分之九十。惠、懷之亂所致文獻之淪没，極爲嚴重，堪稱浩劫。

乙、阮孝緒據舊目加以清點，近效王儉，遠承李充。如果由此進一步上溯，那麽，荀勖『因魏《中經》』，更著《新簿》』，班固依劉歆《七略》『今删其要，以備篇籍』，足證傑出之目録學家，均重視歷代文獻著録與現狀之梳理與清點。

丙、《隋志》『充遂總没衆篇之名，但以甲乙爲次』，『總没』二字，殊不可解，今人曲爲其説，未得其實。其本源乃《七録序》『没略衆篇之名，總以甲乙爲次』。『没略』者，略去、省略之意。『衆篇之名』，乃

〔一〕魏徵等《隋書》卷三二，頁九〇六。

各書之篇名，係本書目録之一部分（即篇目）。由此反證，荀《簿》原有解題，實有本書篇目，仍然遵循劉向、歆父子之撰寫書録之成規。

丁、李充有創例。『自時厥後，世相祖述』（《七録序》），『自爾因循，無所變革』（《隋志總序》），何謂也？通常以李充『因荀勖舊簿四部之法，而换其乙丙之書』（《七録序》），即奠定後世文獻分類中經、史、子、集四大分野之格局。實際上，其重心更在『總没衆篇之名，但以甲乙爲次』，即不再著録各書之篇目，而僅按荀《簿》二級類目之序次，著録群書。篇目爲本書目録之有機組成（本書目録即書録，由篇目、叙録構成），而《晋元帝書目》叙録亦無，僅列書名而已。官修獨立之綜合目録，其例自此爲之一變（《漢志》係史志目録，受體例限制，故省去書録）。

（六）《晋義熙四年秘閣四部目録》

《晋義熙四年秘閣四部目録》，據前揭《古今書最》文本，僅有其名，而無其他文字。但按阮孝緒之著述旨趣與體例，知阮氏對此目不可能没有記述，惟相關文本（如『四部書』及著録部數、帙數、卷數、當時存亡之數等）在後世傳鈔中遺失而已[一]。

[一] 有學者認爲阮孝緒未見此目（詳唐明元《魏晋南北朝目録學研究》，巴蜀書社，二〇〇九年，頁一〇三），蓋對阮氏著述宗旨與體例之認識，尚不够全面。

《晋義熙四年秘閣四部目録》雖著録於《古今書最》，而《七録序》及《隋志總序》内，均未叙及。檢《隋志》簿録篇，有《晋義熙已來新集目録》三卷[一]；《舊唐志》有《義熙已來雜集目録》三卷，注：『丘深之撰。』[二]《新唐志》則有丘深之《晋義熙以來新集目録》三卷[三]，與《隋志》同。三家史志所載，實爲一書，即《晋義熙以來新集目録》三卷（《舊唐志》誤『新』爲『雜』）。其作者『丘深之』，實即『丘淵之』，《宋書》有傳（附《顧琛傳》後）。避『淵』爲『深』，蓋出唐人諱改[四]。

那麽，《晋義熙四年秘閣四部目録》，同《晋義熙以來新集目録》，有何關係？余嘉錫先生認爲：『案：《七録》與《隋志》所載皆即一書。丁國鈞《補晋書藝文志》采《七録》《隋志》，分爲二書，非也。（黄逢元《補志》，只著録《義熙四年秘閣四部目録》，不引《隋志》考其异同，亦非。）』[五]但余先生此説未確。首先，從内容上看，二目即各有側重。《晋義熙四年秘閣四部目録》係國家藏書目録，屬於官修之綜合目録；《晋義熙以來新集目録》則僅收集部書，屬於私撰之學科目録（文學目録）。其次，撰者不同。

〔一〕魏徵等《隋書》卷三三，頁九九一。

〔二〕劉昫等撰《舊唐書》卷四六，頁二〇一一。

〔三〕歐陽修、宋祁等《新唐書》卷五八，中華書局，一九七五年，頁一四九八。

〔四〕説詳余嘉錫《目録學發微》卷三，頁九一。又，吴光興《荀勖〈文章叙録〉、諸家『文章志』考》一文亦有指出（載莫礪鋒主編《周勛初先生八十壽辰紀念文集》，中華書局，二〇〇八年，頁一九四）。

〔五〕余嘉錫《目録學發微》卷三，頁九〇—九一。

《晋義熙以來新集目録》撰者爲丘淵之，而《晋義熙四年秘閣四部目録》之撰者，姚名達先生認爲可能是徐廣[一]。考《晋書》本傳云：『徐廣，字野民，東莞姑幕人……孝武世，除秘書郎，典校秘書省。增置省職，轉員外散騎侍郎，仍領校書。……義熙初，奉詔撰車服儀注，除鎮軍諮議，領記室，封樂成侯，轉員外散騎常侍，領著作。……遷驍騎將軍，領徐州大中正，轉正員常侍、大司農，仍領著作如故。十二年，勒成《晋紀》，凡四十六卷，表上之。因乞解史任，不許。遷秘書監。』[二]從徐氏之居官與職掌上看，姚名達先生所論極是。此外，從阮孝緒著述旨趣上看，如欲反映東晋一代國家圖書面貌，那麽，基於晚修之官修目録較早修者更能反映一代藏書之實際，則選擇東晋末期義熙四年（四〇八年。晋安帝時）編成的國家藏書目録，無疑是極爲正確之舉（東晋亡於公元四二〇年）。

（七）《宋元嘉八年秘閣四部目録》

《宋元嘉八年秘閣四部目録》，《古今書最》記曰：『一千五百六十有四帙，一萬四千五百八十二卷。（五十五帙，四百三十八卷，佛經。）』根據上揭阮氏著録通例，此條中當有『四部書』及『某某部』之文字，後來散佚不存。阮氏統計之當時存亡之數，一併散佚。

[一] 説詳姚名達《中國目録學史·校讎篇》（上海古籍出版社，二〇〇二年，頁一四六—一四七）。
[二] 房玄齡等《晋書》卷八二，中華書局，一九七四年，頁二一五八。

此部官修書目,《隋志》之簿録篇及《舊唐志》《新唐志》之目録類,均未著録,可能唐初已佚。現存文本内關於佛經帙數、卷數之注明,應係阮氏自注,而非出於《廣弘明集》之撰者釋道宣之手。前揭荀勖《中經新簿》已著録佛經,可能在乙部近世子家之内; 此目亦著録佛經,當循例著録於丙部(自李充《晋元帝書目》起,官修目録中,子書退居丙部,而史書進居乙部)。《七録序》云:『宋秘書監謝靈運、丞王儉,齊秘書丞王亮、監謝朏等,並有新進,更撰目録。』此係總括之語,但未明言謝靈運、王儉所撰何目。《隋志總序》云:『宋元嘉八年,秘書監謝靈運造《四部目録》,大凡六萬四千五百八十二卷。』〔一〕(按: 其中『六萬』之『六』,顯係『一』之誤。《隋志總序》著録不謹,此又一例。)據此,余嘉錫先生將此目撰者斷爲謝氏: 『有宋一代,累撰目録。其在文帝元嘉八年,則有謝靈運之書。』〔二〕『元嘉』係南朝宋文帝劉義隆(廟號太祖)年號(四二四—四五三),元嘉八年即四三一年。考《宋書·謝靈運傳》: 『謝靈運,陳郡陽夏人也。……博覽群書,文章之美,江左莫逮。……高祖版爲太尉參軍,入爲秘書丞,坐事免。』『太祖登祚,誅徐羡之等,徵爲秘書監,再召不起,上使光禄大夫范泰與靈運書敦奬之,乃出就職。使整理秘閣書,補足遺闕。』『靈運以疾東歸,而游娱宴集,以夜續晝,復爲御史中丞傅隆所奏,坐

〔一〕 魏徵等《隋書》卷三二,頁九〇六。按: 《舊唐志·後序》云: 『至宋謝靈運造《四部書目録》,凡四千五百八十二卷。』(劉昫等《舊唐書》卷四七,頁二〇八一)其説當本諸《隋志》,而脱去『六萬』字樣。

〔二〕 説詳余嘉錫《目録學發微》卷三,頁九一。

以免官。是歲，元嘉五年。』『太祖詔於廣州行棄市刑……時元嘉十年，年四十九。』[一] 知謝氏歷任秘書丞、秘書監，整理秘閣圖書。但謝氏元嘉五年（四二八）即去官，後於元嘉十年（四三三）被殺，而此部《秘閣四部目録》成於元嘉八年（四三一），已是謝氏去官三年之後。因此，此目雖經謝氏經營，但最後並不成於謝氏之手。

（八）《宋元徽元年秘閣四部書目録》

《宋元徽元年秘閣四部書目録》，《古今書最》記曰：『二千二十帙，一萬五千七十四卷。』顯然，『四部書』『某某部』等文字及當時存亡之數，均在傳抄中散佚。

此目係南朝宋之官簿。元徽（四七三—四七七），宋後廢帝劉昱年號。《七録序》云：『宋秘書監謝靈運、丞王儉，齊秘書丞王亮、監謝朏等，並有新進，更撰目録。』此係總括之語，但未言王儉所撰何目。而《隋志總序》云：『元徽元年，秘書丞王儉又造《目録》，大凡一萬五千七百四卷。』[二] 又《舊唐志・後序》云：『其後王儉復造書目，凡五千七十四卷。』[三] 明其撰者爲時任秘書丞王儉。《隋志・簿録篇》有

[一] 沈約《宋書》卷六七，中華書局，一九七四年，頁一七四三、一七七二、一七七四、一七七七。

[二] 魏徵等《隋書》卷三二，頁九〇六。

[三] 劉昫等《舊唐書》卷四七，頁二〇八一。按：此處卷數，當脱去『一萬』二字。

《宋元徽元年四部書目録》四卷,《舊唐志·目録類》有《元徽元年書目》四卷,《新唐志·目録類》有《宋元徽元年四部書目録》,均題王儉(四五二—四八九)撰。《隋志總序》所記『一萬五千七百四卷』,同《書最》所記『一萬五千七十四卷』有异; 質以《舊唐志》所記,當以《書最》爲是(《舊唐志》所記,脱去『一萬』二字;《隋志》又誤,以『七十』爲『七百』)。

王儉編撰《宋元徽元年秘閣四部書目録》,職責所繫,理宜固然。不過,王儉並不滿意苟勖創立、李充改易之四部分類法,另外撰寫有目録學名著《七志》。著録圖書相同而分類格局不同,尤見王儉之抱負非凡。

(九)《齊永明元年秘閣四部目録》

《齊永明元年秘閣四部目録》,《古今書最》記曰:『五千新足。合二千三百三十二帙,一萬八千一十卷。』

永明(四八三—四九三)係齊世祖蕭賾年號。此目《隋志》《舊唐志》《新唐志》俱未載。《七録序》云:『宋秘書監謝靈運、丞王儉,齊秘書丞王亮、監謝朏等,並有新進,更撰目録。』未言王亮、謝朏等所撰何目。而《隋志總序》云：『齊永明中，秘書丞王亮、監謝朏，又造《四部書目》，大凡一萬八千一十卷。』〔一〕《舊唐志・後序》亦云：『南齊王亮、謝朏《四部書目》，凡一萬八千一十卷。』〔二〕蓋本諸《隋志》。此《四部書目》，當即《書最》所載之《齊永明元年秘閣四部目録》，其撰者爲秘書丞王亮、秘書監謝朏，有二千三百三十二帙，一萬八千一十卷。

《書最》所云『五千新足』，如何理解？時賢指出，『五千新足』應爲『五千新增』之義；『但究竟新增的是什麽，確實頗爲費解。筆者推測，很可能該目是在《宋元徽元年秘閣四部書目録》的基礎上，新收録了其目所無的圖書，又重新整理並繕寫了其目已收録的部分卷册，兩者合計共有五千卷』〔三〕。分析頗有見地。筆者認爲，王亮、謝朏在整理圖書之時，對新出者有所增入，對亡佚者有所補入，對殘損者有所補益，此類新整理之圖書，凡五千卷，故曰『五千新足』。

（十）《梁天監四年文德正御四部及術數書目録》

《梁天監四年文德正御四部及術數書目録》，《古今書最》記云：『合二千九百六十八帙，二萬三千

〔一〕魏徵等《隋書》卷三二，頁九〇七。
〔二〕劉昫等《舊唐書》卷四七，頁二〇八一—二〇八二。
〔三〕薛紅、唐明元《〈七録序〉所附〈古今書最〉探微》，頁七〇—七一。

一百六卷。』附注云：『秘書丞殷鈞撰《秘閣四部書》，少於文德，故書不録其數也。』

關於梁代書目，《隋志・簿録篇》著録有三種：『《梁天監六年四部書目録》四卷（殷鈞撰）』，『《梁東宫四部目録》四卷（劉遵撰）』，『《梁文德殿四部目録》四卷（劉孝標撰）』〔一〕。《舊唐志》著録一種：『《梁天監四年書目》四卷（丘賓卿撰）。』〔二〕《新唐志》亦著録三種：『阮孝緒《七録》十二卷』，『丘賓卿《梁天監四年書目》四卷』，『劉遵《梁東宫四部書目》四卷』〔三〕。

以上三志所記諸目，同《書最》此條，並不能遽斷其對應關係。考《七録序》云：『齊末兵火，延及秘閣，有梁之初，缺亡甚衆。爰命秘書監任昉，躬加部集。又於文德殿内，别藏衆書，使學士劉孝標等重加校進。乃分數術之文，更爲一部，使奉朝請祖暅撰其名録。其尚書閣内别藏經史雜書，華林園又集釋氏經論。自江左篇章之盛，未有逾於當今者也。』又《隋志總序》云：『齊末兵火，延燒秘閣，經籍遺散。梁初，秘書監任昉，躬加部集，又於文德殿内列藏衆書，華林園中總集釋典，大凡二萬三千一百六卷，而釋氏不豫焉。梁有秘書監任昉、殷鈞《四部目録》，又《文德殿目録》。其術數之書，更爲一部，使

〔一〕魏徵等《隋書》卷三三，頁九九一。
〔二〕劉昫等《舊唐書》卷四六，頁二〇一一。
〔三〕歐陽修、宋祁等《新唐書》卷五八，頁一四九八。

奉朝請祖暅撰其名。故梁有《五部目録》。』[一]

據《七録序》《隋志總序》之記載，知梁代藏書有以下數處：秘閣、文德殿、尚書閣、華林園。官撰書目有：

甲、天監四年（五〇五），丘賓卿《梁天監四年書目》四卷。此係秘閣藏書目録，秘書監任昉曾『躬加部集』者。《舊唐志》《新唐志》均著録。《隋志》未載，而總序中提及任昉『四部目録』，較爲隱晦。

乙、天監四年，劉孝標、祖暅等《梁天監四年文德正御四部及術數書目録》。此目其實是兩部書目：劉孝標《梁天監四年文德正御四部目録》（或省稱《梁文德殿四部目録》），四卷；祖暅《梁天監四年文德殿術數書目録》，應爲一卷。因係文德殿藏書目録，合而觀之，四部（甲、乙、丙、丁）加上術數一類，則有五部，故合稱《五部目録》。阮孝緒將其合爲一稱，乃是出於便於統計之考慮。如果只是一部書目，其名中不必用『及』字，而直稱《梁天監四年文德殿五部目録》即可；《隋志》也不會僅著録『《梁文德殿四部目録》四卷（劉孝標撰）』。

丙、天監六年，殷鈞《秘閣四部書目録》四卷。此係秘閣藏書之目録。當承丘氏書目而增成之（據《隋志》及阮孝緒於本條下之注文）。

[一] 魏徵等《隋書》卷三二，頁九〇七。

此外，尚書閣内别藏經史雜書，是否撰有書目，文獻無徵；華林園中所收釋氏經論，其目擬另文討論。

上述考察，其結果略如下表所示：

表六—二　梁代官書藏地及官目表

藏地	整理者	書目名稱	卷數	成目時間	著録總數	文獻依據
秘閣	任昉、丘賓卿	梁天監四年書目	四卷	天監四年	——	七録序、隋志總序、兩唐志
	殷鈞	梁天監六年四部書目録	四卷	天監六年	——	隋志（總序、簿録篇）
文德殿	劉孝標	文德殿正御四部目録	四卷	天監四年	同下合計二三一〇六卷	七録序、古今書最、隋志總序
	祖暅	文德殿術數書目録	一卷	天監四年	同上合計二三一〇六卷	七録序、古今書最、隋志總序
尚書閣	——	——	——	——	——	七録序
華林園	——	——	——	——	——	七録序、隋志總序
東宫	劉遵	梁東宫四部目録	四卷	——	——	隋志、新唐志

注：（一）各文獻專名，均省書名號，以求簡潔。（二）表中缺項，用『——』表示。

綜上所考，知《古今書最》所載『《梁天監四年文德正御四部及術數書目録》』一條，實際上包括兩種書目：即《梁天監四年文德正御四部目録》（或《梁文德殿四部目録》）四卷（劉孝標撰），《梁天監四年文德殿術數書目録》一卷（祖暅撰）。二者圖書藏地有异、撰者有异，因此，『《梁天監四年文德正御四部及術數書目録》』並不是一部單獨的書目，而是一個包含兩種密切相關的書目的共名。學者對此未加辨别，則所論即難以周洽〔一〕。

那麽，梁代中央圖書，藏地不止一處，官修書目不止一種，阮孝緒爲何選擇兩種文德殿藏書目録，作爲考察梁初藏書情況的憑藉？度其實際，原因大致有以下數端：

其一，文德殿藏書較富。同《齊永明元年秘閣四部目録》相比，時間上剛過去二十餘年，圖書便增加了六百三十六帙、四千九十六卷。阮孝緒亦自陳『秘書丞殷鈞撰《秘閣四部書》，少於文德書，故不撰其數也』（《古今書最》）。

其二，文德殿藏書最具代表性。《梁天監四年文德正御四部目録》『正御』二字，表明文德殿收藏

〔一〕　如王重民先生認爲，『在《古今書最》内，他（引按：指阮孝緒）列舉了十種古代目録』（載氏著《中國目録學史論叢》，中華書局，一九八四年，頁七五）。薛紅、唐明元《探微》指出，『《古今書最》實際上只包括了《七録》「簿録類」已著録三十六種目録中的九種官修目録，以及其未著録的二種史志目録』；『《古今書最》只收録自《七略》至阮孝緒時所有的綜合性官目及史志目録，不著録私家目録，包括王儉《七志》等綜合性目録以及專科目録，如佛經目録、道經目録、文學專科目録等。』（頁六九）

的都是正本。顔之推《觀我生賦》自注，中稱『乃詔比校，部分爲正御、副御、重雜三本』[一]。『正御』同『副御』『重雜』並提，蓋指同一種書諸複本中之『正本』。《隋大業正御書目録》題中之『正御』，含義並同。

其三，文德殿藏書，校讎、整理較精。劉孝標、祖暅俱當時知名學者，校讎、整理、編目水平，俱臻上乘。阮孝緒選擇兩種文德殿書目作爲代表，良有以也。

（十一）《七録》

《七録》是阮孝緒個人撰就之書目，是其代表作之一。《古今書最》記云：『新集《七録》内外篇，圖書凡五十五部，六千二百八十八種，八千五百四十七帙，四萬四千五百二十六卷。（六千七十八種，八千二百八十四帙，四萬三千六百二十四卷，經書；二百三種，二百六十三帙，八百七十九卷，圖符。）』『内篇五録，四十六部，三千四百五十三種，五千四百九十三帙，三萬七千九百八十三卷。（三千三百一十八種，五千三百六帙，三萬七千一百八卷，經書；一百三十五種，一百八十七帙，七百七十五卷，圖也。）』『外篇二録，九部，二千八百三十五種，三千五十四帙，六千五百三十八卷。（二千七百五十九種，

[一] 李百藥《北齊書》卷四五，中華書局，一九七五年，頁六二二。

五千九百七十八帙，六千四百三十四卷，經書；七十六種、七十八帙、一百卷，符圖。）』

關於上述《七録》一條，是否屬於《古今書最》，學界曾有討論。有學者認爲，『關於《七録》各類著録圖書數量的文字，應是道宣輯之於《七録》正文各類之末尾，而非輯於《古今書最》』〔一〕，也就是説，自此條以下，均非阮氏自著，而是出於釋道宣之手。對此，張固也先生指出：『（《七録序》）其中「古今書最」「《七録》目録」兩個小標題爲阮氏自題，介於其間的「新集《七録》内外篇圖書……内篇五録……外篇二録……」三條二百餘字，當然應該屬於《古今書最》。所謂「古今書最」之「今」，正是指《七録》本身而言的。』〔二〕

阮孝緒《七録》，《隋志》《舊唐志》《新唐志》均有著録。將該録置於《古今書最》，應出自阮孝緒本人之手。既然《書最》之撰述旨趣即在於條列歷代典籍著録存亡之數，爲阮氏『窮究流略，探盡秘奥』之宏偉建構而張目，那麽，阮氏自撰之《七録》，總當時書目著録之大成，自當在備陳之列。不唯如此，本條所記之統計數字，包括附注數字，均應出於阮氏之手。理據如次：

其一，數字有出入。試見下表：

〔一〕薛紅、唐明元《〈七録序〉所附〈古今書最〉探微》，頁六八。

〔二〕張固也《〈古今書最〉的幾個問題》，載氏著《古典目録學研究》，頁六八。

表六-三　《古今書最》所載《七録》著録表

《七録》	種數	帙數	卷數
《書最》正文	六二八八	八五四七	四四五二六
《書最》附注	六二八一（六〇七八加二〇三）	八五四七（八二八四加二六三）	四四五〇三（四三六二四加八七九）
內篇正文	三四五三	五四九三	三七九八三
內篇附注（經書＋圖符）	三四五三（三三一八加一三五）	五四九三（五三〇六加一八七）	三七八八三（三七一〇八加七七五）
外篇正文	二八三五	三〇五四	六五三八
外篇附注（經書＋圖符）	二八三五（二七五九加七六）	六〇五六（五九七八加七八）	六五三四（六四三四加一〇〇）
內外篇正文合計	六二八八（三四五三加二八三五）	八五四七（五四九三加三〇五四）	四四五二一（三七九八三加六五三八）
內外篇附注合計	六二八八（三四五三加二八三五）	一一五四九（五四九三加六〇五六）	四四四一七（三七八八三加六五三四）

由此表可知，《書最》現存文本中正文數字與附注數字，並未一一合契，而是常有出入。如種數，有六二八八（正文）、六二八一（附注）之差异，誤差爲七；卷數，有四四五二六（正文）、四四四一七（附注）

之差异，誤差爲一〇九。差别最大的是帙數，八五四七（正文）同一一五四九（附注）誤差竟達三〇〇二！筆者推測，外篇附注中『五千九百七十八帙』之『五千』，實際當作『二千』。如此，則附注實有三〇五六帙，差别不致太大（僅爲二）。

所幸阮孝緒在《七録目録》中，對各録之種數、帙數、卷數，亦有説明。略如下表：

表六-四　《七録目録》統計表

《七録》各録	種數	帙數	卷數
《經典録》	五九一	七一〇	四七一〇
《記傳録》	一〇二〇	二二四八	一四八八八
《子兵録》	二九〇	五五三	三八九四
《文集録》	一〇四二	一三七五	一〇七五五
《術伎録》	五〇五	六〇六	三七三六
《佛法録》	二四一〇	二五九五	五四〇〇
《仙道録》	四二五	四五九	一一三八
合計	六二八三	八五四六	四四五二一

將此表所統計之數字，同表六-三（『《古今書最》所載《七録》著録表』）相較，可知其中微有差异：

表六－五　《七録序録》著録數字比較表

來源	種數	帙數	卷數
《書最》正文	六二八八	八五四七	四四五二六
《書最》内外篇正文合計	六二八八	八五四七	四四五二一
《七録目録》	六二八三	八五四六	四四五二一

可見，無論是種數，還是帙數，實際相差並不大。卷數，惟《書最》附注之數字相差較大。由此可以推斷，《古今書最》中《七録》條内相關數字（包括附注數字），均應出自阮孝緒本人之手（至於微异，當因傳鈔所致）。

其二，經書、符圖有分别。本條著録中，經書、符圖（『圖』『圖符』，或脱文，或倒文，均應以『符圖』爲正。《隋志》集部所附道經有『符籙』）對舉，則所謂『經書』，當指無圖之書。兩大圖書種類之分别，惟撰者本人能細分並統計之，後人（如釋道宣等）決不能細勘其書而作出如此精確之統計。

由以上兩點，可知《古今書最》中《七録》一條，必出於阮孝緒本人之手。《書最》著録，自劉歆《七略》開其端，阮孝緒自撰之《七録》殿其尾，古今貫通，正體現出阮氏通考歷代典籍存廢、洞徹學術源流的撰述旨趣與宏偉抱負。

三、結論

通過上述析論，可以得出如下認識：

（一）作爲《七録序録》的有機組成部分，《古今書最》對《七録序》起補充、發明之作用。如果説《七録總序》是阮孝緒的理論表達，那麽《古今書最》以及《七録目録》就是阮氏的具體實踐。因此，《書最》的撰述旨趣，就在於梳理古今圖書之著録及流存面貌，服務於阮孝緒『窮究流略，探盡秘奥』之宏偉追求。

（二）《古今書最》以書目爲著録對象，詳記各目之分類、著録種數、卷數，附記其現存之數。作爲具有專名的相對獨立之文獻，《書最》首先是一種書目，在類型上屬於特種目録中『書目之書目』（即《校讎廣義》所謂『目録之目録』），此其最根本之文獻屬性。在中國目録學史上，《書最》同《七録・記傳録・簿録部》是可考的最早的書目之書目，可謂『雙璧』，同時又是特殊的知見書目[二]。

[一] 唐明元認爲，『阮孝緒《古今書最》係對自西漢至梁所有官修目録及史志目録的通録』（《魏晋南北朝目録學研究》，巴蜀書社，二〇〇九年，頁五三）。這一見解，顯然忽視了《古今書最》著録諸目係阮氏精心挑選的代表性書目之事實。通録歷代書目的任務，由《七録・記傳録・簿録部》承擔。

（三）《古今書最》所載，凡十一條内容，實際上共著録書目十二種。此十二種書目，可分爲綜合性目録、學科目録（專科目録）兩大類。甲、綜合性目録凡十一種，其中屬於中央（國家）藏書目録者八種：（一）《七略》（劉歆撰），（二）《晋中經簿》（荀勖撰），（三）《晋元帝書目》（李充撰），（四）《晋義熙四年秘閣四部目録》（徐廣撰），（五）《宋元嘉八年秘閣四部目録》（謝靈運等撰），（六）《宋元徽元年秘閣四部書目録》（王儉撰），（七）《齊永明元年秘閣四部目録》（王亮、謝朏撰），（八）《梁天監四年文德正御四部目録》（劉孝標撰）； 屬於史志目録者兩種：（九）《漢書・藝文志》（班固撰），（十）《後漢書・藝文志》（袁山松撰）； 屬於私撰目録者一種：（十一）《七録》（阮孝緒撰）。乙、專科目録僅有一種：（十二）《梁天監四年術數書目録》（祖暅撰）。

（四）《古今書最》著録之諸目，均是各個時代最有代表性之書目，因此爲阮孝緒所選中，用以通考歷代典籍之流傳、存亡面貌。由於各種原因（諸如天災、戰亂、傳鈔之失等），《書最》之文本不可避免地産生訛誤與缺失。部分面貌，尚可據《書最》著述通例進行擬測或得以恢復。儘管不全，《書最》現存文本仍然彌足珍貴，應引起學人高度重視。

總之，作爲《七録序録》的重要組成部分，《古今書最》係阮氏私撰之特殊知見書目，是中國目録史上可考的兩種最早的書目之書目之一； 通過對歷代典籍之流傳、存亡面貌之考察與統計，爲《七録總序》之理論建構而張目，是阮孝緒『窮究流略，探盡秘奥』之宏偉抱負的手段與體現。因此，《書最》簡明切要之著録，不僅有助於了解著録諸目之歷史面貌，有助於探討《七録》記傳録内簿録部之著録内容，而且也有助於深化對阮孝緒學術思想之全面研究，是研究中古時期目録學、學術史極爲珍貴的學術文獻之一。

（本文原載《古典文獻研究》第二十四輯下卷，鳳凰出版社，二〇二一年）

柒 《隋書・經籍志》總序釋評辨正

《隋書・經籍志》（以下簡稱《隋志》）與《漢書・藝文志》（以下簡稱《漢志》）、《四庫全書總目》，是中國目録學史上最重要的三部官修書目。《隋志》充分借鑒並吸收了荀勖《晋中經簿》、李充《晋元帝書目》及王儉《七志》、阮孝緒《七録》等公私書目的學術成果，確立以經部、史部、子部、集部命名的四部分類法，采用總序、部序、類序齊全的類序體系，充分體現了中古時期目録學的發展水平，『媲美《漢志》、垂裕《四庫》』〔一〕，受到學人高度重視與深入研究，考證與釋評之作遞有問世。與此同時，《隋志》編者在引據《七録序》時，頗有省略、改寫之處，致使文意艱澀，爲後來學者之解讀、釋評造成困難。

在《隋志》考證、釋評著作中，今人李致忠先生所撰《三目類序釋評》（以下簡稱《釋評》），對《漢志》《隋志》《四庫全書總目》的總序及大、小類序作了精要的注釋與評論，『堪稱瞭解中國古典目録學與學

〔一〕 姚名達《中國目録學史・分類篇》，上海古籍出版社，二〇〇二年，頁七三。

術史之津梁』[一]，廣受學界歡迎。《釋評》未當之處，學人亦頗有商榷，如筆者曾辨其所釋《丹陽集》之失，孫振田考其所釋『梁有五部目録』之誤[二]等。《釋評》對《隋志》總序，即頗有誤解。以下略作辨正。

一、《隋志》總序論及西晉一代之藏書及編目云：『魏氏代漢，采掇遺亡，藏在秘書、中、外三閣。魏秘書郎鄭默，始制《中經》，秘書監荀勖，又因《中經》，更著《新簿》，分爲四部，總括群書。一曰甲部，紀六藝及小學等書；二曰乙部，有古諸子家、近世子家、兵書、兵家、術數；三曰丙部，有史記、舊事、皇覽簿、雜事；四曰丁部，有詩賦、圖贊、汲冢書，大凡四部合二萬九千九百四十五卷。但録題及言，盛以縹囊，書用緗素。至於作者之意，無所論辯。惠、懷之亂，京華蕩覆，渠閣文籍，靡有孑遺。』[三]此段文字，於荀勖《中經新簿》之前承、分類、體例等，論述頗明[四]。《隋志》以阮孝緒《七録》爲前承，但核諸阮氏

[一] 張宗友《〈三目類序釋評〉所釋〈丹陽集〉辨》，《圖書館雜志》二〇一〇年第十一期，頁七七。

[二] 張宗友《〈三目類序釋評〉所釋〈丹陽集〉辨》，《圖書館雜志》二〇一〇年第十一期，頁七七。孫振田《〈隋志序〉『梁有五部目録』再考釋》，《文史哲》二〇一五年第一期，頁一三七—一六八。

[三] 魏徵等《隋書》卷三二，中華書局，一九七三年，頁九〇六。

[四] 關於荀勖任職校書一事，梁代阮孝緒《七録序》云：『晋領秘書監荀勖，因魏《中經》，更著《新簿》，雖分十有餘卷，而總以四部別之。』（載釋道宣《廣弘明集》卷三，《四部叢刊初編》影明汪道昆刻本）《晋書·荀勖傳》但云：『（勖）俄領秘書監，與中書令張華依劉向《別録》，整理記籍。』『及得汲郡冢中古文竹書，詔勖撰次之，以爲中經，列在秘書。』（房玄齡等《晋書》卷三九，中華書局，一九七四年，頁一一五四）三種文字相較，要以《隋志》所論《中經新簿》之分類，最爲明晰。

《古今書最》之記載(『四部書一千八百八十五部,二萬九百三十五卷』),其中卷數頗有出入[一]。《釋評》於『但録題及言』句出注云:

> 這是一句非常費解的話,顯然是《隋書・經籍志》的作者對鄭默《中經》及荀勖《中經新簿》編目簡陋的一種品評。但,只、僅。録,著録、記録、登録。題,題名、書名、題目。及,至、到。言,《周禮・大司樂》注:『發端曰言,答述曰語。』即『言』有發端、開端之義。意即鄭、荀兩目只著録到每書開端之題名、書名。如果此解可通,這倒是中國傳統目録書名著録的傳統習慣。迄今,著録中國古書,其書名之選取仍以卷端題名爲標準。卷端,即每書卷一之開端。[二]

李先生對『但録題及言』一句感到『非常費解』,因此予以釋評。但細讀《隋志》,知『《隋書・經籍志》的作者對鄭默《中經》及荀勖《中經新簿》編目簡陋的一種品評』,針對的並非『但録題及言』一句,而是『至於作者之意,無所論辨』。李先生將『題』『言』都看成是『録』的對象(賓語),費解之餘,仍博徵載籍,力求疏通,將二字解作『每書開端之題名、書名』。這種解釋,實屬誤讀。李先生采用的文本,依據

[一] 按:《古今書最》爲《廣弘明集》卷三所載《七録》資料之一,《晋中經簿》一條之内容,《四部叢刊初編》影明汪道昆刻本與宋思溪藏本均同。

[二] 李致忠《三目類序釋評》,北京圖書館出版社,二〇〇二年,頁二四。

的當是通行的中華書局標點本；而該本此處的斷句，恰恰存在問題。揆諸實際，此數句之標點當作：『但録題，及言盛以縹囊，書用緗素；至於作者之意，無所論辯。』『録』與『言』俱爲動詞，分述的實爲二事。對此，余嘉錫先生已有精當之分析：『「但録題」者，蓋謂但記書名；「盛以縹囊，書用緗素」，則惟侈陳裝飾，是其書並無解題。』〔一〕也就是説，前者指著録書題（書名）；後者指於書題之下作簡單的附注，其内容，則重在揭示圖書所用載體（『書用緗素』）及外在貯存形式（『盛以縹囊』）。附注的文字並不涉及圖書内容，這同劉向、歆父子爲每書撰寫叙録的編目傳統有所背離，無法揭示學術源流，是以《隋志》文字中隱含不滿之意（『至於作者之意，無所論辯』）。

二、《隋志》總序在論及西晋一代之藏書及編目之後，接著叙述東晋藏書及編目情形：『東晋之初，漸更鳩聚。著作郎李充，以勖舊簿校之，其見存者但有三千一十四卷。充遂總没衆篇之名，但以甲乙爲次。自爾因循，無所變革。』〔二〕對此，《釋評》於『充遂總没衆篇之名』一句下出注云：

充，李充。遂，於是。總，匯總。没，淪落、遺留。是説東晋初年，圖書又有聚集，著作郎李充便以荀勖舊日的《中經新簿》加以核校，最後總匯這些淪落遺留下來的篇籍，又編新目。〔三〕

〔一〕余嘉錫《目録學發微》卷三，巴蜀書社，一九九一年，頁八八。

〔二〕魏徵等《隋書》卷三二，頁九〇六。

〔三〕李致忠《三目類序釋評》，頁二五。

《釋評》對《隋志》此節文字的解讀，也存在誤識與不足。對此，已有學者予以批評：

《隋志序》云：『（李）充遂總没衆篇之名，但以甲乙爲次。』某先生注云：『總，匯總。没，淪落，遺留。是説李充最後總匯這些淪落遺留下來的篇籍，又編新目。』原意殆不如是。此書（引者按：指任莉莉《七録輯證》）箋注云：『據姚名達《中國目録學史・分類篇》，這兩句話的意思是「有部無種」。所謂「有部無種」，是説李充仿效荀勖的做法，對圖書的分類，只有甲乙丙丁四部，而每一部之下，就不再分類。』兩相對比，孰是孰非，自有公論。〔一〕

上述批評，惟據姚名達之説立論〔二〕，其實並無新見；而且重心落在『但以甲乙爲次』上，對何以『總没衆篇之名』，並無令人信服的説明。因此，也並没有解決《釋評》存在的問題。

其實要準確理解《隋志》此節，僅憑上述有限的文本尚不足以討論，須旁徵其他可靠的文獻。考

〔一〕呂友仁《七録輯證序》（載任莉莉《七録輯證》書前，上海古籍出版社，二〇一一年，頁三—四）。所引箋注文字，見該書《七録序目箋注》部分之注三十九（頁二四）。

〔二〕按：『有部無種』四字，出自姚氏《中國目録學史・分類篇》『《五代史志》之《經籍志》』一節：『荀勖、李充而後，有部無種，「没略衆篇之名，但以甲乙爲次」。』（頁七二）『有部無種』，是指僅有一級部類（如經、史、子、集）而無二級部類。姚氏《分類篇》『五分法之偶現與四分法之代興』一節，論李充編目云：『小類既除，四部懸立，蓋荀勖之舊例也。』（頁六〇）即以李充本諸荀氏。但姚氏前文又認爲荀勖『此簿於四部之下固猶有小類之分』（頁五九—六〇），前後矛盾。

《晉書》(與《隋書》同成於貞觀時期)内有李充傳，謂李氏出任大著作郎一職，『於時典籍混亂，充删除煩重，以類相從，分作四部，甚有條貫，秘閣以爲永制』[一]。所記正可互相補充。再向前溯，則梁代阮孝緒《七録序》，當是兩部史書共同的學術前承：

魏晉之世，文籍逾廣，皆藏在秘書、中、外三閣。魏秘書郎鄭默，删定舊文，時之論者，謂爲朱紫有别。晉領秘書監荀勖，因魏《中經》，更著《新簿》。雖分爲十有餘卷，而總以四部别之。惠懷之亂，其書略盡。江左草創，十不一存。後雖鳩集，淆亂已甚。及著作佐郎李充始加删正，因荀勖舊簿四部之法，而换其乙丙之書，没略衆篇之名，總以甲乙爲次。自時厥後，世相祖述。[二]

阮孝緒爲撰《七録》，對魏晉時期圖書典藏與編目有詳細之梳理，且脉絡清晰，頗爲簡要，足資徵信。細讀、比較上揭文本，可知《隋志》所謂『總没衆篇之名，但以甲乙爲次』，其時是化用《七録序》『没略衆篇之名，總以甲乙爲次』而來，可惜語詞更替不倫，致使『總没』二字，難以理解；李先生强爲解説，自然扞格難通。根據《七録序》，知李充繼承荀勖的四部分類之法，並且有兩個重大調整：

首先是『换其乙丙之書』，即將荀勖著録史籍的丙部同著録子書的乙部，次序互换，使著録史籍之

[一] 房玄齡等《晉書》卷九二，頁二三九一。
[二] 阮孝緒《七録序》，載釋道宣《廣弘明集》卷三，《四部叢刊初編》影明汪道昆刻本。

部，變成了僅次於著録經籍的甲部的第二大部類。這一調整，反映了史書日益增多、蔚成大國並已超過子書的實際，從而奠定了後世經、史、子、集四部分類的次序。後人所『世相祖述』者，正是這一意義非凡的四部次序（『分作四部，甚有條貫，秘閣以爲永制』）。《隋志》編者對《七録序》的文字删減過度，易使人誤解『自爾因循』的是『以甲乙爲次』的編目方法。

其次是『没略衆篇之名，總以甲乙爲次』。即將各書篇名省去，按甲乙之次將圖書編目。劉向、歆父子奉詔校書，撰成《别録》，每書之解題，包括本書篇目與叙録兩個部分的。李充則修正了這一做法，在編撰目録（即《晋元帝書目》）時，省没、略去了各書的篇名（『没略衆篇之名』），總體上只把書名編次（『總以甲乙爲次』）而已。這一調整，是有鑒於西晋末年大規模戰亂造成藏書驟減的史實（『惠懷之亂，其書略盡。江左草創，十不一存』，『見存者但有三千一十四卷』），以及幸存圖書内容殘缺、篇次紊亂的現狀（『後雖鳩集，淆亂已甚』）而作出的。面對『典籍混亂』的現狀，李充『删除煩重』，乾脆棄篇目不録，僅將書名編次成目，『以類相從，分作四部』，竟也取得『甚有條貫』的編次效果。

在中國目録學史上，晋代荀勖《中經新簿》、李充《晋元帝書目》，因爲分别開創了四部分類法、奠定了經史子集的四部次序，具有重要的學術價值。但是，關於這兩部書目的性質、體例等，仍然還存在一些認識盲區。通過上述辨正可知，由於《隋志》編者没有充分理解《七録序》的文意而省略、改寫其文，且通行的中華書局標點本《隋志》中文字句讀有誤，致使文意艱澀，造成了在解讀上的困難，《釋評》因而不可避免地出現訛誤與未盡之處。本文之辨正、補闕，即因此而作，希望能厘清史實，俾便學人取資。

（本文内容曾分作兩篇，以《〈隋志〉『總没衆篇之名』釋評辨正》（上）（下）、《〈隋志〉『但録題及言』釋評辨正》爲題，先後刊載於《中華文史論叢》，二〇一七年第三期、第四期）

卷二

捌　傳承與開新：朱彝尊《經義考》的文獻典範意義

一、引言

《經義考》三百卷（實存二百九十七卷）〔一〕，是中國經學文獻學、史部目録學史上的一部名著。梁啓

〔一〕按：《經義考》的卷數，一般著録都作三百卷，而實存二百九十七卷（卷二八六、卷二九九、卷三〇〇有目無文）。康熙四十二年（一七〇三），毛奇齡爲撰《經義考序》云：『今竹垞於歸田之餘，乃始據疇昔所見聞，合古今部記，而著爲斯編，曰《經義考》，此真所謂古文舊書外内相應者。乃其所分部，則敕撰一卷，尊王也。十四經爲經義者，共二百六十三卷，廣經學也。逸經三卷，惟恐經之稍有遺，而一字一句必收之也。毖緯五卷，緯雖闕，説經者也。夫緯尚不廢，而何況於經？擬經十二卷，此則不惟自爲義，並自爲經者。然而見似可瞿也，其與經合耶？是象人而用之也，否則罔也。又有師承三卷，則録其經義之各有自者。廣譽一卷，立學一卷，刊石五卷，書壁、鏤版、著録各一卷，通説四卷，此皆與經學有微繫者，然而非博極群籍，不能有此。家學一卷，自序一卷，補遺一卷，共三百五卷。書成示予，予曰：嗟乎！少研經學，老未能就，不及見諸書，而年已七十九矣。』（《毛西河先生全集》卷二九，清嘉慶刻本）又朱彝尊《與王阮亭》書札中云：『侍《經義考》一編，三百餘卷，已雕就三分之一，而限於力，未能即竣，必藉高文弁其端，庶不致補袍覆醬。』又另一札（收者姓名待考）中云：『所輯《經義考》分卷三百有八，僅雕就百卷，而困於力，終莫有好事者相助。』（以上二札，收入胡愚、王利民輯《曝書亭集外詩文補輯》卷九，載沈松勤主編《朱彝尊全集》第二〇册，浙江大學出版社，二〇二一年，頁二八四）由『三百餘卷』『三百五卷』『分卷三百有八』云云，知《經義考》有不斷增益之過程，原不止三百之數。朱彝尊生前僅刻其半，身後家境益困，其孫保存不善，頗有佚失，故至乾隆朝續刻時，止有二百九十七卷（盧見曾補刻本《經義考》前載毛氏序，將『十四經爲經義者，共二百六十三卷』，改作『十四經爲經義者，共二百五十八卷』；『家學一卷，自序一卷，補遺一卷，共三百五卷』，改作『家學一卷，自叙一卷，共三百卷』，以與三百之數相合）。

超指出，《經義考》『把竹垞以前的經學書一概網羅，簿存目録，實史部譜録類一部最重要的書，研究「經史學」的人最不可少』[一]。數十年來，學界對該著頗有影印、整理與研究。就影印而言，該著最早的刊本——清康熙秀水朱氏曝書亭原刻、乾隆盧見曾續刻本——通常被稱作『盧刻本』，被收入《朱彝尊全集》，由國家圖書館出版社影印出版（二〇二一年）；該著受到乾隆皇帝弘曆題詩褒揚，收入《四庫全書》，因此産生的四庫諸本（包括文淵閣本、文津閣本、文瀾閣本以及《四庫全書薈要》本），也陸續得以在系列四庫影印本中面世。就整理來説，學界已有三家、四種整理本。臺灣『中央研究院』林慶彰先生最早主持該著之點校工作，先後有《點校補正經義考》（『中研院』文哲研究所籌備處，一九九七年）一種及其修訂本《經義考新校》（上海古籍出版社，二〇一〇年）一種，是爲『一家二種』。另兩家整理本分别是北京大學《儒藏》編纂與研究中心主持的《儒藏（精華編）》本（北京大學出版社，二〇一八年）、沈松勤主編的《朱彝尊全集》本（浙江大學出版社，二〇二一年）。就研究而言，學界關注《經義考》一書較早，研究者衆，成果豐碩，已有六十多篇論文（包括數篇學位論文），二十世紀的重要論文由林慶彰、蔣秋華結集爲《朱彝尊經義考研究論集》（『中研院』文哲研究所籌備處，二〇〇〇年）；另有以下幾種研究專著出版：楊果霖《朱彝尊〈經義考〉研究》（花木蘭文化出版社，二〇〇五年），司馬朝軍《經義考通説疏證》（收入其《國故新證》内。武漢大學出

〔一〕梁啓超《清代學者整理舊學之總成績》，載氏著《中國近三百年學術史》之十三，見《飲冰室合集》第一〇册，中華書局，一九八九年，頁二〇三。

版社，二〇一〇年），張宗友《經義考研究》（中華書局，二〇〇九年；增訂本，鳳凰出版社，二〇二〇年）。

綜上可知，學界對《經義考》的研究已十分全面，且成就卓著，是當前經學文獻學、史部目録學研究的一個熱點。但也應看到，既有研究偏重於文字句讀、校勘、疏證、補正等文獻層面，對於《經義考》在中國古代文獻文化史上的典範意義，還缺少更爲深刻的探索與發明。本文即致力於《經義考》文獻典範意義的申論，主要圍繞以下幾個問題展開：《經義考》作者朱彝尊其人；《經義考》的著作屬性；《經義考》何以問世；《經義考》在内容上具有何種特點；《經義考》在形式上有何種特點；《經義考》典範性之體現；《經義考》其書對當下學術工作與文化建設之啓示。

二、《經義考》作者朱彝尊其人

知人論世是中國古典學術傳統之一。《經義考》作者朱彝尊（一六二九・一〇・七—一七〇九・一一・一四），字錫（cì）鬯（chàng），嘉興府秀水縣（今嘉興市秀洲區）人。朱氏性愛竹，故自號竹垞；又號金風亭長、小長蘆釣魚師等。

朱彝尊是明代顯宦之後。曾祖父朱國祚（一五五九—一六二四），字兆隆，號養淳。萬曆癸未（一五八三）一甲一名進士，官至武英殿大學士、户部尚書，以清廉剛正著稱。卒，贈太傅，謚文恪。祖父朱大競（一五七八—一六三六），字君籲，號忱予，官至雲南楚雄知府，以清廉著稱。嗣父朱茂暉（一五九八—一六七五），字子若，號晦在。諸生，以蔭授中書舍人。生父朱茂曙（一六〇一—一六六三），字子蘅，庠廩生，人稱安度先生。

朱彝尊生當有明季世，其嗣父、生父均未出仕；朱國祚、朱大競爲官清廉，朱家不事生産，至明末則家道急遽中落，朱彝尊因有『亂餘生計無長策』『人生衣食在力作』〔二〕之浩嘆。朱彝尊以堂堂秀水朱氏之長子長孫之身份〔三〕，不得不於十七歲時入贅馮家，可謂生平第一大挫折，亦可窺秀水朱氏没落之窘狀。

崇禎十七年、順治元年（一六四四），明朝滅亡。次年（一六四五），嘉興城破。朱彝尊遂往來山陰道上，同祁理孫、班孫兄弟及魏耕等相結交，有抗清之舉。後『通海案』發，被迫依人遠游，落拓於江湖。抗清無望，是朱彝尊生平第二大挫折。

康熙十七年（一六七八），清廷下詔徵召博學鴻儒。朱彝尊應徵入都，次年中試，授翰林檢討，與修《明

〔二〕朱彝尊詩題《漫感》，載朱墨林、馮登府輯《曝書亭集外稿》卷一，見沈紅梅主編《朱彝尊全集》第四八册，國家圖書館出版社，二〇二〇年，頁二七五—二七六。

〔三〕朱彝尊祖父朱大競，係文恪公朱國祚之長子。本生父朱茂曙係朱大競次子，而其嗣父朱茂暉則係朱大競長子。故於文恪公一系，朱彝尊具有長子長孫之身份。朱彝尊應徵博學鴻儒、出任翰林檢討後，復信二弟，重申自己作爲『宗子』的身份：『祭田原應宗子主管，向因苦於獨力支持，以是各房爲長房分勞過當。今四房諸弟俱歿，繼嗣未定，誰爲主嗣者？不佞宗子也，豈有不力任？』（朱彝尊《復兩弟》，收入胡愚、王利民輯《曝書亭集外詩文續補輯》卷三，載沈松勤主編《朱彝尊全集》第二一册，頁五一）

史》。後又典試江南，知起居注，入直南書房。但在複雜的官場生態中，書生本色、以崇儒重道、傳承文獻爲己任的朱彝尊，顯然未能長袖善舞，分别於康熙二十三年（一六八四）、三十一年，兩度罷官。晚年歸田園居，往來蘇、杭之間，汲汲以著述爲務〔一〕。

朱彝尊以學術研究與文學創作名世，代表作有《經義考》《日下舊聞》《曝書亭集》《明詩綜》《詞綜》等，對中國古典文獻之傳承，貢獻卓著〔二〕。

三、《經義考》之性質

《經義考》初名《經義存亡考》。《經義考》之性質，從其書名上即可以覘知：

所謂「經義」，「經」指「經典」，即儒家之核心典籍（由最初之五經發展至十三經）；「義」指義理，即經典中所包含之義理。《經義考》之「經義」，不僅包括經典之義理，也包括對經典加以闡釋、解説的經解著述之義理。

〔一〕關於朱彝尊的家世與其一生事行，詳張宗友《朱彝尊年譜》之考證與勾勒（鳳凰出版社，二〇一四年）。

〔二〕關於朱彝尊在古典文獻傳承上的貢獻，詳張宗友《朱彝尊與清初文獻傳承》一文（張宗友《尺牘・事行・思想：朱彝尊研究論集》，鳳凰出版社，二〇二〇年，頁二四一—二六二）。

所謂『存亡』，『存』指現存，『亡』指亡佚；以含義相反之『存亡』爲詞，其義即指經學著述流傳存亡之現狀。朱彝尊後來删去『存亡』二字，是因爲隨著編撰工作的推進，對圖書流存狀態有了更爲精細的描述方法，即采用『存』『佚』『闕』『未見』這四個詞語加以標記；此即學人所樂道之『四柱法』。考知圖書的存亡現狀，也是考求經義的外在體現。

所謂『考』，就是對『經義』『存亡』的考求與梳理，包括：（甲）歷代有哪些經學著述；（乙）各著述之流存面貌如何（以上兩點，一般通過以書名爲核心的條目部分加以著録）；（丙）各著述之學術源流如何（這一點，一般通過輯録本書序跋、前儒論説等加以體現）；（丁）該著有無全本，或遺文佚字；（戊）有哪些問題需予補充、説明或進一步予以申論（以上兩點，一般通過按語來實現）。

據此可知，《經義考》通考歷代著述，備列相關資料，展現學術源流，論析經學問題；融文獻、考據於一體，所追求者乃是學術史意義上的經學之『大義』（朱彝尊《曝書亭集》卷三三《寄禮部韓尚書書》中自稱：『微言雖絶，大義間存』）。因此，《經義考》是一部以梳理經學著述及其學術源流爲主要内容的經籍總目，兼具經學文獻學、史部目録學的雙重性質。梁啓超稱此書爲『研究「經史學」的人最不可少』（見前引），將其歸結爲『經史學』著作，可謂洞燭其微，深具卓識。

四、《經義考》何以问世

這個問題主要考察影響《經義考》問世的學術動因。結合經學史、目録學史與思想史，可知《經義考》得以問世，是以下幾個方面因素綜合影響的結果：

（一）《經義考》是清初士人對明末心學進行反思與反撥的産物。中國古典學問，儒學占主流地位。儒學的核心，是以經典訓詁、義理闡釋爲主體的經學。漢唐經學、程朱理學，是經學發展的兩大階段與兩大形態[一]。理學發展至明代，王守仁的陽明心學大張其幟，流傳甚廣。但是陽明心學的末流，只談心性而『束書不觀』，流於狂禪，造成了空疏而狂妄的學風。明清易代，傑出學者如黄宗羲（一六一〇——一六九五）、顧炎武（一六一三——一六八二）等開始反思明朝滅亡的原因，都對王學末流的空疏學風深表不滿[二]，

[一] 清代中期纂修《四庫全書》，紀昀奉命編纂《總目》，將漢唐經學、程朱理學簡要地概括爲漢學、宋學，並在梳理經學流變之後説：『要其歸宿，則不過漢學、宋學兩家，互爲勝負。』（永瑢、紀昀等《欽定四庫全書總目·經部總叙》，武英殿刻本，《景印文淵閣四庫全書》第一册，臺灣『商務印書館』，一九八三年，頁五四）

[二] 如黄宗羲云：『自明中葉以後，講學之風，已爲極弊，高談性命，直入禪障，束書不觀，其稍平者則爲學究，皆無根之徒耳。』（全祖望《鮚埼亭集外編》卷一六《甬上證人書院記》，載朱鑄禹彙校集注《全祖望集彙校集注》第二册，上海古籍出版社，二〇〇〇年，頁一〇五九）顧炎武云：『今之君子則不然，聚賓客門人之學者數十百人，「譬諸草木，區以别矣」，而一皆與之言心言性，舍多學而識，（注轉下頁）

因此提倡實學，清初學風由此開始走向徵實。朱彝尊正是這批傑出學者中的一員。

（二）《經義考》是清代前期系統整理經學文獻的産物。清代前期，學界出現了系統整理經學文獻的學術風氣。表現有三個方面：

首先，清廷纂修御定經解。從順治帝福臨開始，康熙帝玄燁大力推進，雍正帝胤禛接續前修，乾隆帝弘曆總其成。御定經解中至少兩類是成系列者：一是『日講』系列，有五種（《日講四書解義》二十六卷，成書於康熙十六年［一六七七］；《日講書經解義》十三卷，問世於康熙十九年；《日講易經解義》十八卷，康熙二十三年編訖；《日講禮記解義》六十四卷，創始於康熙朝，告成於乾隆朝；《日講春秋解義》六十四卷［另有《總説》一卷］，亦創始於康熙朝而纂成於乾隆朝）；二是『匯纂』系列，有三種（《欽定春秋傳説匯纂》三十八卷、《欽定詩經傳説匯纂》二十一卷、《欽定書經傳説匯纂》二十四卷［後兩種成書於雍正朝］）。通過上述努力，清前期諸帝終於將經學話語的主導權從儒家學者手裏收入囊中〔一〕。

其次，匯總宋元經解，刊刻叢書。即徐乾學、納蘭性德之《通志堂經解》。這套經解叢書的纂修，最

（續上頁注）以求一貫之方，置四海之困窮不言，而終日講危微精一之説，是必其道之高於夫子，而其門弟子之賢於子貢，祧東魯而直接二帝之心傳者也。』（顧炎武《亭林文集》卷三《與友人論學書》，載華忱之點校《顧亭林詩文集》中華書局，一九八三年，頁四〇）

〔一〕關於清初御定經解的纂修及其經典闡釋話語權的討論，詳張宗友《『表章聖經』，『治統所繫』：清初御定經解之經典化與學術影響》一文（載《古典文獻研究》第十七輯上卷，鳳凰出版社，二〇一四年）。

早是出於朱彝尊的建議。

再次，彙集歷代經學著述，編成總目。此即朱彝尊《經義考》三百卷。

（三）《經義考》是經學目録發展的學術必然。《經義考》是經籍總目，從目録類型上説，屬於學科目録中的經學目録。從學科目録發展史上看，經學目録産生最早（肇始於鄭玄所編的《三禮目録》），但從漢代至明代，經學目録並不如文學目録之發達。例如，六朝時期，即有《新撰文章家集叙》（荀勖）、《文章志》（摯虞）、《續文章志》（傅亮）、《晋江左文章志》（宋明帝）、《宋世文章志》（沈約）、《義熙以來新集目録》（丘淵之）等系列文學目録，在解題體例上既有叙録體，也有傳録體，可謂極一時之盛。與此相對的是，自鄭玄《三禮目録》之後，直至宋代《經書目録》（歐陽伸）、《經略》（高似孫）及明代《經序録》（朱睦㮮），經學目録寥寥可數，無論著録還是體例，都乏善可陳[一]。經學是中國古代最重要的學問，經部典籍向來穩居於圖書分類的首類，因此，出現與經學發展相適應的經學目録，實屬應有之義。《經義考》的編纂，正是對經學目録發展的呼應。

（四）《經義考》是朱彝尊本人『博綜』之治學追求的學術結晶。朱彝尊的治學取向，同其早年所受

[一] 關於中國經學目録産生與發展的討論，詳張宗友《中國古代經學目録的産生與發展》一文（載《古典文獻研究》第七輯，鳳凰出版社，二〇〇四年）。

教育有關。朱彝尊先後入朱氏家塾、譚氏家塾讀書，第二次塾師是其第八叔父朱茂晥。朱茂晥鑒於當時政局魚爛的現實，認爲習讀『時文』、走科舉之路已没有意義，因此教導朱彝尊放棄舉業而學習詩古文，讀《春秋左氏傳》《楚辭》《文選》及黄淳耀文稿等，即選擇以學術立身的人生取徑〔一〕。在朱茂晥教導與課讀之下，朱彝尊打下了極爲深厚的古學根基。縱觀朱彝尊一生，無論在學術研究領域，還是在文學創作方面，均取得卓越成就。在學術上，朱彝尊强調『博綜』；在文學上，則强調『雅潔』。由『博綜』與『雅潔』所構成的『博雅』，正是朱彝尊作爲一代文儒的文化品格與特色〔二〕。朱彝尊『博綜』的學問取向，是以博學爲基礎、以綜合爲特色，博覽群籍，通貫四部，撮要發凡，實事求是，當然也是對王學末流空談性理的一種反撥。朱彝尊的代表作，史部著作如《日下舊聞》，文學著作如《明詩綜》《詞綜》，本人詩文集《曝書亭集》，都具有『博綜』的文化品格。由此觀之，則《經義考》正是朱彝尊『博綜』之治學取向在經史學領域卓有成效之實踐與結晶。

〔一〕關於朱彝尊以學問立身的人生取徑之形成，詳張宗友《朱彝尊家學考——兼論竹垞文學與學術之起點》一文（張宗友《尺牘・事行・思想：朱彝尊研究論集》，頁二六五—二九〇）。

〔二〕關於朱彝尊以文儒自期的心路歷程，詳張宗友《『多文之謂儒』——以〈原教〉篇爲中心看朱彝尊之『文章爾雅』》一文（張宗友《尺牘・事行・思想：朱彝尊研究論集》，頁二一九—二四〇）。

五、《經義考》内容特點

《經義考》以通考歷代經解著作及經義爲宗旨，在内容上有以下三個部分組成：

（一）歷代著述。《經義考》通考上起先秦、下迄清初近兩千年的經學著述，共考出八二七五條。這些著述條目，是朱彝尊從經、史、子、集四部文獻中搜集、考析而得，可謂是廣搜博采，遍徵四部。自有目録以來，見諸書目著録的經學著述，從未有如此之繁富者。《經義考》之著録，可謂遠邁前修。

（二）諸儒論説。對於《經義考》所著録的每一個經學著述條目，朱彝尊均盡可能地輯録有關作者的簡要生平、後世學人關於該著的重要評議資料，逐一分附其下。此類傳記及論説資料，超過一萬條，蔚爲大觀；各條資料大都是從史部、子部、集部文獻中搜集、厘析、節取而得，經過朱氏精心之抉擇與編輯，可謂『述而不作』。

（三）學術按語。對於與經學著述條目相關的史實或經學問題，朱彝尊還通過『按語』的形式加以説明、考辨或申論，寓學術研究於書目編纂之中，鮮明地表達朱彝尊本人的學術見解，大大增强了經學目録在學術内容上的表現力。《經義考》共有按語一千餘條。應當説，學術按語是朱彝尊介入經學研究、發表學術見解、同前人與時賢進行學術對話的重要手段，可謂『述而有作』。

總之，《經義考》通考歷代經學著述，共考出八二七五個條目，且輯録上萬條作者傳記與諸儒論説資料，另有上千條按語進行説明、考辨或申論，大略相當於爲有關經學著述建構起簡明之學術史。因此，《經義考》具有經學内容的『集成性』，既是一部經籍總目，也是一部經學資料的彙編，還是一部融匯了個人學術見解的獨特的經學史，典型地體現出朱彝尊『博綜』的治學取徑在經學文獻學與史部目録學兩個領域内的實踐與成就。

六、《經義考》形式特點

《經義考》在形式上的特點，就是具有開放性的著録體系。這一體系由外在的形式體系與内在的邏輯體系構成，並各具特色。就外在的形式體系（顯性結構）而言，《經義考》是由經學條目、輯録資料、學術按語三塊内容構成的經學著作；就内在的邏輯體系（隱性結構）而言，《經義考》是一部由三十個門類構成的經學總目。

兹以《經義考》卷五卜商《易傳僞本》條爲例（原文中雙行小字，今另加括弧表示）：

卜子（商）《易傳僞本》

《隋志》二卷。（《唐志》同。《中經簿》：『四卷。』《七録》：『六卷。』《釋文序録》：『三卷。』《國史志》《中興書目》：『十卷。』）

佚。（今存别本十一卷。）

《家語》：卜商，衛人，字子夏，好論精微，時人無以尚之。

劉歆曰：漢興，韓嬰傳。

荀勖曰：丁寬所作。

張璠曰：或馯臂子弓所作，薛虞記。（陸德明曰：『虞，不詳何許人。』）

……

按：《子夏易傳》見於《隋經籍志》止二卷，《釋文序録》止三卷爾。至宋《中興書目》益爲十卷，而今本多至十一卷，不獨篇第悉依王弼，並其本亦無异辭。考陸氏《釋文》所引，如《屯・六二》『「乘馬班如」，乘音繩；班如，相牽不進貌。』《比・傳》『地得水而柔，水得地而流，故曰比』……『袽』作『茹』，今文皆不然。又王氏《困學紀聞》引《泰・六五・傳》云：『湯之歸妹也。』今亦無之，且書中引《周禮》《春秋傳》，其僞不待攻而自破矣。〔一〕

〔一〕朱彝尊《經義考》卷五，清康熙秀水朱氏曝書亭刻、乾隆二十年（一六五五）盧見曾續刻本，沈紅梅主編《朱彝尊全集》第一四册，國家圖書館出版社，二〇二一年，頁一六四—一七三。

其一，外在的形式體系（顯性結構）。在這個層次上，《經義考》是由經學條目、輯録資料、學術按語三塊内容構成的經學著作。其中經學條目是以書名（個别是篇名）爲核心的各種著録要素的集合，包括撰人、卷數、出處、存佚等要素。「存佚」是對圖書流存面貌的著録，《經義考》最爲人稱道的優點是采用了「四柱法」。所謂「四柱法」，就是用「存」「佚」「闕」「未見」四個術語，用來描述經學著作的流存狀態。這種著録方法，涵蓋了某種經學著述的各種可能狀態，極爲完備。例如上揭卜商《易傳僞本》，朱彝尊根據《隋志》（即《隋書·經籍志》）標揭其卷數，又注出《唐志》〔一〕、《中經簿》（即荀勖《晉中經簿》）、阮孝緒《七録》、陸德明《經典釋文·序録》、宋《國史藝文志》及《中興館閣書目》等典籍所著録的卷數；朱氏復指出此書已佚，現存十一卷本則爲托名卜商（子夏）所作之僞本。至於輯録資料，則包括作者傳記資料與諸儒論説。上揭卜商《易傳僞本》例中，所引《家語》（即《孔子家語》）文字，即是撰者卜商之小傳；自「劉歆曰」以下，均是前儒論説（凡十五家）；另有輯自《唐會要》《崇文總目》《國史志》及《中興書目》相關的資料各一條。

以上三塊内容，從書目視角上看，可以分成條目部分與解題部分。前者以書名（部分條目是以篇名）爲核心，後者包括諸儒論説與編者按語。以輯録資料爲主體的解題類型是輯録體，在輯録體的基

〔一〕按：檢《舊唐書·經籍志》，甲部經録有「《周易》二卷」，注云：「卜商傳。」又《新唐書·藝文志》，甲部經録有「《周易》卜商《傳》二卷」。

礎上加上考證性内容則是輯考體。上揭卜商《易傳僞本》例，最末即是朱氏按語，廣徵陸德明《經典釋文》中所引文本，以證當時所傳《子夏易傳》與之有异，進而論定當時《子夏易傳》傳本之僞。此類考證，實屬經學文獻辨僞工作。顯然，在解題體例上，《經義考》是以輯録體爲主而兼有輯考體。輯考體的體例發端於馬端臨《文獻通考・經籍考》，但直到朱彝尊的《經義考》，纔成爲一種得以大規模運用的體例。雖然輯考體不是《經義考》的主流，但《經義考》却是輯考體書目的代表作之一。

其二，内在的邏輯體系（隱性結構）。在這個層次上，《經義考》可以看作是含有由三十個門類構成的分類體系的大型經籍總目。《經義考》分類體系的特點，在於它並不是在同一個平面上展開的，而是具有多維性，是立體的。事實上，《經義考》的三十個門類，可以分爲以下七組：

（一）御注類、敕撰類。首揭二類，意在尊王（即尊奉朝廷）。朱彝尊後來編纂《明詩綜》，首列帝王，用意正同。

（二）易、書、詩、周禮、儀禮、禮記、通禮、樂、春秋、論語、孝經、《孟子》、爾雅、群經、四書等。以上十五類，系傳統書目經部分類之主體，構成《經義考》的核心部分。其分類標準，在於典籍内容與性質。

（三）逸經類、毖緯類、擬經類。以上三類，係經典之輔助部分，也從文獻内容與性質的角度予以分類。

（四）承師類（廣譽附）、宣講類、立學類。以上三類，從經學傳授的角度進行分類，涉及經學源流與制度。

（五）刊石類、書壁類、鏤板類。以上三類，係從經典載體形制的角度進行分類。

（六）著録類、通説類。以上二類，係從歷代記録與諸儒通論的角度進行分類。

（七）家學類、自叙類。以上二類，係述著者自身之學術淵源，具有《經義考》書録的性質（仿《淮南子・要略》與《史記・太史公自序》之例）。

以上七組分類，突破了歷代書目分類的慣例（通常分易、書、詩、禮、樂、春秋、論語、孝經、小學等類），是經學史、目録學史在分類上的重大貢獻。

總之，《經義考》在形式上，既有外在的形式體系（顯性結構），通過『四柱法』等手段，細緻地勾勒經學著作的流存狀態；又有内在的邏輯體系（隱性結構），通過多維的分類視角，構建了立體的分類體系。内在的邏輯體系與外在的形式體系相結合，使《經義考》具有强大的著録體系，並且極具開放性，能够承載不同類型的經學内容，大大突破了經學目録單一的著述常例。

七、《經義考》典範性之體現

綜上所述，就内容而言，《經義考》共收録至清初的八二七五條著述，輯佚諸儒論説上萬條，並且有逾千條之學術按語。可見,《經義考》既是一部經籍總目,又是一部經學資料總匯,還是一種藴含有作者本人經學見解的特殊的經學史。因此,《經義考》具有經學内容的集成性。就形式而言,《經義考》既有外在的顯性結構(形式體系),又有内在的隱性結構(邏輯體系),内外兩種結構有機結合,構成了强大的著録體系,便於全書内容以書目的形式在平面上展開,具有極强的承載各種經學内容的學術能力。因此,《經義考》具有書目體制上的開放性。經學内容的集成性與書目體制的開放性相結合,就使得《經義考》成爲一部集大成式的經學總目,極具學術張力。《經義考》的文獻典範意義,端在於此。

《經義考》之典範性,具見下表所示:

表八　《經義考》内容與體制結構示意圖

《經義考》的典範性			
	經學内容的集成性:學術總匯	(一)經學著述(八二七五條)	
		(二)諸儒論説(逾萬條)	
		(三)學術按語(逾千條)	
	書目體制的開放性:著録體系	外在的形式體系(顯性結構)	由條目、解題兩大部分構成的形式體系
		内在的邏輯體系(隱性結構)	由三十個門類構成的多維、立體的分類體系

由於《經義考》具有典範性,後世遂出現以《經義考》爲學術起點的補作、續作與校訂之作,並且各成系列:

（一）校訂系列。有翁方綱《經義考補正》十二卷、胡爾滎《經義考校勘記》二卷、羅振玉《經義考校記》等。

（二）補作系列。有全祖望《讀易别録》三卷、王聘珍《經義考補》、謝啓昆《小學考》五十卷、錢東垣《補經義考》四十卷、馮登府《逸經補正》三卷、林國賡《經義考補》、陸茂增《經義考補遺》、陳矩《孟子弟子考補正》等。

（三）續作系列。有馮浩《續經義考》、楊謙《續經義考》十卷、朱休承《續經義考》、錢東垣《續經義考》二十卷、佚名《續經義考》二十卷等。

此外，像謝啓昆《小學考》等小學目録，章學誠《史籍考》等史學目録，王重民《老子考》等子學目録，都是以《經義考》作爲學術前承而加以仿效、編撰。以《經義考》爲中心的著作群的出現，是《經義考》具有文獻典範性的明證〔二〕。

〔二〕按：時賢討論有清一代詩學成就，有云：『正像學術一樣，清初學者只是提出了許多問題，尚未及深入探討，學風也不够細緻，經乾嘉時代的窮研細討，清學方開花結果。』（見蔣寅《清代詩學史（第一卷）：反思與建構（一六四四—一七三五）》，中國社會科學出版社，二〇一九年，頁六一）此語僅就大體而言。若就清初經學文獻之整理而論，朱彝尊《經義考》之編纂，解決了經學總目之纂修遠遠落後於經學發展的歷史問題，並且以其著録之宏富、體例之完備、考證之精詳而具集大成性質，以之爲核心的校訂、補作、續作三個衍生著作群，學術視野、規模與成就均不足以相提並論。易言之，儘管存在各種不足，《經義考》甫一問世即成爲經學目録的巔峰之作，不僅遠邁前修，而且迄今未見有突破其格局與成就的同類著作。

必須指出的是，朱彝尊集經學内容之大成、建立開放性極强的著録體系的做法，雖然受到了經解著作以經爲本，以注、疏、正義、集解層累地進行闡釋的形式啓發，以及解題書目匯輯相關資料（如馬端臨《文獻通考・經籍考》）、類書編纂按主題匯總材料（如王應麟《玉海・藝文》）的著述形式的影響，但更主要的則出於朱氏本人的學術創新，吸納衆家，融匯衆長，既有傳承，又別開生面，成就了《經義考》的典範價值。

八、《經義考》對當下之啓示

作爲古代中國最大的一部經籍總目，《經義考》具有經學内容上的集成性與書目體制上的開放性，從而具有文獻典範意義，後世因此出現以之爲中心的系列著作群。《經義考》的典範意義，對於當下的學術工作與文化建設，也極具啓示意義。簡要地説，體現在兩個方面：

首先，書目編製上的啓示。在大型書目的編製上，要盡可能地容納不同類型的學術内容，使之具有内容上的集成性；同時要采用完備的形式結構與精嚴的邏輯結構，構成能够承載不同内容的著録體系，使之具有形式上的開放性。

其次，學術研究上的啓示。鑒於《經義考》的前驅性成就，《廣經義考》（或者名爲《中國歷代經義考》中國歷代經學著述考》）的大型文獻編纂項目，在當下就有了啓動與開展的優越條件。通過這個項目，就能摸清中國古代經學著述的『家底』，盡可能地爲每一種著述建構一個簡明的學術史。該項目的開展，必將大力推動經學文獻學與學術史、思想史的深入研究，學術前景極爲廣闊。

九、結語

作爲清初大家朱彝尊的最重要的學術代表作之一，《經義考》既是一部經學文獻學著作，也是一部目録學著作，是古代中國最大的一部經學總目。《經義考》産生於清初對明末心學進行反思與反撥的學術環境之中，是中國經學與目録學發展到清初的學術必然，是清代前期系統整理經學文獻的重大學術建構，同時也是作爲一代文儒的朱彝尊『博綜』的治學取向在經學、史學領域的重要實踐與結晶。從内容上看，《經義考》通考歷代經學著述，共著録八二七五個條目；同時輯録作者傳記與諸儒評述資料，共有上萬條之多，進行補充説明、考辨與申論的學術按語則有上千條，因此是一部集大成式的經學著述與特殊的經學史，具有經學内容的集成性。從形式上看，《經義考》既有外在的形式體系（顯性結構），又有内在的邏輯體系（隱性結構）。前者能集合多種著録要素，尤其以精細地描述經學著作流傳存亡狀態的『四柱法』（即『存』『佚』『闕』『未見』四端）著聞於世；後者共分三十個門類，構建起多維的立體的分類體系。從解題體例上看，《經義考》是一部以輯録體爲主、輯考體爲輔的解題書目。内外兩種著録結構相結合，使《經義考》具有嚴密的著録體系，具有書目體制上的開放性。經學内容的集成性與書目體制的開放性相結合，使得《經義考》極具學術張力，堪稱古代中國經學目録的集大成之作，從而使《經義考》成爲經學文獻學與史部目録學的典範之作。由於《經義考》的典範性，後世出現了以之爲核心的著作群以及以之爲範式其他學科目録（如《史籍考》等）。對於今天的書目編製與學術研究而言，《經義考》仍然是先驅性著作，在内容集成性與形式開放性上，具有恒久的典範意義與參考價值。

（本文於二〇二二年三月十五日在首届埃默里大學—南京大學文學、文化及語言研究與實踐國際學術研討會［Emory-Nanjing International Symposium：on Literature，Culture，& Language Research and Practice］上宣讀）

玖　回顧與前瞻：朱彝尊目録學研究的現狀與取徑

朱彝尊（錫鬯，竹垞。一六二九—一七〇九）是清初大家，其學術成就涉及多個領域，如文學、史學、經學等，均有佳構，各擅其場。作爲史學的一個分支，目録學也是朱彝尊用力較勤的學術領域。朱彝尊不僅規仿前賢，編撰了多部目録，而且在目録學源流之梳理、體制之創新等方面，卓有建樹，非僅抄撮群書、不越前人藩籬者可比。清儒全祖望（一七〇五—一七五五）認爲黄虞稷（一六二九—一六九一）與朱彝尊『兩公書目之學，幾幾宋之晁公武、陳振孫』〔一〕，對二人頗爲推崇。清高宗弘曆曾爲《經義考》題詩，有句云：『藜閣炎劉校誠䞓，竹垞昭代撰堪稱』〔二〕，認爲其功績可與劉向、歆父子相比肩，大爲

〔一〕全祖望《答董映泉問吴草盧易纂言外翼書》，載《鮚埼亭集外編》卷四一，見朱鑄禹彙校集注《全祖望集彙校集注》，上海古籍出版社，二〇〇〇年，頁一六〇八。

〔二〕清乾隆四十二年（一七七七）四月壬寅題。見《高宗純皇帝實録》卷一〇三〇，《清實録》第二一册，中華書局，一九八五年，頁八〇八。

贊賞。事實上，除了最受學界矚目的《經義考》之外，朱彝尊所編撰的其他書目（如《曝書亭著録》《明詩綜采摭書目》等），也各具特色，各有相當之價值。

朱彝尊是學界關注與研究最多的清初人物之一，關於朱氏文學創作與文藝思想方面的研究成果尤爲豐碩。對於朱彝尊目録之學的研究，主要集中《經義考》上，成果也極爲豐碩；而對於朱氏其他書目的梳理與研究，還十分薄弱，有些論域堪稱空白。事實上，只有對朱彝尊編撰的所有書目進行翔實的考察與深入的研究，對其所有目録學見解的學術史意義進行充分的分析與闡發，朱彝尊的目録學貢獻方能得到全面的審視與總結，清初學術史的一個重要論域纔能得以豐富與完備。

鑒於上述認識，本文擬對學界研究朱彝尊目録學的既有進展予以回顧，並在此基礎上探討如何進行更全面深入的研究。以下試從《經義考》研究與其他書目研究兩個方面，進行回顧與展望。

一、《經義考》研究之回顧

《經義考》是朱彝尊目録學的代表作，『實史部譜録類一部最重要的書，研究「經史學」的人最不可少』[一]。

[一] 梁啓超《清代學者整理舊學之總成績》，載氏著《中國近三百年學術史》之十三，《飲冰室合集》第一〇册，中華書局，一九八九年，頁二〇三。

在朱彝尊所撰書目中，《經義考》最受學界矚目，研究成果也最爲豐碩。關於此目之研究，可從（甲）校訂、續補著作，（乙）單篇論文，（丙）專著，（丁）點校成果等諸多層面加以考察。

（一）校訂、續補諸作

中國古代典籍在生成與傳承中有一個特别明顯的規律，即圍繞核心著述，會産生一系列衍生著述。尤其是經學典籍，學者圍繞五經（後來擴展至十三經），不斷予以箋、注、集注、正義、集解等；歷代經解之作，蔚爲大觀，匯成古代典籍最爲重要的一大學術門類（即經部）。因此，一部學術著作問世以後，有無相應的衍生著作，是判斷該著學術水準與影響的重要表徵之一。

《經義考》問世以後，在清代即産生了三個衍生著作系列：（一）校訂著作系列。有翁方綱《經義考補正》十二卷、胡爾滎《經義考校勘記》二卷、陳榘《孟子弟子考補正》一卷、羅振玉《經義考校記》等。（二）補作系列。有全祖望《讀易别録》三卷、王聘珍《經義考補》、錢東垣《補經義考》四十卷、馮登府《逸經補正》三卷、陸茂增《經義考補遺》、林國賡《經義考補》等。全祖望、馮登府二家，係專補其一類之失者。但馮氏所補僅四條；全氏所補稍多，然其中頗有可值商榷者，時賢猶嫌其簡略。補正《經義考》全書諸作中，沈廷芳、錢東垣二氏俱有四十卷之巨，其成果當十分可觀。沈氏之作，由蔣光煦所録三條，已能見其所補之全面。錢東垣之補作雖散佚不存，然從其卷數及續作《凡例》來看，其補作也當全面而精審。(三)續作系列。有馮浩《續經義考》、楊謙《續經義考》十卷、朱休承《續經義考》、錢東垣《續經義考》二十卷、佚名《續經義考》二十卷等。

以上校訂、續作、補作系列,多出於清代學者之手,可以視爲在傳統學術範式下,對《經義考》展開的一種研究。這種研究,以刊謬補缺爲職志,以實事求是爲依歸,對《經義考》起到訂訛糾偏的作用;但在學術方法上,並没有突破朱彝尊既定的書目編纂範式。

(二)單篇論文

如果説,在二十世紀二十至三十年代,被列入中華書局《四部備要》叢書,意味著《經義考》躋身於古典學術名著的話,那麽,以該著爲主題的研究論文的出現(翁衍相《朱彝尊〈经义考〉》,一九三一年),則標志著《經義考》開始進入現代學術視野,相關研究已然成爲現代學術的有機組成部分。

就單篇論文而論,現代學術視域下的《經義考》研究,以《朱彝尊經義考研究論集》(以下簡稱『《論集》』。林慶彰、蔣秋華主編,臺灣『中央研究院』文哲研究所籌備處,二〇〇〇年)的編纂爲界,可以分爲興起與發展兩大階段。

一、興起階段(一九三一年—二〇〇〇年)。這一階段的主要論文,集中見於《論集》,有吴梁、翁衍相、田鳳台、杉山寬行、邱建群、盧仁龍、蔡瑱琪、朱則杰、陳祖武、曾貽芬、王渭清、黄忠慎、楊果霖、喬衍瑄、楊晋龍、林慶彰、莊清輝等十七位作者的二十三篇論文。該論集選文審慎，爲考察二〇〇〇年以前學界研究情況提供了範本。如果以該論集爲範圍加以考察，那麼，不難從以下幾個層面加以分析：

首先，從學者地域上來看，有中國大陸及臺灣、香港等地區，域外則有日本，而以大陸和臺灣學者爲主。大陸學者長於宏觀綜述，港臺學者善於微觀比較。

其次，從發表時間上看，二十世紀八十年代不足十篇，大多數論文則發表於九十年代；而八十年代以前，僅有三篇。可見從二十世紀八十年代起，《經義考》纔逐漸受到學術界的重視和研究。

再次，如就研究主題而論，《論集》所選論文，既有簡介、綜述性質者，也有就某一專題進行探討者。《論集》編者曾將研究主題歸納爲以下幾個方面：一、論朱氏生平者；二、綜論朱彝尊之著述者；三、綜論《經義考》者；四、論四庫館臣篡改《經義考》者；五、論《經義考》所録各類經説者；六、論《經義考》與其他書目之關係者；七、論補正《經義考》諸書者；八、綜論朱彝尊學術成就者（以上見《論集》前《編者序》）。綜論及介紹朱彝尊或《經義考》成就者，以大陸學者爲多，其中以陳祖武、朱則杰、盧仁龍、曾貽芬等學者論述較爲精詳；就某一專題加以研討者，則以港臺學者爲多，其中以林慶彰、楊果霖、喬衍琯、莊清輝等先生貢獻最大，而論題多集中在《經義考》與《文獻通考・經籍考》《千頃堂書目》《明史・藝文志》《四庫全書總目》等書目之關係的探討上。關於《經義考》之傳本源流、分類體系、編纂得失，以及學術前承與影響等，也頗有涉及。

二、發展階段（二〇〇〇年至今）。自二〇〇〇年以來的二十年間，以《經義考》爲論題的研究論文有四十餘篇，超過前一階段（九十年間）論文的總和，足證《經義考》研究進入快速發展階段。這一階段的論文主題，集中在以下幾個方面：

（一）探討《經義考》的學術背景與前承。沈乃文《朱彝尊與〈經義考〉》（《國學研究》第七卷，二〇〇〇年）是一篇全面介紹之作，涉及朱彝尊的家世、才學、仕履，以及《經義考》的編撰背景、體例傳承、完成時間、成稿方法，並對其成就與不足、傳刻源流及傳本優劣等，頗有討論，多有的見。此類論文還有王洪軍《〈古今經傳序略〉與〈經義考〉比較研究》（《中國文哲研究通訊》第十三卷第四期，二〇〇三年），張宗友《朱彝尊〈經義考〉問世原因析論》（《古籍整理研究學刊》，二〇〇七年第五期）等。

（二）析論《經義考》文獻編纂之貢獻與不足。此類論文有楊果霖《〈經義考〉引文方式的分析》（載《中國文化大學中文學報》，二〇〇〇年第五期）、《有關經義考著録的幾項分析》（《『國立中央圖書館』臺灣分館館刊》第八卷第四期，二〇〇二年）、《朱彝尊〈經義考〉『剪裁之法』的運用析論》（《醒吾學報》第二十五期，二〇〇二年）、《〈經義考〉『春秋類』删略解題析論》（《醒吾學報》第二十六期，二〇〇三年），張宗友《論〈經義考〉的條目著録體系》（《古典文獻研究》第九輯，二〇〇六年）、《〈經義考〉分類論略》（《古典文獻研究》第十輯，二〇〇七年），張秀秀《〈經義考〉編纂特色新探——以孟子類第三卷爲例》（《嘉興學院學報》，二〇二〇年第一期）等。

（三）補正《經義考》之闕誤。陳鴻森先生在二〇〇〇年發表了《〈經義考〉孝經類别録》（上、下）（分載《書目季刊》第三十四卷第一—二期），分考正、補遺兩部分，既正朱氏之誤，復遵其例而補其闕，爲《經義考》的深入研究與高水準整理，提供了示範之作。此類論文還有王同策《〈京氏易考〉作者辨——〈經義考〉〈四庫全書總目提要〉訂誤》（《吉林大學學報》，二〇〇〇年第五期），陳惠美《〈經義考〉孟子類金元人著述考辨》（《東海大學圖書館館訊》新六十期，二〇〇六年），楊豔燕、許建平《〈經義考·論語〉闕誤補正》（《書目季刊》第四十卷第三期，二〇〇六年），司馬朝軍、沈科彦《〈經義考〉辨僞一例》（《圖書情報知識》第一一七期，二〇〇七年），傅建忠《〈經義考〉載宋人姚隆籍貫考誤》（《中國典籍與文化》，二〇〇八年第三期），周懷文《〈經義考〉毛奇齡序駁誼》（《圖書館工作與研究》，二〇一〇年第六期），沈曙東、林日波《〈經義考〉所録五部宋人佚著考略》（《綿陽師範學院學報》，二〇一二年第七期），張欣《〈千頃堂書目〉、〈經義考〉所收元代春秋學著述補正》（《圖書館雜志》，二〇一三年第六期），陳開林《〈經義考〉卷六三著録易類典籍辨證》（《中華易學》，二〇一八年第二卷）等。

（四）考察《經義考》之接受史。如楊果霖《四庫館臣補正〈經義考〉成果考論》（《『國立中央圖書館』臺灣分館館刊》第九卷第四期，二〇〇三年），張宗友《〈四庫全書總目〉誤引〈經義考〉訂正》（《中國典籍與文化》，二〇〇七年第一期）、《〈經義考〉四庫本三種平議》（《中國四庫學》第四輯，二〇一九年）等。

其中較爲集中的論題，是對《經義考》續補、整理、研究著作進行考論與評議，有兩個系列：

其一，《經義考》續補著作系列。如楊果霖《羅振玉〈經義考目録・校記〉研究》（載《書目季刊》第三十三卷第四期，二〇〇〇年）、《翁方綱〈經義考補正〉研究》（《『國立中央圖書館』臺灣分館館刊》第七卷第一期，二〇〇一年），張宗友《〈經義考〉續補諸作考論》（《古典文獻研究》第十一輯，二〇〇八年）、《論〈經義考補正〉提要二種》（《圖書館雜志》，二〇〇八年第五期），陳煒舜《全祖望〈讀易別録〉初探》（《書目季刊》第四十七卷第四期，二〇一四年）等。

其二，《經義考》整理、研究著作系列。如彭林《〈點校補正經義考〉第六、七册孝經部分標點疑誤》（《經學研究論叢》第九輯，二〇〇一年），張宗友《〈點校補正經義考〉易類標點商榷舉隅》（《古典文獻研究》第十二輯，二〇〇九年）、《〈點校補正經義考〉平議》（《古典文獻研究》第十三輯，二〇一〇年），石立善《〈點校補正經義考〉孝經類、孟子類標點指瑕》（《經學研究論叢》第十八輯，二〇一〇年），孫振田《古典目録學研究的重要貢獻——張宗友〈《經義考》研究〉讀後》（《新世紀圖書館》，二〇一〇年第六期），陳開林《〈《經義考・通説》疏證〉補正》（《圖書館研究與工作》，二〇一五年第二期），陳開林、齊穎《〈經義考・通説〉引文考辨十二則》（《貴州師範大學學報》，二〇一五年第三期），韓李良《〈經義考新校〉校讀札記》（《江海學刊》，二〇一六年第四期），張宗友《〈春秋〉巨著　竹垞功臣——論楊果霖先生〈《經義考》著録『春秋類』典籍校訂與補正〉》（《中國經學》第二十輯，二〇一七年）、《〈經義考〉『〈古論語〉』條通校——兼論〈經義考新校〉之得失》（《中國經學》第二十五輯，二〇一九年）、《諍友與功臣：〈經義考通説疏證〉平議》(《嘉興學院學報》,二〇二〇年第一期)等。

(五)申論朱彝尊學術思想與《經義考》的學術影響。如吴超《〈經義考〉禮學思想研究》(《嘉興學院學報》,二〇一〇年第四期)、《朱彝尊〈易〉學思想評議》(《中華文化論壇》,二〇一三年第九期),楊果霖《朱彝尊對於後世學術發展的影響》(《東吴中文學報》第二十三期,二〇一二年)等。

(六)探討《經義考》研究方向。如楊果霖《〈經義考〉補正方案芻議》(《醒吾學報》第二十七期,二〇〇四年),司馬朝軍《〈經義考通説疏證〉序跋》(《出版科學》,二〇一一年第一期),張宗友《〈經義考〉『〈孟子〉』條校考——兼論〈經義考〉之整理》(《傳統中國研究集刊》第十八輯,二〇一八年)、《〈經義考〉整理芻議》(《經學文獻學研究》,北京大學出版社,二〇一九年)等。

(七)研究基於《經義考》的其他經學問題。如吴超《朱彝尊與閻若璩〈尚書〉學之關係考論》(《北方論叢》,二〇〇九年第二期),葛焕禮《漢宋〈春秋〉學的异同——基於朱彝尊〈經義考〉所載條目及相關典籍文本的研究》(《人文雜志》,二〇一一年第二期),劉雅萌《論朱彝尊對唐前易學的梳理與建構——以〈經義考〉爲中心》(《嘉興學院學報》,二〇一八年第三期)等。

(三)研究專著

有關《經義考》專題研究的論著,已出版者有以下四種:

一、楊果霖《朱彝尊〈經義考〉研究》（花木蘭文化出版社，二〇〇五年）。該著從經學文獻編纂角度切入，重點探討《經義考》之編纂、引書、體例、分類、缺失及影響，每一部分均能發凡起例，條分縷析，窮盡其類，既全且細，用功既勤，匠心獨運，堪稱《經義考》乃至經學文獻研究領域的代表性成果。

二、張宗友《〈經義考〉研究》（中華書局，二〇〇九年）。此書主要從目録學角度切入討論，研究《經義考》的學術背景、條目體系、分類體系、提要體系、按語部分及學術前承與影響等，力圖從學術史的角度，對《經義考》之『内』（結構體系）與『外』（學術背景）有清晰的梳理與宏觀的把握（説詳前揭孫振田《古典目録學研究的重要貢獻——張宗友〈《經義考》研究〉讀後》一文）。二〇二〇年，該著增訂本出版（鳳凰出版社），較初版增加《〈經義考〉之傳本》《〈經義考〉之點校本》《〈經義考〉之校補與疏證》《朱彝尊經學思想之初探》等四章。

三、司馬朝軍《經義考通説疏證》（以《〈經義考·通説〉疏證》爲名，收入氏著《國學新證》，武漢大學出版社，二〇一〇年）。該著采用溯源、校勘的方法，對《經義考》通説部分（凡四卷）進行詳細的疏證，取得豐碩的成果，是第一部專就《經義考》某一門類加以疏證的學術專著（説詳前揭張宗友《諍友與功臣：〈經義考通説疏證〉平議》一文）。

四、楊果霖《〈經義考〉著録『春秋類』典籍校訂與補正》（學生書局，二〇一三年）。楊氏按照陳鴻森先生『分經考辨之法』，設計出完整的操作流程，對《經義考》『春秋類』（凡四十卷）予以校訂與補正，成果極爲豐碩，全書多達一百三十余萬言，皇皇巨著，蔚然稱盛。其志意、實績與方法，均足稱道（説詳前揭張宗友《〈春秋〉巨著　竹垞功臣——論楊果霖先生〈經義考〉著録「春秋類」典籍校訂與補正〉》一文）。

此外有學位論文兩篇（陳惠美《朱彝尊經史之學研究》，臺灣東海大學博士論文，二〇〇一年；李莉《朱彝尊〈經義考〉按語研究》，華中師範大學碩士論文，二〇一一年），屬於綜合性研究。

（四）點校成果

點校是古籍整理之一種，而優秀之點校必然是研究性的點校，因此，《經義考》點校本也可以視爲該書研究成果之一。目前，《經義考》點校本有「兩家三種」。所謂「兩家」，指「中央研究院」文哲研究所、北京大學《儒藏》編纂與研究中心；所謂「三種」，分别指文哲所林慶彰先生主持的《點校補正經義考》（「中研院」文哲研究所籌備處，一九九七年。以下簡稱「校正本」）、《經義考新校》（上海古籍出版社，二〇一〇年。以下簡稱「新校本」），以及北大《儒藏》中心的《儒藏（精華編）》本（北京大學出版社，二〇一八年。以下簡稱「儒藏本」）。

一、校正本。該本是《經義考》第一個點校本，彙集了《經義考補正》（翁方綱撰）及《四庫全書總目》等相關成果，具有集成性，有力地擴大了《經義考》學術影響（説詳前揭張宗友《〈點校補正經義考〉平議》一文)。

二、新校本。此本以校正本爲基礎,擴大校本範圍,訂訛正謬,後出轉精,成爲品質更高的具有集成性的點校本(説詳前揭張宗友《〈經義考〉『〈古論語〉』條通校——兼論〈經義考新校〉之得失》一文)。

三、儒藏本。此本一方面對《經義考補正》及《點校補正經義考》《經義考新校》相關校訂成果詳細甄别後加以采用,另一方面又適當進行『本校』(利用《經義考》上下文本)、『他校』(一般是朱彝尊引據文獻之原本),使該本成爲校勘水準最高的一個點校本。

新校本與儒藏本分别代表了『求全』與『求精』校理取徑的最高水準,前者勝在全備,後者勝在精審;二本之相繼問世與交互爲用,意味著《經義考》點校工作的完成[一]。學人當在此基礎上,致力於考溯初源、補正闕漏、抉發論題等更爲深入之研究。

二、其他書目研究之回顧

《經義考》之外,朱彝尊復編撰有多種書目。對於這些書目,學界頗有論及,而考論較集中者,有以

[一] 按:二〇二一年十二月,沈松勤主編之《朱彝尊全集》(浙江大學出版社)出版,收有《經義考》,係最新之點校本。

下三家：吴梁《朱彝尊著述考略》（《古籍整理研究學刊》，一九九二年第四期。以下簡稱『《考略》』），來新夏主編《清代目録提要》（齊魯書社，一九九七年，頁一四—一二），杜澤遜、崔曉新《朱彝尊著述續考》（《古籍整理研究學刊》，二〇〇九年第一期。以下簡稱『《續考》』）。

除《經義考》外，吴梁《考略》另考出四種：

（一）《曝書亭著録》一卷。『康熙三十八年七十一歲時編成，爲家藏書籍八萬卷而撰著。分八門，即經、藝、史、志、子、集、類、説。作者自序，此書未見刊本。』〔一〕

（二）《曝書亭藏書目》一卷，（三）《曝書亭藏書目偶存》一卷，（四）《竹垞行笈書目》一卷。『均係鈔本，未刊行。』〔二〕

來新夏主編《清代目録提要》，著録朱彝尊書目凡九種（其中《經義考》《竹垞行笈書目》二種，吴梁先生已有介紹），各目均撰有提要。提要又稱解題，是中國目録學『辨章學術，考鏡源流』的重要手段，因此，提要本身就具有研究性質，内容遠較吴梁之初步介紹爲豐。各目之名稱、卷數、傳本與館藏如下表所示：

〔一〕吴梁《朱彝尊著述考略》，《古籍整理研究學刊》，一九九二年第四期，頁一七。

〔二〕吴梁《朱彝尊著述考略》，頁一七。

表九-一　《清代目録提要》著録朱彝尊書目一覽

書目(名稱與卷數)	傳本	館藏
《經義考》三百卷,《總目》二卷	一九三六年中華書局《四部備要》本	華東師範大學圖書館
《竹垞行笈書目》不分卷	清宣統元年(一九〇九)《晨風閣叢書》本	南開大學圖書館
《曝書亭書目》一卷	清抄本	天津圖書館
《潛采堂宋元人集目》二卷	民國二十四年(一九三五)湖南長沙民治書局《郋園先生全書》本	北京大學圖書館
《潛采堂宋金元人集目》一卷	《古學叢刊》本	北京大學圖書館
《明詩綜采摭書目》一卷	清宣統元年(一九〇九)《晨風閣叢書》本	北京大學圖書館
《全唐詩未備書目》一卷	清宣統元年(一九〇九)《晨風閣叢書》本	北京大學圖書館
《前明州郡志目》一卷	清思補齋抄本	華東師範大學圖書館
《兩淮鹽策書引證書目》一卷	清宣統元年(一九〇九)《晨風閣叢書》本	北京大學圖書館

《清代目録提要》係集體著作,成於衆手,因此以上各目之提要,内容豐儉不同,寫法也有差异。試以『《竹垞行笈書目》(不分卷)』爲例(兹以『〇』號標示原文另起分段處):

(清)朱彝尊撰。〇宣統元年(一九〇九)《晨風閣叢書》本。〇本目是朱氏《潛采堂書目》之一。目後有跋云：『此册以心事數莖、白髮生涯，一片青山、空林有雪，相待古道、無人獨還。二十四字編目，不分四部，殆行笈之記號也。』可見本目是朱氏客居在外時所携書的清單。共收書七百一十多種，三千五百多册。〇本目著録王世德《崇禎遺録》和無名氏《崇禎紀略》，均被清政府列爲禁書，但禁而不止，清末丁丙《八千卷樓書目》卷四著録有抄本《崇禎遺録》一卷，今上海市圖書館有藏。北京中國書店複印發行。又北京圖書館藏《明季野史彙編》中有《崇禎朝紀略》，當即《崇禎紀略》。〇本目『有』字編目中有『西洋書』四十三本，這些書是中譯本或外文原版尚待查考。（南開大學圖書館）[一]

此條提要，包括如下要素：（甲）撰者，（乙）傳本，（丙）性質，（丁）容量（種數、册數），（戊）特色（以特殊圖書舉例），（己）備考問題，（庚）附記藏地。以上共七項内容，關於此目之基本情況，有簡要之介紹，並有初步之研究。

除《經義考》《竹垞行笈書目》外，另有七種書目（爲便於稱引，以下接續編次）：（五）《曝書亭書目》，（六）《潛采堂宋元人集目》，（七）《潛采堂宋金元人集目》，（八）《明詩綜采摭書目》，（九）《全唐詩未備書目》，（十）《前明州郡志目》，（十一）《兩淮鹽策書引證書目》。如『《明詩綜采摭書目》（一卷）』

[一] 來新夏主編《清代目録提要》，齊魯書社，一九九七年，頁一六—一七。

提要：

（清）朱彝尊撰。〇宣統元年（一九〇九）《晨風閣叢書》本。〇收録在《晨風閣叢書·潛采堂書目》裏。《晨風閣叢書》是清宣統元年（一九〇九）廣東番禺沈宗畸校刻的。在『明詩綜采摭書目』的書名下，注有『專集暨府州縣志概不載』，説明了其收録範圍。該書目共收録二百八十二種，僅記書名與卷數。該書目是馮登甫裝治成册，並附有後記。後記寫道：『《明詩綜采摭書目》不知何人手抄，乃先生所改定者，亦係老年筆也。《明詩綜》開雕於白蓮涇，鏤版極精而未刻。此目安得好事者補成之。』『此版昔爲桐鄉金氏所得，今不知在何所矣。』後記寫於道光乙未（一八三五）年。《明詩綜采摭書目》還有北京圖書館所藏的清抄本。（北京大學圖書館）[一]

此條提要，包含以下要素：（甲）撰者，（乙）傳本，（丙）著録專案，（丁）整理者，（戊）遞藏源流，（己）其他傳本、藏地等。較爲簡略。而『《曝書亭書目》（一卷）』的提要較豐：

（清）朱彝尊藏並編。〇清抄本。〇朱彝尊出身書香世家，然而祖上所藏書籍經明末戰亂之後，所剩無幾，他的藏書來源，主要有三：一是自購。他的足跡遍及大半個中國，所到之處，訪求

[一] 來新夏主編《清代目録提要》，頁一九—二〇。

典籍，曾於豫章一次購得圖書五箱，又嘗購得同里項篤壽的萬卷樓珍藏。二是抄書。他游學四處，每於藏書家有珍本秘籍，常借以抄録。他曾向曹溶、徐乾學、孫承澤等大藏書家借抄，特别是入史館後，以書手自隨，抄録内府所藏秘笈，並因此爲人告發而罷官，但他無悔，自言『奪儂七品官，寫我萬卷書』。三是受友人惠贈。同里李延昰晚年以二千五百卷書贈朱氏。這樣朱彝尊藏書數至八萬餘卷，築有曝書亭、潛采堂以儲之。〇該書目半頁十行，紅格，分上下欄，每欄録書名二條，計三十頁，總共録書約二千四百多種，每項著録書名、册數，不分類，眉端標庋藏處所，如『廳西南第一橱』『廳西第二橱』『甌舫舊橱』『甌舫』『娱老軒』等。末有附記，謂『宋人小集共百餘家、明人集二千餘家，選本詩古文一大橱，俱不列目。十三省府縣衛（志）共十橱，亦不列目』。可見並非朱氏書目之全本，然較之行世的《竹垞行笈書目》（《晨風閣叢書》本）已多出三倍餘，且《竹垞行笈書目》中包括宋、明人集及志書。而《潛采堂宋人集目録》和《潛采堂元人集目録》（均《觀古堂匯刻書目》本），二者共録不及三百種，故此册所録朱氏藏書最多。〇據《曝書亭集》卷三十五《曝書亭著録序》稱，朱彝尊計劃將自己藏書編次目録，並擬分經、藝、史、志、子、集、類、説八類。而《嘉興府志·經籍》所録《曝書亭著録》一書，係乾嘉間同里李富孫所編（今未見傳本）。李序稱：『先生欲編其《著録》而迄未成，不數十年，漸就散佚。從弟金瀾於其家得《曝書亭書目》一册，錯綜登載，並不次以四部，亦但記册數，不記卷。有廳東西、甌舫、娱老軒諸庋書處，僅標第幾橱而已，八萬卷亦尚未全。復從吴門黄蕘圃主事假得吴君枚庵手抄本，略分四部，亦非原書，而所録較多，因即先生所定八門厘加編次。』可見此《曝書亭書目》乃係朱彝尊手定，且據書内粘貼的紅簽條及墨迹、紙張，至少可以屬早期抄本，故向爲人所重。民國初年，張鈞衡曾手抄吴之澄《拜經樓書目》一册，以易抄此目。（天津圖書館）[一]

本條提要，包括如下要素：（甲）撰者，（乙）傳本，（丙）朱彝尊藏書簡史，（丁）書目形製，（戊）著録容量（頁數、種數），（己）著録項目，（庚）本目特色，（辛）關於性質的延伸討論。以上共八項内容，將此目之學術背景、物理形製、著録容量、項目及學術性質、特色、重要性，交待得十分清楚，是一篇當行、精練的書目提要。

來新夏先生《序》曾對本書提要作如下介紹：『目録提要則詳於篇卷、版本、流傳、編輯緣起、編撰經過、收録特點、類目沿革、後世影響以及後人續補等。』[二]可知此書編纂之時，有統一的編製要求。由於書目情況各异，分工撰寫的提要其實難於劃一。但由上揭三種提要觀之，基本上做到了詳細著録與緣起討論的結合，爲學界進一步研究奠定了基礎。《清代目録提要》編成不易，貢獻匪淺。

[一] 來新夏主編《清代目録提要》，頁一七—一八。
[二] 來新夏主編《清代目録提要》，頁三。

杜澤遜、崔曉新繼吴梁之後，對朱彝尊著述情况進行續考，在吴氏所考四種之外，復考出書目六種，分别是：《全唐詩未備書目》一卷、《明詩綜采輯書目》一卷、《前明州郡志目》一卷、《兩淮鹽策書引證群書目録》一卷、《季滄葦書目偶存》一卷、《補元史藝文志》一卷。其中前四種實已爲上揭《清代目録提要》所著録（分别對應於第（九）、（八）、（十）、（十一）種）。每種書目後均有説明文字，其功用即相當於解題（提要）。兹以『《明詩綜采輯書目》一卷』爲例：

《明詩綜》，初名《明詩觀》，輯於康熙四十一年，『合洪武迄崇禎詩，甄綜之。上自帝后，近而宫□宗潢，遠而蕃服，旁及婦寺僧尼道流，幽索之鬼神，下徵諸謡諺，入選者三千四百餘家。或因詩而存其人，或因人而存其詩，間綴以詩話，述其本書，期不失作者之旨』。對於明代死封疆之臣及遺民，『概著於録焉，析爲百卷，庶幾成一代之書』。按：《中國古籍善本書目》收有朱彝尊輯《明代詩甄彙編》一〇〇卷，清抄本，藏於上海圖書館。當係《明詩綜》之别名。〇朱氏在編輯《明詩綜》時搜集閲覽了衆多書籍，其自言『予近録明三百年詩，閲集不下四千部』，此書即朱彝尊編纂《明詩綜》時采輯之書目，『收録二百八十二種，記書名與卷數。』《續修四庫全書總目提要》第二九册稱『《明詩綜》開雕於白蓮涇，鏤板極精，前未列此目，尤爲可珍。』『惜彝尊原書不記板刻……屢經變亂，今已無由而睹矣。惜哉。』〇版本有：宣統元年番禺沈氏刻《晨風閣叢書·潛采堂書目》本（作《明詩綜采輯書目》），藏於北京圖書館、北京大學、首都圖書館等。清抄本，有馮登府跋，藏於北京

圖書館。清劉履芬抄《金風亭長書目》本,藏於北京圖書館。《石經閣叢書》抄本,藏於浙江圖書館。〔一〕

此條説明(提要),共分三個部分,首先介紹《明詩綜》的著述旨趣,用以説明《明詩綜采輯書目》(實即《明詩綜采摭書目》)的學術背景; 其次介紹該目著録數量、項目,再介紹該目的各種傳本及其藏地。《續考》作者深於目録之學,所作説明極有章法,既注意學術背景的説明,也注重對傳本、藏地的調查,理論性與實用性俱佳; 同《清代目録提要》相比,特點比較明顯。茲再以《全唐詩未備書目》爲例:

表九-二 《全唐詩未備書目》題解比較

《清代目録提要》	《朱彝尊著述續考》
(清)朱彝尊撰。○清宣統元年(一九〇九)《晨風閣叢書》本。○似爲朱彝尊補綴全唐詩時録補的書目。○全唐詩未備書目共收書七十一種,多爲詩集、詞集。著録項目包括書名、卷數、著者,間有小注,注明著者之别名、時代、官爵,學銜及爵里,也有注明書中有何人作序,如崔元翰集三十卷權德輿序等。○該目收入宣統元年(一九〇九)沈	朱彝尊與曹寅共同『補綴《全唐詩》第十一函第七册孫元晏以下至張元正共十四開』。『是編彝尊手稿,時年逾八十,稿端楷細,足見其精力之過人,所載詩家之集多記其爵里年代,而不注其出處。』『收書七十一種,多爲詩集、詞集。著録項目包括書名、卷數、著者,間有小注,注明著者之别名、年代、官爵,學銜及爵里,也有注明書中有何人作序。』

〔一〕 杜澤遜、崔曉新《朱彝尊著述續考》,《古籍整理研究學刊》,二〇〇九年第一期,頁五四。

續表

《清代目録提要》	《朱彝尊著述續考》
宗畸校刻的《晨風閣叢書》之中，爲潛采堂書目之一。（北京大學圖書館）〔一〕	版本有：光緒三十四年黄陂陳毅傳抄上虞羅振玉藏嘉興唐翰題抄《潛采堂書目》本，藏於北京圖書館。宣統元年番禺沈氏刻《晨風閣叢書·潛采堂書目》本，藏於北京圖書館、北京大學、首都圖書館等。清劉履芬抄《金風亭長書目》本，藏於北京圖書館。《石經閣叢書》抄本，藏於浙江圖書館。〔二〕

兩相比較，《清代目録提要》主要圍繞《晨風閣叢書》本進行介紹，包括其性質、著録種數、項目等，十分簡明（其中『爵里』包括『官爵』與『里第』二者，同其前『官爵』一詞有所重複）。《續考》則徵引《清代目録提要》等内容以説明其源流，並對傳本與藏地有詳細之調查。

除重複者外，《續考》另考出兩種書目。其一是《季滄葦書目偶存》一卷。説明云：『清抄本。《八千卷樓藏書目》著録。』〔三〕其二是《補元史藝文志》一卷。『《曝書亭集》卷五五《跋濟生拔萃方》云：「《元

〔一〕來新夏主編《清代目録提要》，頁二一〇。
〔二〕杜澤遜、崔曉新《朱彝尊著述續考》，頁五四。
〔三〕杜澤遜、崔曉新《朱彝尊著述續考》，頁五五。

史》不作藝文志，典籍無徵」，「嘗思補之」。因思敬書成時年八十有一，與彝尊作跋年齒均，故云「雖耄矣，尚思踐宿諾焉。」實則仍未成。按：黄虞稷《千頃堂書目》於每類之後列《宋史·〔藝〕文志》補遺，及遼金元人著述，爲補《元史藝文志》之始。後來錢大昕作《元史·〔藝〕文志》乃無遺憾，黄氏、朱氏當有以啓之也。』[一]前者簡略，蓋未見其目（或已不存）；後者係朱彝尊嘗思欲撰而未成之目。

經吴梁《考略》、來新夏《清代目録提要》、杜澤遜等《續考》所考，合《經義考》在内，共有十四種書目得以揭出。各家均以客觀介紹爲主，逐漸延伸至學術背景之探討，爲進一步研究奠定了基礎。

三、研究取徑之探索

朱彝尊博極群書，治學以博綜見長，經、史、子、集四部俱有著述，而目録學是其學問的重要組成部分，植基於朱氏長期從事文獻整理與書目編纂之實踐。欲全面評價朱氏之學問，進入清初的知識與思想世界，對於朱彝尊目録學的全面研究就必不可少。通過上述疏理，可知學人對於朱彝尊目録學的研究，極不平衡：《經義考》研究已成學界熱點，成果極爲豐碩，堪稱一枝獨秀；其他書目研究還僅限於

[一] 杜澤遜、崔曉新《朱彝尊著述續考》，頁五七。

文獻梳理與背景分析，尚屬初步。實際上，要對朱彝尊的目録學成就有全面的把握，既要對《經義考》作更爲深入的探討，也要對其他諸目進行全面的考察，二者不可偏廢。以下就《經義考》及其他諸目的研究取徑，各加探索。

（一）關於《經義考》研究

回顧學界研究《經義考》的既有成果，大致有以下不同的視角：

（甲）文獻學的視角。即進行文字校理，或分門别類地歸納《經義考》的文獻特點、貢獻與不足。

（乙）學術史的視角。即在經學史、目録學史的視域内，考察《經義考》的學術前承、貢獻與影響。

（丙）思想史的視角。即將朱彝尊治學歷程置於清初宏闊的歷史背景、博大的學問世界内加以觀照，闡發《經義考》的學術貢獻與思想史意義。

《經義考》内容宏富，實存二百九十七卷，『卷帙浩繁，通讀費時』[一]，點校更爲不易。前揭點校本之『兩家三種』（前兩種先後相承，均由林慶彰先生主持），解決的是《經義考》『流傳未廣，得書非易』[二]的問題，在擴大《經義考》學術影響、推動經學研究深入拓展方面，均有其積極意義。尤其是新校本、儒藏

[一] 陳祖武《朱彝尊與〈經義考〉》，載《文史》第四十輯，中華書局一九九四年，頁二二二。

[二] 陳祖武《朱彝尊與〈經義考〉》，頁二二二。

本的遞相問世，分別代表著『求全』與『求精』兩種校勘理念下的最高水準，也意味著《經義考》點校工作的完成。

學界既有成果，多是兼用以上不同視角進行研究的結晶。總體而言，文獻學、學術史的探討已較爲充分（但並未全部完成），而思想史的研究，正方興未艾。筆者認爲，以下幾個主題，仍然大有作爲：

（一）《經義考》著録條目之查核與補闕。即對《經義考》已有條目，核其著録（如存佚），補其未備。

（二）《經義考》著録條目之續纂。即按照《經義考》既有之範式，下擴至清末，以期將古代經學著作全部囊括。

（三）《經義考》輯録文獻之校核。朱氏所輯資料，有訛誤及改動者所在多有，需要考溯初源，還原本真，以增强其文獻可靠性。

（四）朱彝尊經學貢獻之研究。朱氏經學見解，主要凝結於《經義考》。學界既有研究，還僅僅涉及《經義考》之易、詩、春秋、論語、孝經及通説等門類，尚未能全面展開。

（五）朱彝尊與清初學林之互動研究。朱彝尊的學術事業，同其所處的清初學術環境密切相關。朱彝尊建構起龐大的學術交流網絡，同顧炎武、黄宗羲、閻若璩等當時最爲傑出之學人，均有交游。研究經學史、清代學術史，對於朱彝尊之學術貢獻及其與清初學林之互動關係，應予以足够的重視。

以上幾個主題，大致涉及文獻與思想兩個層面，而文獻研究無疑更具基礎性。由陳鴻森、楊果霖、司馬朝軍等先生的既有研究可知，對《經義考》進行全面的校補、疏證，無疑是極爲正確的努力方向。就方法而論，筆者認爲，要達到全面校補、疏證的學術目的，不僅要『以朱證朱』，更要『以朱還朱』。

所謂『以朱證朱』，就是以《經義考》不同傳本之間的文本相互對校，得其异同，以定其正誤。前揭林慶彰先生主持之校正本、新校本，以及儒藏本，就采用此法。儒藏本點校者還能利用《經義考》上下文本互校，即由對校擴展至『本校』。如所周知，古典文獻之整理，校勘是厘清版本源流、選定工作底本與參校本後之第一要務，旨在校出最佳傳本，便利學人取用與研究。但是，如果僅僅校出异文，而不加按斷，所能達到上述目標的程度，便會降低。通過前揭數章中對《經義考》文本之校理，知其引據文獻之情况，極爲複雜，朱彝尊常對相關文本施以增删改易，或加以綴合。因此，僅據不同傳本之文字互校，實僅能標出异同，無法考定其文本之形成，也鮮能論定其文本之是非，無法達到求真的校核目的。

所謂『以朱還朱』，就是要考溯朱彝尊條目、輯録文獻之初源，通過引據文獻與原始文獻之間的比較，以校出訛脱衍倒之所在，明其去取、删潤之歷程，從而提供更爲準確的引據文本，提高《經義考》的利用價值。易言之，就是通過史源學的方法，補齊《經義考》的文獻闕漏，使該著之價值更爲凸顯。

怎樣開展校勘工作，以便得到高品質的傳本？胡適〔一〕、王叔岷〔二〕等，均有精要之理論概括。結合胡、王二氏之説，知古典文獻之整理，應以恢復或無限接近文獻原貌爲最高原則，以便『爲人們讀書治學提供符合或接近原稿的書面材料』〔三〕。實際上，司馬朝軍《經義考通説疏證》、楊果霖《〈經義考〉著録『春秋類』典籍校訂與補正》，提供了兩個可資借鑒的樣本。二者成功之處，其實就是對上揭『以朱還朱』校理取徑的全面運用。

（二）關於其他書目研究

如前所論，除《經義考》外，朱彝尊另外還撰有十餘種書目。對於這些書目，學界僅有吴梁、來新夏與杜澤遜、崔曉新等數家之客觀介紹與背景梳理，屬於深入研究的準備階段。隨著古籍事業的蓬勃發

〔一〕 胡適云：『校勘之學起於文件傳寫的不易避免錯誤。文件越古，傳寫的次數越多，錯誤的機會也越多。校勘學的任務是要改正這些傳寫的錯誤，恢復一個文檔的本來面目，或使他和原本相差最微。校勘學的工作有三個主要的成分，一是發見錯誤，二是改正，三是證明所改不誤。』（胡適《元典章校補釋例序》，載陳垣《校勘學釋例》，上海書店出版社，一九九七年，頁一—二）

〔二〕 王叔岷云：『所謂「斠讎學」，簡單地説，就是訂正古書字句之學。概括地説，是恢復古書本來面目之學。本來面目，包括作者（是否）、書名（异同）、版本（早晚）、篇目（先後）、篇數（多少）、篇名（原貌）、字句（變异）、章節（竄亂）、篇第（分合）、散佚（包括殘缺）、真僞等。』（王叔岷《我與斠讎學》，載氏著《斠讎學》［補訂本］，中華書局，二〇〇七年，頁一）

〔三〕 程千帆、徐有富《校讎廣義·校勘編》，齊魯書社，一九九八年，頁一四。

展，近來以下兩個方面的工作得以開展：一是朱彝尊書目的影印出版，二是朱彝尊書目的點校出版。如杜澤遜、崔曉新所編《曝書亭序跋》（上海古籍出版社，二〇一〇年），將《潛采堂宋元人集目録》《竹垞行笈書目》兩種書目作爲附録，一併點校出版。這類工作使部分書目有了新的複本，有利於擴大傳播範圍，便利學人取用。但從研究的角度來看，仍屬初步，有待於進一步拓展。

筆者認爲，如欲對朱彝尊其他書目展開深入研究，以下論題值得注意：

（甲）朱彝尊所撰書目考。根據前揭學界研究，除《經義考》外，朱彝尊以下書目得以考出：（一）《曝書亭著録》一卷，（二）《曝書亭藏書目》一卷，（三）《曝書亭藏書目偶存》一卷，（四）《竹垞行笈書目》一卷，（五）《曝書亭書目》一卷，（六）《潛采堂宋元人集目》二卷，（七）《潛采堂宋金元人集目》一卷，（八）《明詩綜采摭書目》一卷，（九）《全唐詩未備書目》一卷，（一〇）《前明州郡志目》一卷，（一一）《兩淮鹽策書引證書目》一卷，（一二）《季滄葦書目偶存》一卷，（一三）《補元史藝文志》一卷。以上諸目，或存或未見，或係同一書目之不同傳本，均在時賢寓目、考察之列。按照上述標準，那麽，朱彝尊所撰書目仍大有考索之餘地。例如，李富孫曾對朱彝尊藏書目録加以整理，其《編次暴書亭著録自序》是研究朱彝尊書目流别的重要文獻：

朱檢討竹垞先生博覽群籍，好聚書，游歷半天下，必載書數簏以歸。迨通籍後，所購益夥，又多秘鈔書本、世所不經見之書，其最難得者，首葉必識以『購此書甚不易願子孫勿輕棄』印章。於是構亭池南以曝之，計得八萬卷。其富著於海内，視曹氏倦圃、徐氏傳是樓、王氏池北書庫、龔氏玉玲瓏閣而過之。先生嘗欲編《暴書亭著録》，而迄未成，不數十年，漸就散佚，亭亦蕪廢。儀徵阮雲臺師視學吾浙，重建亭子，然已無一帙之儲矣。去歲從弟金瀾於其家得《暴書亭書目》一册，錯雜登載，並不次以四部，亦但記册數，不記卷，有廳東西、甌舫、娱老軒諸庋書處，僅標其弟幾厨而已。予細爲校閲。八萬卷之書亦尚未全，然覽其目，已可知其大略。復從吴門黄蕘圃主事假得吴君枚庵手鈔本，則略分四部，疑亦非原書。所録較多於是册。因即先生所定八門，厘加編次。至明人别集，本各分省，予曾於六忍居見有寫本，又得潜采堂所臧焦氏《經籍志》，於明人集下，先生手注某省，益足徵信。今書雖已散，幸兹《録》存，則或猶未散也。夫物不能以久聚，而書尤甚。近曹氏、徐氏、王氏、龔氏之書，俱不可問，而聚必有散，八萬卷書，終歸不知何人之手。先生已蚤自言之，此又何必爲先生慨惜哉！編成，因書數語於首簡。[一]

朱彝尊有《曝書亭著録序》，内稱『池南有亭曰曝書，既曝而藏諸，因著於録。録凡八卷，分八門焉：曰經、曰藝、曰史、曰志、曰子、曰集、曰類、曰説。』[二]知其自編《曝書亭著録》，實分八卷，與所分八

[一] 李富孫《校經廎文稿》卷一二，清道光刻本。

[二] 朱彝尊《曝書亭集》卷三五，清康熙刻本。

門一一對應。李富孫董理殘目，推斷《曝書亭著録》未能編成。但其後有兩種相關的抄本傳世：一是朱氏家藏《曝書亭書目》一册，不分四部，但標藏地；吴翌鳳（號枚庵）抄本一種，則略分四部。前者或即《曝書亭著録》之草稿或殘本，後者可能根據前者傳抄、重編。李富孫據此重編《曝書亭著録》，仍按朱彝尊所定八門編次。李富孫又見到六忍居寫本朱彝尊所編明人别集分省目録。據此，以上一共有五種不同的書目或傳本：（一）《曝書亭著録》八卷（朱彝尊手編本），（二）《曝書亭目録》一册（朱氏家藏本），（三）《曝書亭書目》（吴翊鳳抄本），（四）《曝書亭著録》（李富孫整理本），（五）《明人别集分省目録》（暫定名。朱彝尊編，六忍居寫本）。第（一）種，吴梁《考略》曾予注意；第二種，《清代目録提要》已有著録，指出該目録書有『二千四百多種』，『所録朱氏藏書爲最多』（見前揭）。至於第（三）（四）（五）三種，諸家均未注意。此例説明，朱彝尊書目的種種面貌，需要依據文獻記載與館藏實際，作更進一步的考察與厘清。

（乙）朱彝尊書目關係考。上揭書目種種，或傳本不同，或名稱相近，其間源流、分合、异同等關係，需要深入辨析。如吴梁《考略》所載之《曝書亭藏書目》《曝書亭藏書目偶存》，同《曝書亭書目》之間，有何區别與聯繫？葉德輝《觀古堂書目叢刊》所載之《潜采堂宋人集目録》《潜采堂元人集目録》，同鄧實《古學匯刊》所載之《潜采堂宋金元集目》，有何异同？劉履芬抄本《金風亭長書目》五種（《全唐詩未備書目》《明詩綜采摭書目》《兩淮鹽策書引證群書目録》《曝書亭目録》《曝書亭藏書目》），同沈宗畸《晨風閣叢書》內《潛采堂書目》四種(《全唐詩未備書目》《明詩綜采摭書目》《兩淮鹽策書引證書目》《竹垞行笈書目》),其中書名重合或相近者頗多,各目之間又具有何種源流及异同關係?此類問題,均有待解決。

(丙)朱彝尊書目彙編。以上各種書目,固然有未成、未見者,但大多數均有存本傳世,其集合構成了朱彝尊藏書目録的基礎。如果彙集衆目,編成書目彙編,一定有助於構建朱彝尊的藏書體系與知識體系,對研究朱彝尊學問之養成與清初士林生態,大有裨益。對於部分文獻進行溯源析流,不僅有助於藏書史的研究,也有助於文獻傳承、接受史的構建。因此,朱彝尊書目彙編就不應該是幾種書目的簡單相加(如影印或標點),而應該是以書名爲核心的研究性的書目整理。這項工作,非短時間内可以完成,而且對承擔者的學術素養具有很高的要求。

(丁)朱彝尊知見書目考。由《經義考》同前代文獻之關係可知,朱彝尊的目録學並非無源之水,而是有其深遠的學術傳承。正是基於對歷代書目的認知與研究,朱彝尊纔得以深於目録之學,編製出集經學目録之大成的《經義考》。那麼,朱彝尊能見到哪些書目?如能一一考出,一定有助於對朱彝尊目録學前承的深入研究。

(戊)朱彝尊目録學研究。朱彝尊的目録學成就,一方面基於對歷代及當時書目的深入把握,一方面基於朱氏本人的編目實踐。理論與實踐的交相爲用,使其目録學成就巨大,蔚然名家。在深入探析前述論題的基礎上，即能進一步全面研究朱彝尊的目録學成就（諸如書目編纂、分類之理論與實踐等）。

總之，朱彝尊的目録學，是其學術成就的重要組成部分，也是中國古典目録學發展史上的重要一環，具有重要的研究價值。學界既有研究中，對《經義考》的研究已較爲充分，而對朱彝尊其他書目的研究，還屬於起步階段。因此，對朱彝尊目録學的進一步研究，也應有所區别。於《經義考》而言，不僅要『以朱校朱』，還要『以朱還朱』，借鑒已有研究成果的積極策略，展開更爲堅實的文獻研究。於朱氏其他書目而言，首先要厘清朱氏所撰書目的基本面貌（如種數、名稱、傳本等），其次要考清部分書目之間的源流、分合及异同關係，其次編製朱氏書目彙編，其次考察朱彝尊知見書目。在此基礎上，結合清初宏闊的歷史背景與學術思潮，全面分析朱彝尊的目録學成就（包括書目著録體系、分類體系、提要體系等方面之貢獻），深入討論其學術史、思想史意義。

（本文原載《嘉興學院學報》，二〇二一年第一期）

拾　論《四庫全書總目》的稱名問題

清代乾隆時期，高宗弘曆下令纂修《四庫全書》，是古代中國規模最爲宏大的文獻整理與纂修盛舉，由紀昀等總其成的《四庫全書總目》（以下爲論述方便，有時采用其本稱『《總目》』一詞），是其中最令人矚目的代表性成果之一。該目係提要目録，不僅著録宏富，體例完備，尤能『抉奥提綱，溯源徹委』〔一〕，實集古代目録之大成，被視爲讀書治學之門徑。該目問世以後，學界續補、訂正、研究之作，繼踵而興，蔚爲大觀，成爲四庫學研究中最重要的學術分支。但是，有關該目的一些基本問題，例如本文將要討論的稱名問題，學界尚有不同的認識，仍然有待於厘清史實，深入辨析。

〔一〕阮元《紀文達公集序》，載鄧經元點校《揅經室集》三集卷五，中華書局，一九九三年，頁六七八。

一、稱名問題之提出

《四庫全書總目》問世後，學界對其稱名不一，或謂之《四庫全書總目提要》，或簡稱《四庫提要》《總目》等（見下文所考）；但在具體語境中，都是指由清高宗弘曆下令編寫、由紀昀等經紀其事並總其成的多達二百卷的同一部目録名著。一九六四年，王重民先生發表了《論〈四庫全書總目〉》一文（以下簡稱『王文』），對其成書背景、纂修歷程、著録原則、思想内容及學術影響等進行了綜合研究，是當時學術語境下的代表之作。在王文題注中，專門談到了《四庫全書總目》的稱名問題：

《四庫全書總目》是原來的書題，但依當時的習慣和後世的通稱，都稱爲《四庫全書總目提要》。考《辦理四庫全書檔案》，乾隆三十八年五月初一日的上諭，只稱『系以提要，輯成總目』，是由於還没有定出正式名稱。乾隆三十九年七月二十五日上諭，直稱『現辦《四庫全書總目提要》，多至萬餘種』，可見當時的擬名是作《四庫全書總目提要》的。因爲刊行本的書題僅作《四庫全書總目》，所以本文内一般都用這個名稱；有必要時亦加『提要』二字，或簡稱《四庫提要》。這些名

稱雖説稍有不同，都是代表着《四庫全書總目提要》的意義。[一]

王重民先生在刊行本書題『僅作《四庫全書總目》』的前提下，采用了三種指稱方式：甲、『一般都用』《四庫全書總目》（『原來的書題』）；乙、『有必要時』使用《四庫全書總目提要》（『依當時的習慣和後世的通稱』）；丙、或者簡稱爲《四庫提要》（作爲《四庫全書總目提要》的簡稱）。

王重民先生上述對《四庫全書總目》稱名問題的説明與處理，在學界産生了不小的反響，不僅有規仿與因襲者[二]，也引起了質疑與討論。二〇〇四年，崔富章先生發表《關於〈四庫全書總目〉的定名及

[一] 王重民《論〈四庫全書總目〉》，《北京大學學報》，一九六四年第二期，頁六一。

[二] 如李常慶《〈四庫全書〉出版研究》第二章題爲《〈四庫全書總目提要〉的編纂》，即取《四庫全書總目提要》作爲正式名稱，並於注中説明云：『《四庫全書總目》又稱《四庫全書總目提要》。乾隆六十年（一七九五）十一月十六日，曹文埴的奏折裏説：「爲刊刻《四庫全書總目》竣工」，可見最初刊印本的名稱爲《四庫全書總目》。然而，早在乾隆三十九年（一七七四）七月二十五日的上諭裏却稱：「至現辦《四庫全書總目提要》，多至萬餘種」，這裏首次出現了《四庫全書總目提要》的名稱。儘管有正式的刊印本名稱，但也許是《四庫全書總目提要》的名稱更能反映該書的内涵，以後許多學者更願意使用《四庫全書總目提要》的名稱，如余嘉錫的《四庫全書總目提要辨證》，胡玉縉的《四庫全書總目提要補正》等。鑒於這種情況，本文采用的正式名稱爲《四庫全書總目提要》，簡稱《四庫提要》，都是代表著《四庫全書總目》的意義。』（中州古籍出版社，二〇〇八年，頁四三）但余嘉錫先生著作，出版時所用書名及其《序録》（一九五四年撰）内自題，均作《四庫提要辨證》，此處稱『《四庫全書總目提要辨證》』，顯然未確。

其最早的刻本》〔一〕（以下簡稱『崔文』）一文，對王文部分觀點進行了商榷。崔文主要集中在兩個問題上，一是『《四庫全書總目》與《四庫提要》的關係問題』，二是『「浙本翻刻殿本」誤説』的問題。對後一問題，崔先生先後有數篇文章加以討論，力證浙本之底本爲文瀾閣寫本，浙本之刊印問世尚在武英殿刻本之前〔二〕，由此許多問題得以厘清，啓迪新知，成就令人矚目〔三〕。而前一問題，是崔先生從上揭王氏題注中歸納出來的問題，於文中首辟一節專予討論。其討論有以下幾點：

首先，崔先生列舉了經其目驗的《總目》存世諸本的題名形式，指出乾隆時期的七種傳本，卷端（以及每卷）皆題『欽定四庫全書總目』，惟浙本增一扉頁，題『欽定四庫全書總目提要』；十九世紀的七種刊印本，卷端（以及每卷）均題『欽定四庫全書總目』，扉頁及封面或作『官板四庫全書總目』，惟福建刊

〔一〕崔富章《關於〈四庫全書總目〉的定名及其最早的刻本》，《文史》二〇〇四年第二輯（總第六十七輯），頁二四五—二五五。該文後收入崔氏《版本目録論叢》（中華書局，二〇一四年），主要内容又見於崔氏《二十世紀四庫學研究之誤區——以〈四庫全書總目〉爲例》一文（《書目季刊》第三十六卷第一期，二〇〇二年，頁一—一九）。

〔二〕崔先生論及該問題的文章另有：《〈四庫全書總目〉版本考辨》，《文史》第三十五輯，一九九二年，頁一六九—一七三；《〈四庫全書總目〉武英殿本刊竣年月考實——『浙本翻刻殿本』論批判》，《浙江大學學報》第三十六卷第一期，二〇〇六年，頁一〇四—一〇九；《〈四庫全書總目〉傳播史上的一段公案——從傅以禮的〈跋〉談起》，《文史知識》，二〇〇七年第十二期，頁四四—四九；《四庫提要諸本分析——以〈四庫全書總目〉本爲優》，《文獻》，二〇一二年第三期，頁三—一七。諸文均收入崔氏《版本目録論叢》。

〔三〕二〇一三年，夏長樸先生發表《〈四庫全書總目〉「浙本出於殿本」説的再檢討》一文（《臺大中文學報》第四十期，二〇一三年，頁二四九—二九〇），通過提要比勘，進一步指出：浙本底本並非殿本，而是文瀾閣鈔本，同時也參考了通過館臣録副渠道流出的《總目》最新修訂稿本。

本扉頁題『欽定四庫全書提要』；二十世紀的十種印本，除兩种排印本外，卷端皆題『欽定四庫全書總目』（或無『欽定』二字），而扉頁、封面的簽題，題『四庫全書總目』者一種，題『欽定四庫全書總目』者三種，題『四庫全書總目提要』者五種，題『欽定四庫全書總目提要』者一種；總體趨勢是：『加「提要」二字者略占優勢，集中出現在二十世紀前期的二十餘年間』。基於上述事實，崔先生認爲：『根據名從其朔暨書名以卷端所載爲準之著録條例，我們不得不將「四庫全書總目提要」一名排除在外，至多在卡片或書本目録之附注項下加小字注「扉頁題××」而已。』[一]這一見解，無疑否定了王重民先生對《四庫全書總目提要》這一稱名形式的認可。

其次，崔先生認爲：『我理解王先生自注的基本精神是：《四庫全書總目》與《四庫提要》是同書异名，起碼也是异名同實。這一見解，跟事實不相符合。』基於對此一『基本精神』的歸納，崔先生即從四庫纂修的史實出發，加以辨駁。其理據是，在《四庫全書總目》之外，還有多種圖書提要的存在，諸如《武英殿聚珍版書》《四庫全書薈要》以及七閣所藏《四庫全書》的書前提要，有别集傳世的邵晋涵、翁方綱、姚鼐、戴震、周永年、任大椿等纂修官的提要分纂稿等。如此種類不同的提要成於衆人之手，同後來定稿的《四庫全書總目》内的提要（《總目》提要）存在很多差异，但因其『撰作謄録年代較早』，『不少

[一] 崔富章《關於〈四庫全書總目〉的定名及其最早的刻本》，頁二四六。

訛誤闕失被後來的《總目》定稿本所修改補正』，同時『遭受查辦禁書的影響較小』，故『保存原作精神較多，具備特殊文獻價值』。因此，『《四庫提要》與《四庫全書總目》不能混爲一談』〔一〕；『兩者既有區别，又互相聯繫……四庫學者有責任做出準確的説明，示讀者以門徑，避免陷入誤區，事倍功半，甚至勞而無功』〔二〕。回顧史實可知，清高宗弘曆『在纂修《四庫全書》之初，就想到需要撰集一部目録學專著以考鏡源流，此書定名曰《總目》，即《四庫全書總目》』〔三〕。崔先生復指出，『目録』之本義與『録』同，兼包篇目（目）、指意（叙）二者，無須在題名中『大寫「提要」兩字來彰顯其份量，以收廣告宣傳之功』〔四〕。

崔先生上述討論，的確糾正了王先生的一些錯誤之處。例如，前揭刊本中題名作《四庫全書總目提要》的事實，可證王先生『刊行本的書題僅作《四庫全書總目》』的表述，便不盡準確。對王先生『當時的擬名是作《四庫全書總目提要》』的論斷，崔先生在分析弘曆上諭後指出：『其實，「多至萬餘種」者，不是《總目》，而是《提要》，《總目》中的《提要》。』〔五〕這一基於纂修事實之上的駁論，極爲精彩，因爲它訂正了學界一個長期的誤識（例如一九九七年出版的《纂修四庫全書檔案》，也誤將此處『提要』二字置入

〔一〕崔富章《關於〈四庫全書總目〉的定名及其最早的刻本》，頁二四七。
〔二〕崔富章《關於〈四庫全書總目〉的定名及其最早的刻本》，頁二四八。
〔三〕崔富章《關於〈四庫全書總目〉的定名及其最早的刻本》，頁二四八—二四九。
〔四〕崔富章《關於〈四庫全書總目〉的定名及其最早的刻本》，頁二四九。
〔五〕崔富章《關於〈四庫全書總目〉的定名及其最早的刻本》，頁二四九。

書名號内)。

崔富章先生欲將《四庫全書總目提要》一稱,從《四庫全書總目》的稱名中『排除在外』,這一學術見解,早在其一九八〇年發表的質疑中華書局一九六五年影印《四庫全書總目》之《出版説明》的論文中,即有相應論述。該文第二節標題作『《四庫全書總目》不應「又稱《四庫全書總目提要》」』,内稱:

《總目》凡例第九則云:『今於所列諸書,各撰爲提要,分之散弁諸篇,合之則共爲總目』。由此可知,『總目』者,諸書提要之共名也。……『提要』是《總目》的重要内容,但遠非全體……後人不察,於《總目》之後續增『提要』二字,將『總目』『提要』連稱,(乾隆有時亦『總目提要』連稱,但不多見。弘曆雖尊崇無比,究非目録學家,不必小題大作,據以淆亂凡例。)就如同在一座建築物的名稱後面附加了某種建筑材料的名字一樣,弄得不倫不類,實無必要。我們不應繼續沿襲這類不準確的某些人的習慣用法。(《四庫全書提要辨證》等當不在此例。它没有同時使用『總目』二字,而是一個新書名,作者僅就『提要』發表意見,名實也是相副的。)〔一〕

〔一〕崔富章《〈四庫全書總目〉體例和〈四庫全書〉的關係——中華書局影印組〈出版説明〉質疑》,《圖書館工作與研究》,一九八〇年第二期,頁五。按:本段末尾自注有誤。余嘉錫《四庫提要辨證》(並非崔氏所稱『《四庫全書提要辨證》』。見前揭注中所辨)對小學類小序等也有辨證,並非僅僅針對提要(見本文下節討論)。

綜上，王重民、崔富章兩位先生均論及《四庫全書總目》的稱名問題。王先生認爲《四庫全書總目提要》一名是通稱，並據此對其文内如何指稱該目做了説明。崔先生認爲《四庫全書總目》不應又稱爲《四庫全書總目提要》，後者是『不準確的某些人的習慣用法』，應排除在《總目》稱名之外；《四庫提要》與《四庫全書總目》存在諸多差异，不是同書异名（或异名同實）的關係，强調二者『不能混爲一談』。

那麽，王先生在前揭題注内指稱《四庫全書總目》的三種方式，是否允妥？『四庫全書總目提要』一稱，是否應如崔先生所説，要排除在《總目》的稱名之外？王先生題注的『基本精神』，能否概括爲《四庫提要》與《四庫全書總目》是『同書异名』或『异名同實』的關係問題？二名之間，有其必然之關聯，還是『不能混爲一談』？這些疑問，都指向如何指稱《四庫全書總目》的問題；這一問題，看似簡單，其實同其編纂歷程、學人稱引之情形密切相聯，實有正本清源，再予探析、厘清的必要。

二、《四庫全書總目》纂修時的稱名形式

《四庫全書總目》集中國古代目録之大成，係由上諭、凡例、各部總序、各類小序及圖書提要等組成的有機整體，是《四庫全書》纂修工程的重要成果。但該目之編纂與刊刻，並非一蹴而就，而是有一個較長的編撰、修訂過程，幾與《全書》的纂修、删補歷程相始終。因此，回顧該目纂修之歷程，考察弘曆

君臣指稱該目的形式，將有助於了解各種稱名形式的史源、變動及内在聯繫。

乾隆三十七年（一七七二）正月初四日，徵書上諭發布，要求各省在送呈圖書的同時，還要上奏簡明提要目録，『注係某朝某人所著，書中要指何在，簡明開載』〔一〕，以備取進。各地有簡明進呈書目，即溯源於此；進呈書目内的簡明提要（以下稱爲『采進提要』），即是後來四庫館臣撰寫的各書叙録（提要）之先聲。同年十一月二十五日，安徽學政朱筠上奏，建議仿照漢代劉向、歆父子至唐、宋集賢校理故事，『詔下儒臣，分任校書之選，或依《七略》，或準四部，每一書上必校其得失，撮舉大旨，叙於本書首卷，並以進呈，恭俟乙夜之披覽。』〔二〕建議爲每書撰寫叙録，載在本書上呈。這就是後來所通稱的書前提要〔三〕。乾隆三十八年（一七七三）二月初六日，大學士劉統勛等上奏，以『恐群書浩如淵海，難以一一概加題識』爲由，否定了朱筠此項建議；同時建言『俟各省所采書籍全行進呈時，請敕令廷臣詳細校定，依經史子集四部名目，分類彙列，另編目録一書，具載部分卷數，撰人姓名，垂示永久』〔四〕，也就是僅編一部簡明目録（圖書清單）而已。同日，弘曆下達詔命，要求『應俟移取各省購書全到時，即令承辦各

〔一〕中國第一歷史檔案館編《纂修四庫全書檔案》，第一條，上海古籍出版社，一九九七年，頁二。

〔二〕中國第一歷史檔案館編《纂修四庫全書檔案》，第十三條，頁二一。

〔三〕按：書前提要的性質，實爲一書之目録，按劉向、歆父子校書奏上之故事，當稱『本書叙録』。爲同收入《總目》内的提要相對，遂有書前提要之稱；學界又有本書提要、原撰提要、閣書提要、庫書提要、卷前提要等不同之指稱。

〔四〕中國第一歷史檔案館編《纂修四庫全書檔案》，第三十一條，頁五四。

員將書中要指隳括，總叙厓略，黏貼開卷副頁右方，用便觀覽」[一]，實際上肯定了朱筠的建議。從此，爲辦理各書撰寫提要（本書叙録），就成了《四庫全書》纂修盛業中既定任務之一。同月十日，弘曆再次下詔，確認采用經史子集四分法，並要求根據價值高下，將《永樂大典》輯佚之書分成三類：甲、不予采録者，乙、叙列目録候裁者，丙、注出略節佐訂者[二]。後兩類大致相當於後來《四庫全書總目》中的著録書與存目書，其叙録（提要）因此也有詳略之别。二月二十一日，弘曆正式將未來辦理圖書的成果，命名爲《四庫全書》。其後不久，四庫館即告成立[三]。

乾隆三十八年（一七七三）閏三月十一日，辦理四庫全書處諸臣上奏排纂全書事宜，首稱「遵旨排纂《四庫全書》，仰蒙皇上指示，令將《永樂大典》内原載舊本酌録付刊，仍將内府所儲、外省所采以及武英殿官刻諸書，一並彙齊繕寫，編成四庫，垂示無窮」[四]。據此可知，館臣辦理圖書之來源有三：（一）内府藏書（『内府所儲』之書，包括《永樂大典》）；（二）『外省所采』，即各直省督撫、學政采進之書；

[一] 中國第一歷史檔案館編《纂修四庫全書檔案》，第三十二條，頁五六。
[二] 中國第一歷史檔案館編《纂修四庫全書檔案》，第三十四條，頁五七—五八。
[三] 按：三月二十三日，内閣所奉上諭中，出現了名爲『辦理四庫全書處』的機構，則至遲不晚於此日，專門纂修全書的機構已經建立。按照慣例，這一修書機構又被稱爲四庫館。參中國第一歷史檔案館編《纂修四庫全書檔案》第四十二條，頁六六—六七；張昇《四庫全書館研究》，北京師範大學出版社，二〇一二年，頁二九—三二。
[四] 中國第一歷史檔案館編《纂修四庫全書檔案》，第四十九條，頁七四。

（三）『武英殿官刻諸書』。諸臣上奏四條辦法，第一條談編纂總目事宜：

《永樂大典》内所有各書，現經臣等率同纂修各員逐日檢閲，令其將已經摘出之書迅速繕寫底本，詳細校正後即送臣等復加勘定，分别應刊、應抄、應删三項。其應刊、應抄各本，均於勘定後即趕繕正本進呈，將應刊者即行次第刊刻。仍均仿劉向、曾鞏等目録序之例，將各書大旨及著作源流詳悉考證，詮疏崖略，列寫簡端，並編列總目，以昭全備。即應删者，亦存其書名，節叙删汰之故，附各部總目後。凡内廷儲藏書籍及武英殿官刻諸書，先行開列清單，按照四部分排，彙成副目。此外，或有向係通行並非應訪遺書，而從前未歸插架者，亦應查明開單，另爲編録。至於纂輯總目，應俟《永樂大典》采撮完竣及外省遺書開送齊全後，再行彙辦進呈。[一]

這條辦法，在談及大典本辦理流程之後，即談『纂輯總目』的問題，且因著録對象而异：（一）編纂大典本應刊及應鈔書總目，分類編列。這是一個簡明總目。（二）編纂大典本應删書總目，附於前述總目各部之後。這部分總目有簡明提要，用以説明『節叙删汰之故』。（三）編纂内廷藏書及武英殿官刻諸書之簡明書目，分部編排，作爲前述總目的副目。這三項構成了一個包括正目（大典本應刊、應鈔本總目）、附目（大典本應删總目）、副目（内廷藏書、刻書總目）在内，但體例不一的中央藏書總目。（四）

[一] 中國第一歷史檔案館編《纂修四庫全書檔案》，第四十九條，頁七四—七五。

編録未入藏、非應訪遺書的通行本簡明總目。（五）最後，纂輯包括以上各目及外省進呈圖書目録在内的辦理圖書總目。其體例雖未論及，當仍采用前述簡明形式，而且按四部分類。從著録範圍上看，這一構想中的辦理總目，是超過後來的《四庫全書總目》的。諸臣所奏第四條辦法則是奏請選派紀昀、陸錫熊總辦其事，並選姚鼐、翁方綱、戴震等充任纂修官。

同年五月初一日，内閣發布上諭云：

朕幾餘懋學，典册時披，念當文治修明之會，而古今載籍未能蒐羅大備，其何以裨藝林而光策府？爰命四方大吏，加意采訪，彙上於朝。又以翰林院署舊藏明代《永樂大典》，其中墜簡逸篇，往往而在，並敕開局編校，芟蕪取腴，每多世不經見之本。而外省奏進書目，名山秘笈，亦頗裒括無遺。合之大内所儲，朝紳所獻，計不下萬餘種。自昔圖書之富，於斯爲盛。特詔詞臣，詳爲勘核，厘其應刊、應抄、應存者，系以提要，輯成《總目》，依經史子集部分類衆，命爲《四庫全書》，簡皇子、大臣爲總裁以董之。〔一〕

這是清高宗弘曆在四庫館臣建議編纂辦理圖書總目之後，正式下令編纂《總目》，且明確其著録對

〔一〕中國第一歷史檔案館編《纂修四庫全書檔案》，第六十六條，頁一〇七—一〇八。

象爲『應刊、應抄、應存』之書[一]，體例上則是一部有提要的四部分類目録。從此，《總目》之名稱因此得以確定，相關編纂事務開始步入正軌。對弘曆君臣而言，《總目》就是本稱，因此在其後纂修全書歷程中，屢有稱述。如乾隆四十二年(一七七七)四月十二日上諭内稱：『前經降旨，令將各省進到書籍，於每書面頁注明年月姓氏，押以翰林院印，交總裁等詳校，分别應刊、應鈔，其餘則止存書名，彙爲《總目》。』[二]又乾隆四十六年二月十三日上諭内稱：『至閱其《總目》，特載朕前後修書諭旨及御題四庫諸書詩文爲卷首，所辦未爲盡協。《四庫全書》體大物博，將來書成之日，篇帙浩繁，舉何爲序？所有歷次所降諭旨，列之《總目》首卷以當序，事屬可行。』[三]

《總目》是規模浩大的《四庫全書》纂修工程的附帶成果，因此在其指稱上，又可冠以前綴，稱爲《全書總目》或《四庫全書總目》(『全書』係『四庫全書』之省)。可作參照的是，《四庫全書薈要》《四庫全書考證》《四庫全書簡明目録》的稱名原則，實與此同貫。稱《全書總目》者，如乾隆四十七年(一七八二)

[一] 按：『應刊、應鈔』即著録書，『應存』即存目書，是《總目》著録圖書的兩大分野。五月十七日，弘曆復有指示云：『所有進到各書，並交總裁等，同《永樂大典》内現有各種詳加核勘，分别刊鈔。擇其中罕見之書，有益於世道人心者，壽之梨棗，以廣流傳，餘則選派謄録，彙繕成編，陳之册府。其中有俚淺訛謬者，止存書名，彙爲《總目》，以彰右文之盛。此采擇《四庫全書》本指也。』(中國第一歷史檔案館編《纂修四庫全書檔案》，第七十四條，頁一一六—一一七)再次明確了著録書、存目書的分别。

[二] 中國第一歷史檔案館編《纂修四庫全書檔案》，第三七七條，頁五八四。

[三] 中國第一歷史檔案館編《纂修四庫全書檔案》，第七五七條，頁一二八九—一二九〇。

七月十九日，軍機處上奏内稱：『《全書總目》《簡明書目》及《考證》各部，現在進呈者只係稿本，應俟發下後，另行趕繕正本各四分，預備陳設，應即令原派《總目》《考證》上行走之謄録二十九名、供事十二名，上緊趕辦，俟四分正本完竣後，再行咨部銓選。』〔一〕朱珪爲紀昀所撰墓志銘内稱：『公綰書局，筆削考核，一手删定爲《全書總目》，裒〔裒〕然巨觀，弆之七閣，真本朝大手筆也。』〔二〕

《四庫全書總目》一稱出現更早，首見於乾隆三十九年（一七七四）七月二十五日上諭中：

辦理四庫全書處進呈《總目》，於經史子集内，分晰應刻、應抄及應存書名三項。各條下俱經撰有提要，將一書原委，撮舉大凡，並詳著書人世次爵里，可以一覽了然。較之《崇文總目》，蒐羅既廣，體例加詳，自應如此辦理。……今進到之書，於纂輯後，仍須發還本家，而所撰《總目》，若不載明係何人所藏，則閲者不能知其書所自來，亦無以彰各家珍弆資益之善。著通查各省進到之書，其一人而收藏百種以上者，可稱爲藏古之家，應即將其姓名附載於各書提要末；其在百種以下者，亦應將由某省督撫某人采訪所得，附載於後。其官板刊刻及各處陳設庫貯者，俱載内府所藏，使其眉目分明，更爲詳備。至現辦《四庫全書總目》，提要多至萬餘種，卷帙甚繁，將其抄刻成

〔一〕中國第一歷史檔案館編《纂修四庫全書檔案》第八九七條，頁一六〇五。
〔二〕朱珪《經筵講官太子少保協辦大學士禮部尚書管國子監事謚文達紀公墓志銘》，載《知足齋文集》卷五，清嘉慶九年（一八〇四）阮元刻增修本，《續修四庫全書》第一四五二册，上海古籍出版社，二〇〇二年，頁三三三。

書，繙閲已頗爲不易，自應於提要之外，另列《簡明書目》一編，只載某書若干卷，注某朝某人撰，則篇目不煩而檢查較易。俾學者由書目而尋提要，由提要而得全書，嘉與海内之士，考鏡源流，用彰我朝文治之盛。[一]

『現辦』的《四庫全書總目》就是前揭弘曆下令編纂的《總目》，該名出現在《總目》初稿進呈之後[二]。弘曆要求『另列』的《簡明書目》，就是後來的《四庫全書簡明目録》（見下引乾隆四十七年［一七八二］七月十九日永瑢等奏文）。

需要辨析的是，上揭引文中『提要』一詞出現了六次，而所指不盡相同。前三次，均指《總目》内的各篇提要（爲示區別，本文或稱爲『《總目》提要』）；後三次，並非指單篇提要，而是就總體而言，實則代指《總目》全書，屬於由部分而指代全體之性質。『由書目而尋提要，由提要而得全書』，即『由《簡明目

[一] 中國第一歷史檔案館編《纂修四庫全書檔案》，第一七一條，頁二二八—二二九。

[二] 按：臺北『國家圖書館』藏有一部《四庫全書初次進呈存目》，據夏長樸先生考證，這部書稿匯整的時間是乾隆四十年五月至四十一年正月之間，同弘曆此諭中所稱的進呈《總目》，可能不是同一部書稿。詳氏撰《〈四庫全書初次進呈存目〉初探——編纂時間與文獻價值》（載《漢學研究》第三十卷第二期，二〇一二年，頁一六五—一九八）。

録》而《總目》，由《總目》而《四庫全書》」之意。因此，『提要』一詞，在書前提要[一]、《總目》提要的意義之外，又可以代指《總目》全書，成爲後者的另一指稱（用作此義時，宜加書名號，標作『《提要》』）。

『《提要》』既可以指代《總目》全書，那麽，以之爲核心詞語，冠以前綴，則又有《全書提要》《四庫全書提要》等名稱。如乾隆四十二年（一七七七）四月初七日，弘曆下令將其題詩添冠朱彝尊《經義考》卷首[二]，而於詩注内指陳朱氏之失：

至卷首冠以我朝世祖《御注孝經》、聖祖《日講解義》，自屬體制應爾。若臣工著述，則當按時代先後。彝尊於編次時，亦未及詳訂。即如本朝成德所著之《大易集義粹言合訂》列於前，而朱子《元亨利貞説》立於後，殊爲參錯。第以刊布成書，難以改刻，惟令於《四庫全書提要》内聲明，以正體例。[三]

[一] 在纂修全書過程中，『提要』一詞，本用以指稱書前提要。如乾隆四十年（一七七五）十一月十六日上諭：『至現在纂輯《四庫全書》……如宋《穆脩集》，有《擔帳記》，語多稱頌，謬於是非大義，在所必删，而全集或録存，亦不必因此以廢彼。惟當於提要内闡明其故，使去取之義曉然。』（中國第一歷史檔案館編《纂修四庫全書檔案》，第三〇六條，頁四七三）又乾隆四十五年（一七八〇）三月初九日，王杰上奏，『請旨令原總纂官紀昀等將此無印書籍及將來該提調賠繳之書，與原撰提要逐一核校，仍交翰林院鈐印移送，以便發寫』。（中國第一歷史檔案館編《纂修四庫全書檔案》，第六八三條，頁一一五七）此『原撰提要』亦指載在各書之前的本書提要。

[二] 《纂修四庫全書檔案》，第三七六條，頁五八三。

[三] 朱彝尊著，林慶彰、蔣秋華、楊晉龍、馮曉庭主編《經義考新校》，上海古籍出版社，二〇一〇年，頁一〇。

其書既已刊布，『難以改刻』，此『《四庫全書提要》』並非指書前提要，而是指《總目》而言。同年五月二十一日，英廉等上奏云：『查有前經奉旨派在四庫館總纂之王太岳，該處《全書提要》將次辦完，現無接手專辦之事。』〔一〕此『《全書提要》』，即指《總目》全書。

後來成書的《總目》，是包含上諭、部序、類序、各書提要等在内的有機整體。『《提要》』能够代指《總目》，當與中國學術特别看重提要（解題）的傳統有關，因爲目録學之宗旨，即在『辨章學術，考鏡源流』，故以有提要者爲貴〔二〕。乾隆四十一年（一七七六）九月三十日上諭中，弘曆即將『總目』與『提要』對舉：

> 前經降旨，令將《四庫全書總目》及各書提要，編刊頒行。所有諸書校訂各簽，並著該總裁等另爲編次，與總目、提要，一體付聚珍版排刊流傳。既不虚諸臣校勘之勤，而海内承學者，得以由此研尋。凡所藏書，皆成善本，亦以示嘉惠士林至意。〔三〕

文中前一處『總目』與『提要』對舉，就是爲了突出提要的重要性（此時『總目』有偏重於『目』［即『圖

〔一〕中國第一歷史檔案館編《纂修四庫全書檔案》，第三八八條，頁六一九。

〔二〕余嘉錫解釋劉向、歆父子《别録》《七略》之見重云：『向之《别録》，每書皆有叙録，歆之《七略》，群篇並舉指要，於書之指歸訛謬，皆有論辨，剖析條流，至爲詳盡，有益學術，故極推崇。』見余嘉錫《目録學發微》卷一，巴蜀書社，一九九一年，頁二。

〔三〕中國第一歷史檔案館編《纂修四庫全書檔案》，第三四三條，頁五三七—五三八。

書清單』」的意義傾向〔一〕。後一處將『總目』『提要』並提，但細審文意，二者既不是並列關係，分指不同的内容；也不是從屬關係，作『《總目》提要』之理解；而是同義複指關係，用以指稱《總目》。所以，此處應加上書名號，標作《總目提要》，以與前述『所有諸書校訂各簽』（即後來匯刊之《考證》）相對。這是以前述《提要》可以代指《總目》爲基礎的，突出了提要在《總目》中的重要地位。自此，《總目提要》又成爲《總目》的另一指稱形式。如陸錫熊云：『宋曾鞏校史館書，僅成目録序十一篇。臣等承命撰次《總目提要》，荷蒙指示體例，編成二百卷，遭際之隆，實遠勝於鞏。』〔二〕

同上揭《總目》《提要》稱名系列相似，以《總目提要》爲核心語彙，冠以前綴，則有《全書總目提要》《四庫全書總目提要》等稱名形式。如乾隆四十六年（一七八一）二月十三日上諭：『據四庫全書總裁奏進所辦《總目提要》内，請於經、史、子、集各部，冠以聖義、聖謨等六門，恭載列聖欽定諸書及朕御製、

〔一〕乾隆三十八年五月初一日，弘曆下令纂修《四庫全書薈要》，五年後告成，附有《欽定四庫全書薈要總目》《欽定四庫全書薈要提要》，前者係簡明總目，僅交待書名、卷數、撰著者、所依底本及參校本等；後者則爲匯録《薈要》各書前提要而成，每條提要之前，僅簡列書名。前者所重在『目』，後者所重在『録』。若以此相況，則後來紀昀等纂成之《四庫全書總目》，在形式上頗相當於『總目』與『提要』兩部分之集合體。余嘉錫先生在其名著《四庫提要辨證》之《序録》中，數次將『《總目》』與『《提要》』對舉，也是爲了突出提要的重要性。詳見余嘉錫《四庫提要辨證》，中華書局，一九八〇年，頁四六—五二。

〔二〕陸錫熊《恭和御製經筵畢文淵閣賜宴以四庫全書第一部告成庋閣内用幸翰林院例得近體四律首章即叠去歲詩韵元韵》詩第四首下自注，載氏著《篁村集》卷九，清道光二十九年（一八四九）陸成沅刻本，《續修四庫全書》第一四五一册，頁二四九—二五〇。

御批各種。』〔一〕其時《總目》已編撰完竣上呈，故弘曆又於同月十六日下令從優議叙有功之臣：『《四庫全書總目提要》現已辦竣呈覽，頗爲詳核，所有總纂官紀昀、陸錫熊著交部從優議叙，其協勘查校各員，俱著照例議叙。』〔二〕三日後復下令：『此次所進《總目提要》，並王太岳、曹錫寶所辦黄簽《考證》，將來書成時，俱著列於《四庫全書》之首。』〔三〕又如乾隆四十七年（一七八二）七月十九日，永瑢等上奏：

臣等前經欽奉諭旨：以《全書總目提要》卷帙甚繁，繙閲不易，應别刊《簡明書目》一編，俾學者由書目而尋提要，由提要而得全書，考鏡源流，用昭文治之盛。……其《總目提要》及《考證》全部，臣等均擬繕寫正本，於文淵閣中間東西御案上次第陳設。此係全書綱領，未便仍分四色裝潢，應請用黄絹面頁以符中央土色，俾卷軸森嚴，益昭美備。其文源、文津、文溯三閣，俟書成後照此辦理。至《總目提要》及《簡明目録》二書，均係仰稟聖裁，折衷考訂，兼綜百氏，苞括群書，洵足嘉惠藝林，應請交武英殿刊刻頒行，垂示萬世。〔四〕

由上舉諸例，可得以下幾點認識：

〔一〕中國第一歷史檔案館編《纂修四庫全書檔案》，第七五七條，頁一二八九。
〔二〕中國第一歷史檔案館編《纂修四庫全書檔案》，第七六〇條，頁一二九二。
〔三〕中國第一歷史檔案館編《纂修四庫全書檔案》，第七六四條，頁一二九五。
〔四〕中國第一歷史檔案館編《纂修四庫全書檔案》，第八九六條，頁一六〇二—一六〇三。

（一）《總目提要》數見，均指《總目》，故能同《簡明目録》《考證》等書並舉。

（二）《四庫全書總目提要》《全書總目提要》二稱，係以『《總目提要》』爲核心語彙，冠以前綴而成。

（三）《四庫全書總目提要》一稱，出現在《總目》編撰完竣之後。

（四）《四庫全書總目提要》一稱，並非在《四庫全書總目》之後加上『提要』二字，而是在『《總目提要》』之前冠以『四庫全書』之前綴而成。這一結構形式，符合弘曆君臣指稱該目的慣例，其間實有内在理路可尋（並非如前揭崔富章先生所云之『不倫不類』）。

綜上所考，由弘曆下令編纂、紀昀等經紀其事並總其成的《四庫全書總目》一書，其遠源可上溯至弘曆徵書詔中要求各地進呈的簡明提要目録；弘曆復采納朱筠的建議，下令爲辦理圖書撰寫叙録（本書提要）；在辦理諸臣奏請編纂包羅甚廣的辦理圖書總目的基礎上，弘曆正式下令編纂《總目》，並規定了其著録範圍、分類原則及提要體例。在編纂及至成書的過程中，弘曆君臣對《總目》的稱名形式，有以下三個系列：

（一）《總目》系列。《總目》係本稱。以《總目》爲核心詞語，冠以前綴，遂有《全書總目》《四庫全書總目》等指稱。《四庫全書總目》一稱出現於《總目》初稿進呈之後，是後來《總目》傳本的主要題名形式。

（二）《提要》系列。基於對《總目》内提要的重視，在具體語境中，又以《提要》代指《總目》，屬於以部分指代全體的性質。以此爲基礎，復有《全書提要》《四庫全書提要》等稱名形式。

（三）《總目提要》系列。《總目提要》之名，屬於《總目》與《提要》之同義複指。以此爲基礎，復有《全書總目提要》《四庫全書總目提要》等稱名形式。

上述稱名形式雖然繁多（計九種），要以《總目》爲本稱、《提要》爲代稱最爲關鍵。至於所冠前綴『四庫全書』及其省稱『全書』，僅用以表明該目因纂修《四庫全書》而成之性質。

《總目》成書後，其傳本之稱名形式，已見前揭崔富章先生之總結。綜覽各種題名形式，可以得出以下兩點認識：（一）《四庫全書總目》是最爲核心的稱名形式（『欽定』二字用以表明該目係清高宗弘曆下令編纂的性質，具有時代性）；（二）二十世紀以後，《四庫全書總目提要》的稱名形式開始占優勢。但無論是哪一種稱名形式，都没有超出上述纂修歷程中弘曆君臣的稱述範圍，都有其前承可考。《四庫全書總目提要》這一稱名形式，既有歷史淵源，又有傳本事實，而且還爲今人所沿用[一]，因此，從尊重

[一] 例如，臺灣『商務印書館』影印殿本《欽定四庫全書總目》之《弁言》中云：『清高宗於乾隆三十八年敕纂四庫全書……而各書提要彙合起來，經總纂紀昀、陸錫熊增删潤色，使其文氣條理一貫，即是這部「四庫全書總目」，又稱「四庫全書總目提要」。』（載《景印文淵閣四庫全書》第一册，臺灣『商務印書館』，一九八六年，頁一）將《四庫全書總目提要》視爲《四庫全書總目》之别名。又中國第一歷史檔案館編《纂修四庫全書檔案》之《前言》有云：『《四庫全書》是我國古代規模最大、卷帙最多的一部綜合性叢書。……由紀昀等人編著的《四庫全書總目提要》二百卷，對書中收録以及不予收録而存其目的全部古籍，總計一萬零二百二十三種，都簡要地作了介紹和評論。』（《纂修四庫全書檔案》，頁一）視《四庫全書總目提要》爲正式名稱。又如，李常慶《四庫全書出版研究》一書，取《四庫全書總目提要》作爲『正式名稱』（參前揭注文）。

稱名傳統出發，實不宜將其『排除在外』（前揭崔富章先生之觀點）；而應按約定俗成之慣例，並用無妨。

二十世紀以降，四庫學勃興，漸成顯學。作爲這門學問的奠基人，陳垣先生的研究頗具開創性與典範意義。筆者統計後發現，陳先生論著中對《總目》的稱名形式有以下數種：（一）《總目》，（二）《提要》，（三）《總目提要》，（四）《四庫全書總目提要》，（五）《四庫總目》，（六）《四庫總目提要》，（七）《四庫提要》[一]。前四種稱名形式，不出弘曆君臣稱名成例之外；第五、第六兩種形式，其核心詞語分屬前揭第一、第三系列，而『四庫』作爲前綴，顯係『四庫全書』之省，同前揭『全書』爲『四庫全書』之省相類。第七種，亦非陳先生首創，而且除指稱《總目》外，另有不同的意義指向（具見下文分析）。由此可知，在四庫學勃興之時，《總目》的稱名形式往往無定，但其核心形式並無變化，稱名原則仍然紹承弘曆君臣前緒。

[一] 上述稱名形式，據《陳垣四庫學論著》統計而得（陳智超編，商務印書館，二〇一二年。各稱散見於頁五、七、一〇、一二、二六、二七、三六、三七、四五、四六、四九—七三等）。通過對民國時期研究《四庫全書總目》的期刊論文題名的考察，知其稱名形式，以《四庫全書總目》《四庫提要》《四庫總目》爲主，不出陳垣先生使用之範圍。（據《民國期刊資料分類彙編·四庫全書研究》之『總目提要』類［孫彦、王姿怡、李曉明選編，國家圖書館出版社，二〇一〇年，頁三—四］。該類中《四庫全書目録板本考》一文，係對所收書的目録著録、板本著録之考察，與《總目》無關，編者誤置此類，並非有『四庫全書目録』一稱。）

三、『四庫提要』與《四庫全書總目》

通過上述考察，可知前揭王重民先生對《四庫全書總目》稱名問題的表述，其中有不盡準確之處。王先生認爲從『當時的習慣』『後世的通稱』『當時的擬名』出發，都稱作《四庫全書總目提要》，這是不符合史實的，該稱只是諸多稱名形式中的一種。至於王先生提出的三種稱名方式，其中《四庫全書總目》《四庫全書總目提要》二稱，弘曆君臣在纂修《總目》時均有使用，前承可溯，自無不可。而《四庫提要》一稱，能否作爲《四庫全書總目提要》的簡稱？它與《四庫全書總目》的關係，是否如崔先生所概括的『同書异名，起碼也是异名同實』的關係？二者之間，是否如崔先生所云『不能混爲一談』？

考『四庫提要』一詞，弘曆君臣在纂修《總目》的歷程中，並未使用。但在《總目》全書問世不久，學人即開始使用此詞。例如：

黄丕烈（一七六三—一八二五）《士禮居藏書題跋記》卷三『《何博士備論》一卷』條：『丁丑仲秋，湖賈以閩中所刻書數種求售，此《何博士備論》其一也。書爲浦城祝氏留香堂開雕，首載四庫提要，末有

祖之望跋，謂鈔自翰林院所藏四庫副本。」[一]

阮元（一七六四—一八四九）《揅經室集·續集》卷二：「陳啓源字長發，鶴齡同縣人，著《毛詩稽古編》，爲唐以前專門之學。」附注其依據爲「四庫提要」[二]。

周中孚（一七六八—一八三一）《鄭堂讀書記》卷一六「《西漢年紀》三十卷」條：「此本爲南沙席氏取武英殿原本較梓，前載四庫提要一篇。」[三] 又卷五六「《湛淵静語》二卷」條：「元白珽撰。……今就倪、錢二《志》所載，《經子類訓》二十卷、《集翠裘》二十卷，俱見類書類。别集類今存一卷，見《四庫提要》。《湛淵文集》二十卷、《詩集》二十卷計之，則是書當存有二十卷，方符百卷之數。」[四] 按：《四庫全書總目》卷一六六著録有白氏「《湛淵集》一卷」。

方東樹（一七七二—一八五一）《漢學商兑》卷上：「伏讀《四庫提要》，《近思録》下曰：『朱子之學，大旨主於格物窮理，由博反約，根株六經，而參觀百氏。』」[五] 又卷中之下：「《四庫提要·凡例》曰：『黄

[一] 黄丕烈《士禮居藏書題跋記》，《國家圖書館藏古籍題跋叢刊》第六册，北京圖書館出版社，二〇〇二年，頁一六九。
[二] 阮元《揅經室集》，頁一〇三〇。
[三] 周中孚《鄭堂讀書記》，吴興劉氏嘉業堂刊本，《續修四庫全書》第九二四册，頁二三三。
[四] 周中孚《鄭堂讀書記》，吴興劉氏嘉業堂刊本，《續修四庫全書》第九二五册，頁五四。
[五] 方東樹《漢學商兑》，清道光辛卯（一八三一）刊本，《續修四庫全書》第九五一册，頁五四九。

諫之流，欲使天下筆札皆改篆體；顧炎武之流，欲使天下言語皆作古音，迂謬已極。』〔一〕又方氏《考槃集文録》卷五《書嘉定黄氏日知録集釋後》：『伏讀《四庫提要》，於閻若璩、沈儼、趙執信，一一致譏，獨謂此書或迂而難行，或愎而過鋭，則顧氏應亦頫首於地下。』〔二〕

龔自珍（一七九二—一八四一）《己亥雜詩》第六十七首：『十仞書倉鬱且深，爲詩目録散黄金。吴回一怒知天意，無復龍威禹穴心。』自注：『年十六，讀《四庫提要》，是平生爲目録之學之始。壬午歲，不戒於火，所蒐羅七閣未收之書，燼者什八九。』〔三〕

上揭黄丕烈例中，『四庫提要』一詞所指乃書前提要（本書提要）；阮元例中，『四庫提要』可作兩解，一指《總目》提要，一指《總目》全書；周中孚二例，前例指書前提要，後例顯指《總目》；其下方東樹、龔自珍所用諸例，均指《總目》。因此，『四庫提要』一詞，先是用以指稱單篇提要（書前提要、《總目》内各篇提要），後來則用以指稱《總目》全書。

至於明確以『四庫提要』作爲《四庫全書總目提要》之省稱的，最早可能要推晚清名臣張之洞（一八三

〔一〕方東樹《漢學商兑》，《續修四庫全書》第九五一册，頁五九二。按：方氏所引爲《凡例》第十四則，末句本作『迂謬抑更甚焉』（《欽定四庫全書總目》，武英殿刻本，《景印文淵閣四庫全書》第一册，頁三八）。
〔二〕方東樹《考槃集文録》，《續修四庫全書》第一四九七册，頁三四五。
〔三〕龔自珍《龔自珍詩集編年校注（下）》，劉逸生、周錫䪖校注，上海古籍出版社，二〇一三年，頁六五六。

七—一九〇九）。光緒元年（一八七五），張氏（時任四川學政）指導諸生讀書，倡論『讀書宜有門徑』：

此事宜有師承。然師豈易得？書即師也。今爲諸生指一良師，將《四庫全書總目提要》（是一書名，省文可稱《四庫提要》）讀一過，即略知學問門徑矣。析而言之，《四庫提要》爲讀群書之門徑。（《提要》較多，未必人人能置一編，別有《四庫簡明目録》，乃將《提要》約撮而成書，止一帙。大抵初學，須先將經、史、子、集四種分清，何書應入何類，於此了然，則購書、讀書皆有頭緒。然《簡明目録》太略，書之得失亦未詳説，且《四庫》未收者，《提要》尚列存目於後。《簡明目録》無之，不得誤認爲世間所無也。略一翻閲，然後可讀《提要》。）[一]

張之洞明確將《四庫提要》視爲《四庫全書總目提要》的省稱（在自注内又使用《提要》一稱），而指稱對象仍是《總目》全書，强調《總目》提要對於讀書治學的門徑作用。至此，『四庫提要』在前揭書前提要、《總目》提要及《總目》全書等義之外，又增加了新的用法。

二十世紀以降，『四庫提要』一詞，更廣泛地爲學人所使用，不少學術論文或專著即以該詞題名。兹舉例如次：

一九二二年，孫德謙先生（一八六九—一九三五）發表《四庫提要校訂》一文，中云：『《四庫提要》

[一] 張之洞《輶軒語·語學第二》，《張之洞全集》第一二册，河北人民出版社，一九九八年，頁九七九一。

者，官家目録之書也。其論析是非，折衷去取，昌黎所謂「鈎元提要」，誠無愧乎是言。惟於分別部居，尚有未盡確當者。」〔一〕其文專糾《總目》『分別部居』（即分類）之失，並不涉及具體提要，顯以『《四庫提要》』作爲《總目》全書的指稱（文内又進一步簡稱爲『四庫』）。

一九二四年，陳垣先生（一八八〇——一九七一）撰文討論《大唐西域記》的四庫底本問題，稱：『（祖）之望蓋當時繕書處之分校官，名見《四庫提要》卷首。』『《四庫提要》（地理類四）未檢校宋、元、明藏本，僅以理想推定自「今之錫蘭山」句起，至「無量功德」句止，三百七十字，爲明人附記之語，此館臣之疏略也。……此爲吴氏西爽堂刊本，《四庫提要》所稱爲吴刊本者是也。』〔二〕此段《四庫提要》凡三見，第一處指《總目》全書，後二處均指《總目》提要（即《大唐西域記》提要）。陳先生後來論及『四庫提要』，均不出上述二義，如《四庫提要中之周亮工》《四庫提要釋家類正誤》〔三〕等。

一九三二年，余嘉錫先生（一八八四——一九五五）開始發表《總目》提要考辨文章（首辨賈誼《新書》提要），而以『四庫提要辨證』爲總題〔四〕。余先生自稱其治學歷程，在張之洞『將《四庫全書提要》讀一

〔一〕孫德謙《四庫提要校訂》，《亞洲學術雜志》第一卷第四期，一九二二年，頁一。

〔二〕陳垣《大唐西域記之四庫底本》，載陳智超編《陳垣四庫學論著》，頁二六。

〔三〕見《陳垣四庫學論著》，頁三六—四二、四九—七〇。《四庫提要釋家類正誤》後改名《中國佛教史籍概論》。

〔四〕余嘉錫《四庫提要辨證·新書十卷》，《國學叢編》第一卷第六期，一九三二年，頁五—三一。

過，即略知學問門徑矣』一説之啓發下，對該書『窮日夜讀之不厭。時有所疑，輒發篋陳書考證之，筆之上方，明年遂録爲一册，此余從事《提要辨證》之始也』〔一〕。其名著《四庫提要辨證》考辨的對象，既有《總目》提要，也有小序（如小學類小序、五經總義類小序），且深受張之洞前説之影響，故其書題中『四庫提要』一詞，顯指《四庫全書總目提要》。

張舜徽先生（一九一一—一九九二）有《四庫提要叙講疏》，自序云：『往余爲大學文科講授「國學概論」，即取《四庫全書總目提要叙》四十八篇爲教本。昔張之洞《輶軒語》曰：「將《四庫全書總目提要》讀一過，即略知學問門徑矣。」余則以爲此四十八篇者，又門徑中之門徑也。』〔二〕其立意及講疏，均受張之洞前説之影響。但《講疏》專爲闡發《總目》部序與類序（合計四十八篇）而作，實與《總目》提要關係不大，故其書題中『四庫提要』，亦指《四庫全書總目提要》而言。在『四庫提要』可以指代《總目》全書（《四庫全書總目提要》）的問題上，舜徽先生此例尤具説服力。

至於今人所整理的胡玉縉先生《續四庫提要三種》，『其書均爲先生續《四庫全書總目提要》（以下簡稱《提要》）而作』〔三〕，則其書名中『四庫提要』所指，仍爲《四庫全書總目提要》。二十世紀晚期，李裕

〔一〕余嘉錫《四庫提要辨證·序録》，頁四六。
〔二〕張舜徽《四庫提要叙講疏》，學生書局，二〇〇二年，頁一。
〔三〕吴格《前言》，載胡玉縉《續四庫提要三種》書前，上海書店，二〇〇二年，頁一。

民先生有《四庫提要訂誤》，據其初版前言[一]，知書名中『四庫提要』亦指《四庫全書總目提要》。惟崔富章先生於一九九〇年出版的《四庫提要補正》一書，同上述各家有異。崔氏《叙例》稱：『今續爲《補正》，但論《提要》，於《總目》結撰之體制，不能贊一詞。』[二]則書名中『四庫提要』一詞，專指《總目》提要，而非全書[三]。

綜上可知，在學術史上，『四庫提要』一詞之意義指向，有以下幾種：

（一）書前提要（本書叙録）；

（二）《總目》提要（《總目》内各書提要）；

（三）《總目》（成書多題《四庫全書總目》）；

（四）《四庫全書總目提要》（《四庫全書總目》另一指稱形式）之省稱。

在後兩個意義上，《總目》《四庫全書總目》《四庫全書總目提要》《四庫提要》等名稱，雖然形式不同，而所指均同，其實就是同實异名的關係。王重民先生在其論文内用『《四庫提要》』指代『《四庫全書

[一] 李裕民《四庫提要訂誤》（增訂本），中華書局，二〇〇五年，頁一。

[二] 崔富章《四庫提要補正》，杭州大學出版社，一九九〇年，頁一。

[三] 按：崔先生近文《劉向、紀昀文獻學成就比較分析》中『《四庫提要》』一詞，仍是此種用法（載《國學研究》第三十五卷，頁二五〇—二五一）。

總目》』，其内在理據，因此昭然。

但是，正如崔富章先生所揭示的，在本書提要、《總目》提要之外，還有其他各種類型的、在纂修《四庫全書》過程中撰寫的四庫提要存在。《四庫全書》分藏七閣，每一種書（有時幾部著作合爲一種）前都有一篇書前提要（學界通常稱爲『庫書提要』或『閣書提要』等。實爲本書叙録）。那麽，能否用『四庫提要』一詞，來指稱如此各不相同的提要？

根據前述纂修實際與稱名傳統，筆者認爲，『四庫提要』一詞，可以有廣、狹二義。狹義的『四庫提要』，可視作《四庫全書總目提要》的省稱，指代《總目》（《四庫全書總目》）；用作此義時，宜加書名號。廣義的『四庫提要』，則指館臣在《四庫全書》纂修過程中撰寫、修改的各類提要。從編纂流程上看，大致有分纂提要、進呈提要、庫書提要（閣書提要）、《總目》提要、撤出書提要、抽毁書提要等不同類别；從存在形式上看，可以分單篇提要與匯總提要兩類。單篇提要，指書前提要（即本書叙録，又稱本書提要、原書提要、原撰提要等），由館臣分别纂就；匯總提要，指因不同的需要而匯總在一起的單篇提要之集合，如《四庫全書初次進呈存目》《欽定四庫全書薈要提要》、《總目》提要（包括著録書提要與存目書提要），以及保存於各纂修官别集中的提要稿等。廣義的『四庫提要』並非專指某種著述，不可以加書名號。至於在纂修《四庫全書》之前後形成的、未經四庫館臣之手的提要，諸如采進提要、未收書提要、續修提要等，則不能視作『四庫提要』。

『四庫提要』一詞之能指，略如下表所示：

表一〇 『四庫提要』之能指

廣義	從編纂流程上分	分纂提要、進呈提要、庫書提要（閣書提要）、《總目》提要、撤出書提要、抽毁書提要等	
	從存在形式上分	單篇提要	書前提要（又稱本書提要等）
		匯總提要	《四庫全書初次進呈存目》《欽定四庫全書薈要提要》、《總目》提要（含著録書提要、存目書提要）、纂修官分纂提要稿等
狹義	標作《四庫提要》，可視爲《四庫全書總目提要》之省稱，指代《總目》（《四庫全書總目》）		

總之，通過考溯《四庫全書總目》的纂修歷程與稱名傳統，可知弘曆君臣對該目的指稱有三種系列，即《總目》系列、《提要》系列以及《總目提要》系列。後世對《四庫全書總目》的稱名形式（包括簡稱），大都不出上述範圍。至於學人經常使用的『四庫提要』一詞，可以有廣、狹二義之區分，狹義的《四庫提要》，可視爲《四庫全書總目提要》之省稱，指代《四庫全書總目》（《總目》是其本稱）；廣義的『四庫提要』，則指在《四庫全書》纂修過程中形成的各類提要。

（本文原載《國學研究》第四十一卷，北京大學出版社，二〇一九年）

拾壹　《四庫全書總目》易類提要辨正

《四庫全書總目》（以下簡稱『《總目》』）集中國古代目録之大成，『主要體現了考證學的學術觀點』[一]，向來被目爲『讀書之門徑』[二]，成爲學者常讀的經典著作之一，也是四庫學中最重要的研究對象之一。針對該目之失，已有余嘉錫《四庫提要辨證》、胡玉縉《四庫全書總目提要補正》、崔富章《四庫提要補正》、李裕民《四庫提要訂誤》、楊武泉《四庫全書總目辨誤》、魏小虎《四庫全書總目彙訂》等訂誤專著相繼出版[三]，蔚爲大觀，足證《總目》具有無可替代的學術價值。儘管如此，該目在著者事行、内容述評等方面，仍存在不同程度的疏誤，影響了學界對其取資與利用，仍需是正。以下就研讀所及，對其

[一]〔美〕蓋博堅（R. Kent Guy）《〈四庫全書〉：乾隆晚期的學者與國家》，哈佛大學出版社，一九八七年，頁二〇一。

[二] 余嘉錫《四庫提要辨證》，中華書局，一九八〇年，頁五一。

[三] 胡玉縉《四庫全書總目提要補正》，上海書店出版社，一九九八年。崔富章《四庫提要補正》，杭州大學出版社，一九九〇年。李裕民《四庫提要訂誤》，書目文獻出版社，一九九〇年；中華書局，二〇〇五年（增訂本）。楊武泉《四庫全書總目辨誤》，上海古籍出版社，二〇〇一年。魏小虎《四庫全書總目彙訂》，上海古籍出版社，二〇一二年。

經部易類部分提要，試作辨正，札記於次，冀有助益。

一、《總目》卷九『《讀易蒐》十二卷（浙江吴玉墀家藏本）』條，提要云：

國朝鄭賡唐撰。賡唐，縉雲人。前明天啓丁卯舉人，官至福建按察使僉事。（整理本[一]，頁一〇八）

按：《總目》通例，撰者首見時，必詳其字、號、籍貫及仕履等。本條提要於鄭氏字、號，均未提及，記述事行，也極爲簡略。考黄虞稷《鄭賡唐傳》云：『公鄭氏，名賡唐，字而名，别號賓水，處州縉雲人。生時大父日强方丞崇仁，崇故有元吴文正賓唐書院，因命名「孕唐」，而字曰「而名」，蓋以名世期之也。後改今名。公少聰穎，善屬文，弱冠舉天啓丁卯（一六二七）鄉試，即有志聖學，躬行實踐，克自砥礪。問學南屏，深有契於姚江之旨，每以新建自勉。』『居平論學，以聖人之道莫大於《易》，而其志具在《春秋》，於是爲《讀易蒐》《春秋引斷》二書。《易蒐》鈎索精微，多發人所未發。』『詩文十餘卷，而最奇崛者，爲《簝小吟》一卷，洞金石而泣鬼神。』[二]此傳於鄭氏字號、事行、著作，叙述頗爲簡明，可補《總目》之闕。

[一] 按：『整理本』指『四庫全書研究所整理本』（中華書局，一九九七年）。以下所録提要文字，均據此本，故徑於文末注出頁碼，以省繁文。

[二] 李桓輯《國朝耆獻類徵初編》卷三九五，見周駿富輯《清代傳記叢刊》第一七八册，明文書局，一九八五年，頁六三九、六四一、六四二（全文在頁六三九—六四三）。

而《（乾隆）縉雲縣志·人物志》，稱：『鄭賡唐，以字行，號賓水。年二十二，舉天啓丁卯鄉試，上春官不第。問學南屏葛寅亮，深有契於姚江之學。』[一]所叙鄭氏師承，可補上揭傳文未備；但所記鄭氏字號，却與上揭傳文有异。黄虞稷（一六二九—一六九一）係清初名家，曾在博學鴻儒徵召之列，且家富藏書，與修《明史》，又與鄭氏同時，其説當更可信。

二、《總目》卷九『《易學筮貞》四卷（浙江吴玉墀家藏本）』條，提要云：

《易學筮貞》四卷，國朝趙世對撰。世對字襄城，衢州人。兹編論《易》爲卜筮之書，故經秦火而獨存，命之曰『筮貞』，謂以筮而貞萬世之變也。不載經文，惟采先儒議論，分類編輯。一卷曰綴集本旨，曰易學源流，曰圖書節要，二卷曰蓍法指南，三卷曰占變詳考，四卷曰易道同歸。論筮法與占變，條理頗爲詳明，蓋純以數言易者也。（頁一〇八）

按：本條書名中『筮』字，當作『蓍』字；趙氏之字，當作『襄臣』。書名之誤，已有學者指出[二]；又考《浙江采集遺書總録·甲集》有『《易學蓍貞》四卷』條，提要云：『命曰「蓍貞」者，變而歸於不變之道

[一] 令狐亦岱等修《（乾隆）縉雲縣志》卷六，清乾隆三十二年（一七六七）刊本。
[二] 杜澤遜《〈四庫提要〉易類訂疑》第九條，《周易研究》，二〇〇三年第五期，頁七四。

也。』[一]《總目》注意於『以筮而貞世之變』，《總録》則强調『變而歸於不變之道』。趙氏之字，《總目》整理本有注，謂浙本、粤本作『襄臣』，而未予論定。考該書有順治刻本，卷一書題下有『瀔水後學趙世對襄臣父輯』等字[二]。且該本卷一《經學本旨》下，第一條即『趙襄臣曰』；其餘各卷，亦每見趙氏之説。故趙氏字『襄臣』無疑。又，該本前有章有成《易學著貞引言》，中云：『吾友襄臣合數十家之《易》而盡學之、會通之，以歸宿於周，名其篇曰《著貞》。』[三]則提要中『惟采先儒議論，分類編輯』之説亦不確，應予修正。

三、《總目》卷九『《易史參録》二卷（江西巡撫采進本）』條，提要云：

國朝葉矯然撰。矯然字思庵，閩縣人。順治壬辰進士，官樂亭縣知縣。（頁一一〇）

按：提要所載葉氏之字有誤，且所載事行也極爲簡略。考該書卷前有鄭天錦《葉思庵先生小傳》：『葉先生名矯然，字子肅，别號思庵，閩縣人也。……順治辛卯舉於鄉，壬辰成進士，嘗一爲縣令，罷歸，遂不出。……家酷貧，所居龍性堂在闤闠中，不盈十笏，豕牢雞桀，交錯於亭。……晚著《易史參

[一] 沈初等撰，杜澤遜、何燦點校《浙江采集遺書總録》，上海古籍出版社，二〇一〇年，頁二九。
[二] 趙世對《易學著貞》卷一，北京圖書館藏清順治刻本，《四庫全書存目叢書》經部第二八册，齊魯書社，二〇〇一年，頁三六三。
[三] 趙世對《易學著貞》卷一，頁三六一。

録》。』[一]下即葉氏《易史參録自序》，末題『康熙戊午春仲龍性氏自識』[二]。知葉氏名矯然，字子肅，號思庵，别署龍性氏等。另據徐世昌《晚晴簃詩匯》卷二六『葉矯然』條[三]、《（民國）閩侯縣志·文苑傳》[四]等，知葉氏爲順治九年（一六五二）進士，官工部主事，出知樂亭縣，罷歸；康熙五十年（一七一一）詔還原職，年九十六卒。剛毅廉潔，無所不讀，尤長於《詩》。至於本書旨趣，葉氏《自序》云：『史，《春秋》類也。《春秋》推見至隱，而義之深隱莫如《易》。《易象》《春秋》，隱而之顯，其趣一而已。夫聖人不窮异以爲神，不探幽以立教，况學者乎？善言天者驗於人，善言古者驗於今，則予戔戔《參録》之志也。』可見其援史證《易》之志。至於提要所謂是書『每卦象、爻各證以史事』、仿李光《易傳》之義、『胶柱』之評等，時賢已辨其非[五]。

四、《總目》卷九『《大易疏義》五卷（江蘇巡撫采進本）』條，提要云：

國朝王芝藻撰。芝藻字淇瞻，溧水人。順治甲午舉人。（頁一一〇）

[一] 葉矯然《龍性堂易史參録》，中國科學院圖書館藏清刻本（題乾隆刻本），《四庫全書存目叢書》經部第二九册，頁五。

[二] 葉矯然《龍性堂易史參録》，頁八。

[三] 徐世昌《晚晴簃詩匯》，民國退耕堂刻本。

[四] 陳衍等修《（民國）閩侯縣志》卷七一，民國二十二年（一九三三）刊本。

[五] 黄忠天《葉矯然〈易史參録〉述要》，《周易研究》，二〇〇八年第五期，頁三〇。

按：王氏之字，應爲荇友。考《（嘉慶）重刊江寧府志·人物志》：『王芝藻，字荇友，溧水人。康熙甲午舉人，任婺源教諭，升泗州教授，又陞湖廣邵陽知縣。居官有賢聲。著周禮、周易、春秋《類義折衷》、《史學提要》、《六曹政典》諸書。』[一]《（光緒）溧水縣志·人物志》，所載略同，『康熙甲午』則更正爲『順治甲午』[二]。

五、《總目》卷九『《讀易近解》二卷（江西巡撫采進本）』條，提要首云：

國朝湯秀琦撰。秀琦號弓庵，臨川人。順治中由歲貢生官鄱陽縣訓導。（頁一一一）

按：本條提要極爲簡略，而記述有誤。考該書現存清鈔本，核其目次，則分上、中、下卷，上卷又分上、下，故《四庫全書存目叢書》本册目次中著録爲四卷。書前《讀易近解例略》，末題『碧澗主人湯秀琦弓庵謹識』[三]。另合《江西詩徵》『湯秀琦』條[四]、《（同治）臨川縣志·人物志》[五]所載，知湯氏（？—一六九九）字小岑，號弓庵，别號碧澗主人，臨川人。明諸生，以七藝補弟子員。順治丙戌（一六四六），中

[一] 吕燕昭、姚鼐等修《（嘉慶）重刊江寧府志》卷四〇，清嘉慶十六（一八一一）年修、光緒六年（一八八〇）刊本。
[二] 傅觀光等修《（光緒）溧水縣志》卷一三，清光緒九年（一八八三）刊本。
[三] 湯秀琦《讀易近解》卷首，中國科學院圖書館藏清鈔本，《四庫全書存目叢書》第二九册，頁三八四。
[四] 曾燠《江西詩徵》卷六七，清嘉慶九年（一八〇四）刻本。
[五] 童範儼等修《（同治）臨川縣志》卷四三，清同治九年（一八七〇）刊本。

鄉試副榜。己未（一六七九），以歲薦赴京廷試。癸酉（一六九三），授鄱陽教諭。己卯（一六九九），致仕歸。志行剛介，淡於榮利，博通載籍，詩賦典麗，晚年尤深經學。著有《讀易近解》《詩略例》《春秋志》《叶音》《庚辛紀游》《易簹詞》及《經餘》《吟種》《松篇》《集賢》《巵言》《碧澗草》等集。

六、《總目》卷九『《周易郁溪記》十四卷（江蘇巡撫采進本）』條，提要首云：

國朝郁文初撰。文初號郁溪，蘄州人。官至肇慶府知府。（頁一一一）

按：《江蘇采輯遺書目録》經部易經類有『《周易郁溪記》』條，署『國朝高淳府知府蘄水郁文初著』[一]。《總目》書名，蓋本於此。考該著有清鈔本十六卷，書名作《郁溪易紀》；前有自序，末題『丁酉季春蘄水郁文初序於粵東仁化錦岩之左澗臺端』[二]，蓋郁氏在粵流寓時撰就。丁酉爲順治十四年（一六五七），仁化縣屬韶州府。考《（同治）韶州府志・謫宦志》：『郁文初，湖廣蘄水人。明季爲韶郡丞，避地半砦。好讀書，寒暑不輟，尤邃於《易》，多別解。性嗜酒，有五柳之風。』[三]《（光緒）漳州府志・宦績》：『郁文初，蘄水明經，崇正十五年（一六四二），知長泰。』[四]長泰縣屬漳州府。《（光緒）黄州府志・

[一] 黄烈編《江蘇采輯遺書目録》，清歸安姚覲元咫進齋緑絲欄鈔本，張昇編《〈四庫全書〉提要稿輯存》第四册，頁一〇三。
[二] 郁文初《郁溪易紀》，山西文物局藏清鈔本，見《四庫全書存目叢書》第二九册，頁四六一。
[三] 林述訓等修《（同治）韶州府志》卷三一，清同治十三年（一八七四）刊本。
[四] 沈定均等修《（光緒）漳州府志》卷二五，清光緒三年（一八七七）刊本。

選舉志》載，郁氏係蘄水縣恩貢生，任韶州知府[一]。《(民國)東莞縣志·寓賢略》：「郁字彬如，嘗爲高州守，夢仙人潘茂名與談《易》理，因得先聖絶學者也。」[二]高州在廣東南部，韶州西南。以上數則，可補郁氏之字及事行大略。

七、《總目》卷九「《圖易定本》一卷(江蘇周厚堉家藏本)」條，提要云：

國朝邵嗣堯撰。嗣堯，郃陽人。康熙庚戌進士，官至江南提學副使。……《自序》謂一刻於都門，再刻於上谷，三刻於襄陽，屢有改易。此本刻於康熙甲戌，凡四易稿云。(頁一一三)

按：《江蘇采輯遺書目録》經部易經類有此書，題作《易圖定本》，署「國朝郃陽邵嗣堯著」[三]。該書有道光刻本，首《易圖定本序》，末署「康熙三十三年歲次甲戌春正月郃陽邵嗣堯題於上谷退思堂」[四]。知此書書名當作《易圖定本》，且「郃陽」一名，館臣采自邵氏自題。考《(雍正)畿輔通志》《(光緒)重修

[一] 英啓等修《(光緒)黄州府志》卷一六，清光緒十年(一八八四)刊本。
[二] 陳伯陶等修《(民國)東莞縣志》卷五三，民國十年(一九二一)鉛印本。
[三] 黄烈編《江蘇采輯遺書目録》，載《〈四庫全書〉提要稿輯存》第四册，頁一一二。
[四] 邵嗣堯《易圖定本》卷首，北京大學圖書館藏清道光十年(一八三〇)長洲顧氏刻賜硯齋叢書新編本，《四庫全書存目叢書》經部第三〇册，頁二八二—二八三。

天津府志》《國朝御史題名》《清史稿》等文獻[一]，均稱邵氏字子昆，山西猗氏人。《清秘述聞》[二]《（光緒）江陰縣志》則載其字爲九緘[三]，未詳何據。猗氏，漢代即置縣，明代爲蒲州屬縣，隸平陽府；清初因之，至雍正六年蒲州升府，仍爲屬縣。其地周時爲郇伯國，文王子所封（詳《大清一統志》[四]《山西通志》[五]），邵氏自題者以此。

八、《總目》卷九『《易宗集注》十二卷（兩江總督采進本）』條，提要云：

國朝孫宗彝撰。宗彝，高郵人。是書成於康熙庚申，以象、數、理各有其宗，因象而測其數，因數而測其理，而所宗者，以中爲主，故卷首冠以《中論》三篇。其説謂『河圖、洛書，五皆居中。中，五象之宗也，五數之中也，中理之宗也』，故名《易宗》。（頁一一五）

按：本條提要不列孫氏字、號，且内容表述欠允。考孫氏此書，朱彝尊《經義考》著録爲十三卷，下

[一] 李衛等修《（雍正）畿輔通志》卷六七，《景印文淵閣四庫全書》第五〇五册，臺灣『商務印書館』，一九八六年，頁六四二；裕禄等修《（光緒）重修天津府志》卷四〇，清光緒二十五年（一八九九）刻本；黄叔璥撰《國朝御史題名》『康熙二十九年』，清光緒刻本；趙爾巽等撰《清史稿》卷四七一，中華書局，一九七七年，頁一二九八九——一二九九〇。

[二] 法式善《清秘述聞》卷九，清嘉慶四年（一七九九）刻本。

[三] 李文耀等修《（光緒）江陰縣志》卷一五，清光緒四年（一八七八）刻本。

[四] 和珅等奉敕撰《大清一統志》卷一〇一，《景印文淵閣四庫全書》第四七六册，頁九六。

[五] 覺羅石麟、儲大文等修《山西通志》卷四，《景印文淵閣四庫全書》第五四二册，頁一四八——一四九。

録孫氏《自序》，並『徐盛全曰』：『高郵州人。字孝則，順治丁亥進士，官吏部郎。』[一]據書前王澤弘《天心閣集序》及卷首孫氏《易論序》[二]，知此書成於康熙庚申（一六八〇）而刻於庚午（一六九〇）。該本王氏序下，爲『卷之首』部分，内容包括論（含《中論》三篇）、解、策、法、例、或問、解易姓氏、圖、曆數及《易論序》等，内容極爲豐碩。朱彝尊視卷首爲一卷，故總爲十三卷。而《總目》著録爲十二卷，且僅云『卷首冠以《中論》三篇』，實未能反映此書全貌。另據《（嘉慶）高郵州志·人物志》，知孫氏字孝則，號虞橋，順治丙戌（一六四六）舉人，丁亥進士，官至薊州分巡道副使[三]。

九、《總目》卷九『《易章》二卷（兩淮鹽政采進本）』條，提要云：

國朝朱襄撰。襄，無錫人。是書成於康熙庚辰。（頁一一八）

按：本條提要於作者朱襄之字號、事行均闕如。考《兩淮鹽政李續呈送書目》云：『《易章》一卷，國朝朱襄，二本。』[四]館臣所記，蓋本於此。朱氏生平，方志中頗有記載，而以《（乾隆）長洲縣志·流寓》

[一] 朱彝尊《經義考》卷六七，見林慶彰等主編《經義考新校》，上海古籍出版社，二〇一〇年，頁一二四九—一二五〇。

[二] 孫宗彝《易宗集注》，清康熙刻本，《四庫全書存目叢書》經部第三二册（題作『《易宗》十二卷首一卷』），頁六一〇—六一四、六五〇—六五一。

[三] 馮馨等修《（嘉慶）高郵州志》卷一〇，清道光二十五年（一八四五）范鳳諧等重校刊本。

[四] 杜澤遜《四庫存目標注》卷二，上海古籍出版社，二〇〇七年，頁九一。

所載稍詳：『朱襄，字贊皇，無錫人。八歲有詩名。游京師，館於諸王。王自號紅蘭主人，酷愛襄詩。……歸寓長邑之清真觀巷，貧困以死。尤精易理，著《易韋》十二卷、《集唐詩》三十首。』[一]可補提要之未備。

十、《總目》卷一〇『《讀易質疑》二十卷（浙江巡撫采進本）』條，提要云：

國朝汪璲撰。璲字文儀，號默庵，休寧人。其書置象數而專言理。其《凡例》有云：『今説《易》之家謂《易》以道陰陽，務以圓妙幽渺籠罩影響，如捕風，如捉影，無當實用。故愚以爲學《易》當就平實切近處用功』云云，其宗旨可見。故隨文詮釋，無所穿鑿，而亦無所發明。卷末《雜卦》一篇，有録無書，疑裝緝者偶脱云。（頁一二四）

按：《總目》所引文本有誤。考《浙江采集遺書總録·甲集》有『《讀易質疑》二十卷』條，提要云：『右國朝新安汪璲撰。所言詳於理而略於數。』[二]知其書非『置象數』不論者。浙江巡撫采進本係『刊本』[三]，現存康熙四十三年（一七〇四）汪氏儀典堂刻本，應即館臣所見本。按《總目》通例，凡言『云云』

[一] 莊有恭等修《（乾隆）長洲縣志》卷二七，清乾隆十八年（一七五三）刻本。

[二] 沈初等撰，杜澤遜、何燦點校《浙江采集遺書總録》，頁三八。

[三] 杜澤遜《四庫存目標注》卷二，頁一〇三。

者，其前皆係直接引用文字，未予删改。今檢汪氏刻本，卷前並無所謂『《凡例》』，提要中所引文字，實出自書前汪璲《説易私質》一文[一]。其中，『愚』下脱『竊』字，『當』應爲『須』字，『平實切近』應爲『平近切實』[二]。又，卷二〇《雜卦傳》一篇，内容完好[三]，提要所謂『有録無書』之説，亦需修正。

十一、《總目》卷一〇『《周易詳説》十九卷（陝西巡撫采進本）』條，提要云：

國朝劉紹攽撰。紹攽，三原人。是書大旨以程《傳》爲宗，與《本義》頗有同异，於邵子先天之説亦不謂盡然，不爲無見。惟於漢儒舊訓掊擊過當，頗近於僨。其議論縱横，亦大抵隨文生義，故往往自相矛盾。如卷首『論玩辭』一條，駁諸儒之失曰：『甚有釋傳與《象傳》不合，釋象與爻不合，無以自解，則藉口有伏羲之《易》，有文周之《易》，有孔子之《易》』云云。至開卷『元亨利貞』一條，又主大通而利正固之説，謂『王弼泥於穆姜之言，以元亨利貞爲四德，後多宗之，殊不知文王有文王之《易》，孔子有孔子之《易》，《彖辭》《彖傳》不相牽合者甚多』云云。是二説者，使後人何所從乎？（頁一二四）

[一] 汪璲《説易私質》，載《讀易質疑》卷首，清康熙四十三年（一七〇四）汪氏儀典堂刻本，《四庫全書存目叢書》經部第三八册，頁一四〇—一四一。

[二] 汪璲《説易私質》，載《讀易質疑》卷首，頁一四〇。

[三] 汪璲《讀易質疑》卷二〇，頁四七六—四七七。

按：《總目》通例，撰者首見時，必詳其字、號、里貫及仕履等。本條提要於劉氏字、號均未詳。據江藩《舟東筆談》，知劉氏字繼貢，號九畹，以古文名當時，有《九畹集》[一]。《周易詳説》有乾隆刻本，首載周長發、項樟二序，次《自序》，末署『乾隆十三年十一月』，館臣所據，當即此本。提要所引『論玩辭』『元亨利貞』兩條，分別見於卷一、卷三[二]，《總目》謂後一條見於『開卷』，顯然未確。

十二、《總目》卷一〇『《易經理解》一卷（浙江巡撫采進本）』條，提要云：

國朝郜煜撰。煜字光庭，汝州人。雍正癸丑進士，官至中書科中書。（頁一二五）

按：《總目》所列郜氏里貫有誤。《浙江采集遺書總録·甲集》有『《易經理輯》一册』，提要云：『右國朝中書登封郜煜著。』[三]而《販書偶記續編·附録》有『《易經理解》無卷數』條，注云：『清嵩陽郜煜纂輯。雍正十三年乙卯志謙堂刊。』[四]知書名當作《易經理解》。至於郜氏籍貫，考《（雍正）河南通志》卷四六，康熙朝甲午（一七一四）科舉人有郜煜，『登封人』[五]。《（乾隆）登封縣志·鄉賢傳》『郜煜』條：

[一] 錢儀吉纂，靳斯點校《碑傳集》卷一三九，中華書局，一九九三年，頁四一四八—四一四九。
[二] 劉紹攽《周易詳説》，清乾隆刻本，《四庫全書存目叢書》經部第三八册，頁六〇一、六三三。
[三] 沈初等撰，杜澤遜、何燦點校《浙江采集遺書總録》，頁三八。
[四] 孫殿起《販書偶記（附續編）》，上海古籍出版社，二〇〇九年，頁三三八。
[五] 田文鏡、王士俊等修《（雍正）河南通志》卷四六，《景印文淵閣四庫全書》第五三六册，頁六三七。

『字重光，登封舉人。出宰魏塘，以循良奏最，擢御史。』[一]其籍貫爲登封無疑，《總目》記作『汝州』，不確。館臣此誤，蓋襲《皇朝文獻通考》而來。該書卷二一二有『《易經理解》一卷』條，提要云：『郜煜撰。煜字光庭，汝州人。雍正癸丑進士，官中書科中書。』[二]兩相比較，《總目》幾乎全部移用。考《皇朝文獻通考》係乾隆十二年（一七四七）奉敕編撰，至二十六年（一七六一）始與《五朝續文獻通考》分開，『自開國以後，别自爲書』[三]。十餘年後，《四庫全書》纂修工程纔開始啓動。館臣徑采其文入提要，而疏於察考。

十三、《總目》卷一〇『《經義管見》一卷（浙江巡撫采進本）』條，提要云：

國朝饒一辛撰。一辛字治人，南城人。是書成於雍正丙午，凡《圖説》七，《周易統天旋卦賦》一，《説卦傳論》一，《納音五行論》一，《古今本得失論》一。（頁一二五）

按：《總目》所列饒氏里貫有誤。《浙江采集遺書總録·甲集》有『《經義管見》一册』，提要云：『右國朝南豐饒一辛撰。列《圖説》七，多發《連山》《歸藏》之義。又《周易統天旋卦賦》一，《説卦傳論》一，

[一] 洪亮吉、陸繼萼等修《（乾隆）登封縣志》卷二二，清乾隆五十二年（一七八七）刊本。
[二] 弘曆敕撰《欽定皇朝文獻通考》卷二一二，見《景印文淵閣四庫全書》第六三七册，頁二七。
[三] 永瑢、紀昀等《四庫全書總目》卷八一《欽定皇朝文獻通考》提要，頁一〇八五。

《納音五行論》一，《古今本得失論》一，凡數則，合題曰《先甲堂經義初刻》。《自序》謂尚有他經著述云。』[一]考《皇朝文獻通考》有『《經義管見》一卷』條，提要云：『饒一辛撰。一辛字治人，江西廣昌人。』[二]以上所舉里貫，各有不同，而南城、南豐、廣昌，俱係江西建昌府屬縣。考《（同治）廣昌縣志·人物志》，有饒一辛傳，謂饒氏字近韓，晚號趾齋，雍正甲辰舉人，授新建教諭，辭薦博學鴻詞，有《先甲堂集》[三]。饒氏字號、籍貫，當以此爲正。

十四、《總目》卷一〇『《易貫》十四卷（江蘇巡撫采進本）』條，提要云：

國朝張叙撰。叙字鳳岡，太倉人。雍正壬子舉人。（頁一二六）

按：張叙之字，王昶《（嘉慶）直隸太倉州志·人物志》記作『濱璜』[四]。該志並記張氏於乾隆元年（一七三六）舉博學鴻詞，二十六年以耆年宿學賜國子監學正；其人『生平沉潛理學，穿穴經奧，名重公卿間，前後主講潞河、蓮池、白鹿洞諸書院，成就人才甚多』；『會開四庫館，當事以所著《易貫》《詩貫》二書進呈』；年八十六卒。所記較《總目》爲豐。浙江亦采進該著，而《浙江采集遺書總録·甲集》『《易

[一] 沈初等撰《浙江采集遺書總録》，頁三七。
[二] 《欽定皇朝文獻通考》卷二一二，頁二六。
[三] 曾毓璋等修《（同治）廣昌縣志》卷六，清同治六年（一八六七）刻本。
[四] 王昶等修《（嘉慶）直隸太倉州志》卷三六，清嘉慶七年（一八〇二）刻本。

貫》十四卷』條提要，首云：『右國朝徵士婁縣張叙撰。』[一]考該書有乾隆刻本，應即館臣所見采進之本（參杜澤遜《四庫存目標注》卷二[二]），卷首張氏《易貫自述》，末題『乾隆辛未仲春朔婁江張叙題於蓮池書院』[三]。而『婁江自昆山西來，至劉河口亦入於海』[四]，主要在太倉境内，與松江府所屬婁縣無涉。

十五、《總目》卷一〇《周易剩義》二卷（福建巡撫采進本）』條，提要云：

國朝童能靈撰。能靈字龍儔，號寒泉，連江人。雍正中貢生。（頁一二六—一二七）

按：關於本條提要，楊武泉先生已據民國《連江縣志》《連城縣志》及李元度《國朝先正事略》，辨童氏當爲連城人，乾隆甲子（一七四四）優貢[五]。所舉皆係旁證。考該著有乾隆刻本，童氏自序末題『乾隆己未歲五月望日連城童能靈謹書』[六]，知提要中『連江』（福建福州府屬縣）當作『連城』（汀州府屬縣）無疑。考《皇朝文獻通考》卷二一二『《周易剩義》二卷』條提要云：『童能靈撰。能靈字龍儔，號寒泉，

[一] 沈初等撰《浙江采集遺書總録》，頁三九。
[二] 杜澤遜《四庫存目標注》卷二，頁一〇六—一〇七。
[三] 張叙《易貫》卷首，清乾隆二十一年（一七五六）宋宗元刻本，見《四庫全書存目叢書》經部第四〇册，頁三—四。
[四] 趙宏恩等修《江南通志》卷一，《景印文淵閣四庫全書》第五〇七册，頁一六二。
[五] 楊武泉《四庫全書總目辨誤》，頁一二—一三。
[六] 童能靈《周易剩義》卷首，清乾隆冠豸山刻本，見《四庫全書存目叢書》經部第四〇册，頁三九二。

連江人。雍正中貢生。」[一]知《總目》之誤，實溯源於此。

十六、《總目》卷一〇『《易學圖説會通》八卷（江蘇巡撫采進本）』條，提要云：

國朝楊方達撰。方達字符蒼，一字扶倉，武進人。此書自序云：『尋繹宋元經解及近代名家纂述，見其精研象數，或著爲圖，或著爲説，有裨於《易》者，類而録之。』左圖右説，集成八卷。一曰《太極探原》，二曰《圖書測微》，三曰《卦畫明德》，四曰《變互廣演》，五曰《筮法考占》，六曰《律吕指要》，七曰《外傳附證》，八曰《雜識備參》。（頁一二七）

按：該著有乾隆刻本，即館臣所見刊本（參杜澤遜《四庫存目標注》卷二[二]）；卷首有楊氏乾隆三年（一七三八）自序，上揭『有裨於《易》者』，實作『有裨《易》學者』；另據卷首《例言》《目録》及卷三標目，上揭『《卦畫明德》』，實作『《卦畫明緼》』[三]。提要衍文、脱文、訛字各一，可見館臣殊失於眉睫之前。又，『左圖右説，集成八卷』兩句，亦係序文，緊承『類而録之』句後，可見《總目》整理者實未能覆檢此書，致標點失當。

[一] 弘曆敕撰《欽定皇朝文獻通考》卷二二二，頁二七。

[二] 杜澤遜《四庫存目標注》卷二，頁一〇八。

[三] 楊方達《易學圖説會通》卷首自序，清乾隆復初堂刻本，見《四庫全書存目叢書》經部第四〇册，頁四三七、四四〇、四七五。

十七、《總目》卷一〇『《周易蛾術》七十四卷』條，提要云：

國朝倪濤撰。濤字昆渠，錢塘人。（頁一二七）

按：《總目》所記倪氏之字有誤。考《兩浙輶軒續録・補遺》卷一『倪濤』條：『字山友，號昆渠，錢塘人。』[一]又《（民國）杭州府志・儒林傳》有倪氏傳，亦載其字爲山友[二]。館臣誤以其號爲其字。

十八、《總目》卷一〇『《周易匯解衷翼》十五卷』條，提要云：

國朝許體元撰。體元字御萬，靈武人。（頁一二七）

按：『靈武』當作『靈州』。據《大清一統志》卷二〇四，其地漢代始置靈州縣，除隋、唐時曾改爲靈武郡外，一直以靈州爲名。元時隸寧夏路；明時設靈州千户所，屬寧夏衛；清雍正二年（一七二四）改爲靈州縣，屬寧夏府[三]。

十九、《總目》卷一〇『《易讀》（無卷數。江蘇巡撫采進本）』條，提要云：

國朝宋邦綏撰。……是編用《注疏》之本，其凡例云：『專爲課子而成，故以行文之體爲講書，

[一] 潘衍桐《兩浙輶軒續録・補遺》，清光緒刻本。
[二] 李榕等修《（民國）杭州府志》卷一三八《儒林傳》，民國十一年（一九二二）刊本。
[三] 和珅等奉敕撰《大清一統志》卷二〇四，《景印文淵閣四庫全書》第四七八册，頁五八一。

使孺子易於記誦。』又云是書專奉朱注，自序又稱取之方氏時論者十之二三，不敢隱其所自，其大旨盡是數言矣。（頁一三〇）

按：此書係宋邦綏子思仁據原稿謄録上呈，即館臣所見鈔本；後思仁復加校録，刻成四卷（參杜澤遜《四庫存目標注》卷二[一]）。檢刻本《凡例》，上揭直引文句實作：『是書專爲課子而成，故以行文之體爲之，俾童子易於記誦。』[二]其中文字有异。檢《皇朝文獻通考》卷二一二《易讀》（無卷數）」條，提要中云：『邦綏《自述》略曰：「是編專爲課子而作，故以行文之體爲講書，使孺子易於記誦。」』[三]知《總目》文本，實襲用於此。刻本《凡例》又云：『今《易讀》專宗朱子，兼取程《傳》，並旁采諸儒先説，間附鄙意，識者諒之。』[四]可見宋氏雖取用諸説，亦附己見，並不止於《總目》所謂『專奉朱注』者。『方氏時論』，指方孔炤《周易時論》，整理本之標點未能予以揭示。

二十、《總目》卷一〇『《來易增删》八卷（陝西巡撫采進本）』條，提要云：

國朝張祖武撰。……是編即明來知德《易注》原本，去其繁冗，間補以《易傳》《本義》諸説，其

[一] 杜澤遜《四庫存目標注》卷二，頁一一三—一一四。
[二] 宋邦綏《易讀》卷首《凡例》，清嘉慶九年（一八〇四）宋思仁刻本，見《四庫全書存目叢書》經部第四三册，頁三。
[三] 弘曆敕撰《欽定皇朝文獻通考》卷二一二，頁三〇。
[四] 宋邦綏《易讀》卷首《凡例》，頁三。

錯綜、變爻、中爻、大象、卦情、卦畫、卦占之類，則一仍其舊焉。（頁一三〇）

按：該著有乾隆刻本，版心上書『來易增刪』，《目録》與卷次前則書『易經來注增刪』。卷首有乾隆三十二年《自序》，館臣所見當即此本。上揭提要，全本諸書前《自序》與《凡例》。《自序》云：『自程《傳》、《本義》出，而後言數之家不得以淺嘗之，則《易》之賴以傳者多矣。……有明梁山來矣鮮不由師傳，獨能默契其旨，而知《易》之由象推，如言錯綜、中爻、大象、卦情、卦變、卦畫、卦占，皆發前賢所未發，歷歷按之，而後知聖人之經，字字皆有實落，可謂能得其肯綮者矣。』[一]『因不揣冒昧，就來氏書去其煩冗，存其簡要，本程、朱之意，而參以象數，經三十餘年，凡七謄稿而帙始成。』[二]《凡例》云：『來氏《易》由於推象，而象之著於卦畫者，有錯，有綜，有中爻，有變爻，有大象，有卦情，有卦畫，有卦占。』『經中注解，參用《本義》，兼用程《傳》。』[三]可見，上揭提要中『繁冗』當作『煩冗』（整理本注中指出《總目》之浙本、粤本均作『煩冗』，而未予論定）；《易傳》《本義》，係指程頤《伊川易傳》、朱子《周易本義》。館臣當循例指明所補者係程《傳》。

二十一、《總目》卷一〇『《易經會意解》（無卷數。河南巡撫采進本）』條，提要云：

[一] 張祖武《易經來注增刪》，清乾隆刻本，見《四庫全書存目叢書》經部第四三册，頁一九一。矣鮮，來知德字。

[二] 張祖武《易經來注增刪》，頁一九三。

[三] 張祖武《易經來注增刪》，頁一九六。

國朝王芝蘭撰。自序稱伊南人，未詳其仕履。（頁一三五）

按：關於王氏，《總目》介紹較爲簡略。考黄鍾駿《疇人傳四編》有『王芝蘭』條：『王芝蘭，字吉人，河南嵩縣人。博聞强識，爲諸生三十年，尤究心於《易》，著有《曆法求故》及《大易夢見》《句讀質疑》《八卦圖説》諸書若干卷。』〔一〕較《總目》爲詳，可參。

以上就《總目》經部易類部分提要，或訂正其誤，或補其未備，或提供内證，附帶訂正今人標點，凡得二十一條。所辨不辭細微，惟期於《總目》之利用，有所助益。

（本文原載《國學研究》第三十七卷，北京大學出版社，二〇一六年）

〔一〕黄鍾駿《疇人傳四編》卷七，清光緒《留有餘齋叢書》本。

拾貳　《四庫全書總目》儒家類存目書提要辨正

——兼論存目書提要與著録書提要之差异

一、引言

清代乾隆時期纂修《四庫全書》，是中國古代規模最爲宏大的圖書編纂工程，不僅纂就了七閣《全書》，而且附帶編撰了其他幾部學術著作，其中最重要的就是《四庫全書總目》（以下或用其本稱『《總目》』。關於該目的稱名形式，學界意見不一，筆者曾加詳辨〔一〕）。《總目》凡二百卷，以著録宏富、分類清整而著稱；同時館臣還繼承了漢代劉向、歆父子校書時所奠定的優良傳統，爲每一種圖書都撰寫了

〔一〕張宗友《論〈四庫全書總目〉的稱名問題》，《國學研究》第四十一輯，北京大學出版社，二〇一八年，頁三一一—三三一。

提要(又稱解題),簡要概括作者事行與著述大旨,起到『辨章學術,考鏡源流』(章學誠《校讎通義叙》)的作用。在中國學術史上,《總目》以其體例完備而成爲古典目録的集大成之作,又因其『抉奥提綱,溯源徹委』[一]的學術貢獻而成爲讀書治學的門徑之作,向來受到學人的推崇與珍視。《總目》不僅成爲學者必備之書,也因其學術典範意義而成爲學界研究的對象,是四庫學研究中最受矚目的核心論題之一。以余嘉錫《四庫提要辨證》爲代表的學術專著不斷出版[二],足證《總目》研究方興未艾,受到廣大學人的關切。

從《四庫提要辨證》等專著可以看出,《總目》之學術得失與文化意義,是學界重點研究的内容。《總目》雖經學術大家紀昀(曉嵐,春帆。一七二四—一八〇五)經紀其成、潤色文字,但是却不無訛謬。致誤之因,在於《總目》内各條提要出於衆手,而纂修者之身份、學養、敬業程度等各有不同,提要水準因此難免參差不齊,未能劃一。《總目》提要之前身,是由不同館臣分纂的提要稿;這些提要稿作爲向清高宗弘曆匯報的文書,一般載在各書的前面,以便於翻閲。在學術史上,這批附載本書

[一] 阮元《紀文達公集序》,鄧經元點校《揅經室集》三集卷五,中華書局,一九九三年,頁六七八。
[二] 余嘉錫《四庫提要辨證》,中華書局,一九八〇年。按:此類專著還有:胡玉縉《四庫全書總目提要補正》(上海書店出版社,一九九八年)、崔富章《四庫提要補正》(杭州大學出版社,一九九〇年)、李裕民《四庫提要訂誤》(中華書局,二〇〇五年)、楊武泉《四庫全書總目辨誤》(上海古籍出版社,二〇〇一年)、魏小虎《四庫全書總目匯訂》(上海古籍出版社,二〇一二年)等。

的説明性文字，就是本書叙録（學界有稱作『書前提要』『閣書提要』『庫書提要』者），屬於本書目録的範疇。

長期以來，學人在研究《總目》之時，均將其作爲一個整體加以審視，很少再作進一步的劃分。實際上，《總目》提要可以分爲兩大類：一類是著録書提要，提要同《四庫全書》所收書一一對應；另一類是存目書提要，相關圖書並没有收進《四庫全書》。如果仔細查勘，即知著録書提要、存目書提要之間，存在不少差异。那麽，《總目》提要爲什麽會有著録書提要、存目書提要之分？二者之間，爲什麽會存在差异，存在哪些差异？對這些問題進行研究，當有助於進一步瞭解清高宗弘曆纂修《四庫全書》的真實意圖，有助於進一步評估《總目》作爲讀書治學門徑的實際效用。

鑒於上述認識，本文對其儒家類存目提要進行考察，對部分提要之疏誤，進行訂正、補充，並以之作爲進一步討論著録書提要、存目書提要异同的基礎。

二、儒家類存目書提要之辨正

儒家類是《四庫全書總目》子部第一大類，其分類遠源，可以追溯到劉向、歆父子《别録》《七略》之《諸子略》儒家類；二書雖佚，尚可從《漢書·藝文志》内窺其一斑。儒家原爲先秦諸子之一，但從漢代

『罷黜百家，表章《六經》』『推明孔氏』〔一〕之後，爲歷代統治者所推崇，成爲主導思想；其中《孟子》一家，還在宋代上升爲經典，成爲十三經之一。同其他諸子逐漸式微不同，儒家類日益壯大，體現在著述上，《總目》内儒家類即有八卷之篇幅（其中著録書提要、存目書提要各有四卷）。以下選擇《總目》存目書提要部分加以考察，摘其訛誤而訂正之，以備討論。

（一）《總目》卷九七『《此庵語録》十卷（浙江巡撫采進本）』條，提要云：

國朝胡統虞撰。統虞字孝緒，武陵人。前明崇禎癸未進士，入國朝官至國子監祭酒。此書前二卷爲《成均語録》，乃官祭酒時與諸生講論者。附《原性》《或問》《學規》三種。三卷至七卷爲《四書語録》。八卷爲《萬壽宫語録》。末二卷爲《此庵語録》，以别乎《成均》《萬壽宫》也。其學禰姚江而祖象山，專持良知之説，於朱子頗不能盡合。……其軒輊類多如此，亦可謂深於門户之見者矣。

（頁一二七三）〔二〕

〔一〕董仲舒答武帝對策云：『臣愚以爲諸不在六藝之科孔子之術者，皆絶其道，勿使並進。邪辟之説滅息，然後統紀可一而法度可明，民知所從矣。』『及仲舒對策，推明孔氏，抑黜百家。』（班固《漢書》卷二六，中華書局，一九六二年，頁二五二三、二五二五）又《漢書·武帝紀》贊曰：『孝武初立，卓然罷黜百家，表章《六經》。』（班固《漢書》卷六，頁二一二）

〔二〕永瑢、紀昀等《四庫全書總目》（四庫全書研究所整理本），中華書局，一九九七年，頁一二七三。按：該本誤『禰』爲『稱』。又，以下所録《總目》文字，均據此整理本（該本以武英殿本爲底本，摘要附録考訂成果，在《總目》諸本中較善），故徑於文末注出頁碼，以省繁文。

按：關於胡氏（此庵其號）此著之書名，《浙江省第十二次呈送書目》載：『《此庵語録》十卷，國朝胡統虞著，六册。』[一]館臣蓋本諸此。考此書有順治八年刻本，書名作《此庵講録》[二]，當從。理據有三：一是該本書名頁題作《成均四書講録》（『成均』與祭酒相應，『四書』爲『講録』之範圍）；二是該書序文（包括自序）論及此書，屢稱『講録』，如《題成均講録序》（胡世安）、《成均講録序》（金之俊）、《金臺社講序》（潘游龍）、《成均講録自序》等；三是該本所列本書目次，亦以『講録』爲主：卷一爲《大學講録》，卷二《中庸講録》，卷三《上論講録》，卷四《下論講録》，卷五《二孟講録》，卷六《成均講録》上，卷七《成均講録》下（附《原性》《或問》《學規》），卷八《萬壽宫講録》，卷九《此庵講録》，卷一〇《此庵書問》，而總名之曰《此庵講録目録》。《續修四庫全書》《四庫全書存目叢書》目次中，此書均題『《此庵講録》十卷』。可見，從胡氏本人到作序者、編書者，均以『講録』名此書。此外，由於該書尚未見其他刊本[三]，推測館臣所據之浙江巡撫采進本當即此本；如推測不誤，那麼，館臣關於該書卷次之論述，亦應修正。

[一] 杜澤遜《四庫存目標注》卷三二『此庵語録十卷』條，上海古籍出版社，二〇〇七年，頁一四九一—一四九二。

[二] 按：該本藏中國科學院圖書館，今收入《續修四庫全書》（第九四四册，頁六三—二七四）及《四庫全書存目叢書》（子部第二〇册，齊魯書社，二〇〇一年，頁一—二一一；内删去其書名頁）。杜澤遜已指出該本題作《此庵講録》而未予申論。參其《〈四庫提要〉斠正》第十五條，載《圖書館雜志》，二〇〇六年第十期，頁七三。

[三] 杜澤遜《四庫存目標注》卷三二『此庵語録十卷』條，頁一四九一—一四九二。

（二）《總目》卷九七《朱子聖學考略》提要：

國朝朱澤沄撰。澤沄字止泉，寶應人。（頁一二七六）

按：考王箴傳《朱先生澤沄行狀》：『先生諱澤沄，字湘淘，別號止泉，姓朱氏，揚州寶應人。』[一]又《（民國）寶應縣志·人物志》：『朱澤沄，字湘淘，號止泉，諸生。』[二]知朱氏（一六六六—一七三二）字湘淘，止泉其號。

（三）《總目》卷九七《萬世玉衡録》提要：

國朝蔣伊撰。伊字謂公，常熟人。康熙癸丑進士，由翰林院庶起士改陝西道監察御史，官至河南提學副使。（頁一二八二）

按：《江蘇采輯遺書目録》將此書歸入史部史評類[三]。館臣關於蔣氏之字等記載有誤。考彭紹升《故提督河南學政按察使副使蔣公伊事狀》云：『公諱伊，字渭公，世居蘇州常熟縣。』『康熙五年，舉鄉

[一] 錢儀吉纂，靳斯校點《碑傳集》卷一二九，中華書局，一九九三年，頁三八三二。
[二] 戴邦貞等修《（民國）寶應縣志》卷一二，民國二十一年（一九三二）鉛印本。
[三] 黄烈編《江蘇采輯遺書目録》（清歸安姚覲元咫進齋緑絲欄鈔本），見張昇編《〈四庫全書〉提要稿輯存》第四册，北京圖書館出版社，二〇〇六年，頁二四一。

薦。十二年，成進士。」『會詔求學行兼長者充督學任，九卿舉公以應。遷河南按察副使提督學政。……有《莘田文集》行世。』〔一〕又《(雍正)河南通志・職官・提學道》『蔣伊』條：『江南常熟人，進士。按察司副使提學道。康熙二十四年任。』〔二〕周中孚《鄭堂讀書記》『《條奏疏稿》一卷《續刊》一卷(借月山房匯鈔本)』條，提要云：『國朝蔣伊撰。……有恭進《玉衡録》《臣鑒録》二疏，則其初成進士時所上，後附熊敬修(賜履)所撰墓志銘，稱其感激知遇，多所陳奏。』自注云：『伊字渭公，號莘田，常熟人。康熙癸丑進士，官至河南提學道。』〔三〕上引各條參互補充，知蔣伊字渭公，號莘田；康熙十二年(癸丑，一六七三)進士，康熙二十四年(一六八五)任河南按察司副使、提學道，後卒於任。

(四)《總目》卷九七『《正修録》三卷《齊治録》三卷(浙江巡撫采進本)』條，提要云：

國朝于准撰。准字萊公，永寧人。江南總督成龍子也，官至江蘇巡撫。是編因成龍雜抄之稿，與蔡方炳編次增益之。《正修録》所采凡一百三十八家之言，不分門目。《齊治録》所采，則分幼學養蒙、閑家善後、士子守身、縉紳居鄉、以道事君、任職居官、勸諭愚民、慎重刑獄、善俗戢奸、催科撫字、備荒救灾十一門。(頁一二八二)

〔一〕錢儀吉纂，靳斯點校《碑傳集》卷五三，中華書局，一九九三年，頁一五二一、一五二三。
〔二〕田文鏡、王士俊等修《(雍正)河南通志》卷三五，《景印文淵閣四庫全書》第五三六册，臺灣『商務印書館』，一九八六年，頁三四九。
〔三〕周中孚《鄭堂讀書記》卷二一，吴興劉氏嘉業堂刊本，《續修四庫全書》第九二四册，上海古籍出版社，二〇〇二年，頁二七九。

按：關於本條書名，《浙江采集遺書總録·己集》作『《正修齊治録》六卷』[一]。二書僅見康熙刻本[二]，當即浙江巡撫采進者。經檢，二書全名乃作《先儒正修録》《先儒齊治録》。作者于准，字子繩，其人爲于成龍之孫，而非其子[三]；『萊公』當是其號。《齊治録》分上、中、下三帙，帙前各有目次；目次中於所采數條之後，附有小類説明，如云『已上係閑家善後法』之類。《總目》提要中所稱『十一門』者，即匯此小類説明而成。惟上帙首類，原本作『已上係幼學蒙養法』[四]，知《總目》作『養蒙』，實誤倒其文。

（五）《總目》卷九七《理學正宗》提要：

國朝竇克勤編。克勤字敏修，號敬庵，柘城人。康熙戊辰進士，官翰林院檢討。（頁一二八四）

按：《總目》所記竇氏『敬庵』之號有誤。尹會一《竇先生克勤傳》：『先生諱克勤，字敏修，號静庵，柘城人。康熙壬子舉於鄉，與耿逸庵、湯潛庵兩先生講正學，任泌陽教諭。……戊辰，成進士，改庶常。……服闋，授檢討。以疾作，乞假歸里。……著有《理學正宗》《孝經闡義》《事親庸言》《尋樂堂家

[一] 沈初等撰《浙江采集遺書總録》，上海古籍出版社，二〇一〇年，頁三四五。
[二] 按：該本有數處收藏，《四庫全書存目叢書》所收者爲清華大學圖書館藏本。另參杜澤遜《四庫存目標注》卷三二，頁一五〇九。
[三] 參唱春蓮等《北京圖書館近年采進善本書提要（二）》，《北京圖書館館刊》，一九九八年第三期，頁一一七；楊武泉《四庫全書總目辨誤》，上海古籍出版社，二〇〇一年，頁一二九。按：前文復指出，《正修録》所收先儒之説達一百五十八家。
[四] 于准《先儒齊治録》，清康熙刻本，《四庫全書存目叢書》子部第二三册，齊魯書社，二〇〇一年，頁五三五。

規》《泌陽學條規》等書，行於世。」[一] 湯右曾《徵仕郎翰林院檢討静庵竇公墓志銘》：「公諱克卿，字敏修，號静庵，一號艮齋，又號遁庵。」[二] 知《總目》作「敬庵」者，蓋係「静庵」之誤。

（六）《總目》卷九八《嵩陽學凡》提要：

國朝景日昣撰。日昣有《嵩岳廟史》，已著録。是書依《大學》八條目，排纂諸家語録。意取通俗，故言皆淺近。蓋曹端《夜行燭》之類。每門中分析子目至數百條，亦不免於蕪雜。（頁一二八五）

按：景氏此書，杜澤遜據《都察院副都御史黄交出書目》及四川圖書館藏康熙刻本書題，指出書名當作《嵩崖學凡》[三]。此藏本收入《四庫全書存目叢書》，經檢，書名實作《嵩厓學凡》（其板心、《總目》等處均署此名）。書前載景氏《學凡題言》，末署「壬午歲冬十月嵩厓景日昣冬易氏書於端署之聽日軒」[四]，知「嵩厓」爲景氏之號。此書凡六卷，自卷二起，依次爲格物致知之學、誠意正心之學、修身之學、齊家之學、治國平天下之學，提要所謂「依《大學》八條目，排纂諸家語録」者以此；其卷一，則分「學

[一] 錢儀吉纂，靳斯點校《碑傳集》卷四六，頁一二八六。按：「耿逸庵」「湯潛庵」，分别指耿介、湯斌。
[二] 錢儀吉纂，靳斯點校《碑傳集》卷四六，頁一二八七。
[三] 杜澤遜《〈四庫提要〉斠正》第十七條，《圖書館雜志》，二〇〇六年第一〇期，頁七三。
[四] 景日昣《嵩厓學凡》，清康熙刻本，《四庫全書存目叢書》子部第二五册，頁三六五。

指」「學綱」「學則」「朱子教條」四類，實具總論性質，館臣未能論及。

（七）《總目》卷九八《續小學》提要：

國朝葉鈐編。鈐號潛夫，嘉善人。是書成於康熙辛未，以朱子《小學》一書所采，至宋淳熙而止，因續采自宋迄明諸儒言行可爲師法者，仍以内外篇目分條類叙，自爲之注。其立教第一篇末附《幼儀》三十則，則鈐所自撰也。（頁一二八五）

按：考《浙江采集遺書總録・丙集》「《續小學》六卷」條，提要云：「右國朝嘉善葉鈐撰。以朱子《小學》所録至宋淳熙間止，鈐因續采先儒言行，仿原書内外篇目，條分而類次之。」〔一〕所記與《總目》相似，或爲館臣所本。按館臣撰寫提要之通例，撰者如係首見，均予簡介，明其字、號，紀其籍貫，復明科第、仕履等，意在遠紹劉向、歆父子撰寫叙録之傳統，以知人論世。《總目》此條示號不示字，於例有闕。考《（光緒）重修嘉善縣志・人物志》：「葉鈐，字重君，號潛夫，繼美孫。稟异姿，外祖錢相國以大器目之。弱冠游庠中，年大司馬、張公國維辟爲記室，倚馬草檄，援引大義，讀者汗浹。……返里，築茅屋數椽，壘土成阜曰果山，黄冠布衲以終。著有《孝經注疏大全》《明紀編遺》《小學衍義》《續小學》《果山志》

〔一〕沈初等撰《浙江采集遺書總録》，頁一三六。

《人譜大全》諸書。」〔一〕此傳既載其字，又能明「果山」之所指（葉氏於書内自題「禾郡果山葉鈔」〔二〕）。

（八）《總目》卷九八「《近思續録》四卷」條，提要云：

國朝劉源淥撰。源淥字昆石，自號直齋，安邱人。是書因朱子《近思録》篇目，采輯朱子《或問》《語類》《文集》，分門編輯。前有康熙辛巳其門人陳舜錫、馬恒謙二序。（頁一二八六）

按：《總目》此條之下，復有《冷語》三卷、《讀書日記》六卷兩條，亦劉氏著述。時賢已疑館臣所記《近思續録》卷數有誤〔三〕。提要稱劉氏「字昆石」，其他文獻記載多同。如清國史館所撰本傳，孫自務、彭紹升所撰劉氏傳，唐鑒所輯學案等，均作「昆石」〔四〕。文獻中又有記作「昆右」者。《（道光）安邱新志・儒林傳》：「劉源淥，字昆右，邑諸生，學者稱直齋先生。」〔五〕《（咸豐）青州府志・人物志》，亦記其字

〔一〕江峰青等修《（光緒）重修嘉善縣志》卷二四，清光緒十八年（一八九二）刊本。

〔二〕葉鈔《續小學》，南京圖書館藏清刻本，《四庫全書存目叢書》子部第二五册，頁五五二。

〔三〕杜澤遜《〈四庫提要〉斠正》第十八條，頁七三。按：該書存有鈔本數種及道光刻本（參杜澤遜《四庫存目標注》卷三二，頁一五一五。《四庫全書存目叢書》所收爲清華大學圖書館藏陳舜錫抄本十四卷（附録一卷），前有陳氏《小引》，而無馬氏序文，顯非館臣所見之本。

〔四〕以上數篇，均載李桓輯《國朝耆獻類徵初編》卷四〇五，見周駿富輯《清代傳記叢刊》第一七九册，明文書局，一九八五年，頁五五九—五七四。江慶柏《清代人物生卒年表》（人民文學出版社，二〇〇五年，頁一九四），即據此著録。

〔五〕孫維均等修《（道光）安邱縣志》卷一七，民國九年（一九二〇）石印本。

爲昆右[一]。這兩種文獻均爲方志。考劉氏《讀書日記》六卷，有雍正刊本[二]，卷前載《劉直齋先生傳》，末署『康熙庚子仲冬望日同里後學馬長淑纂』[三]。該傳詳記劉源渌生平事行、學術與著述，較上揭各種傳記資料更爲完備。傳文首稱『先生諱源渌，字昆右，號直齋』。以馬氏『同里後學』之身份，且距劉氏之卒僅二十年（馬《傳》言劉氏『卒本朝康熙庚辰七月廿九日亥時』），所記當更爲可信。另從字義上看，『源』『渌』從水，『昆右』爲字，較『昆石』更爲允洽。

（九）《總目》卷九八《耻亭遺書》提要：

國朝周宗濂撰。宗濂字簡庵，華亭人。雍正癸卯（一七二三）拔貢生，官潛山縣教諭。（頁一二八九）

按：館臣以周宗濂爲華亭人。檢《浙江采集遺書總録・丙集》『《耻亭遺書》十卷（寫本）』條，提要稱『右國朝教諭華亭周宗濂撰』[四]。知館臣沿襲此説，而未詳核其實。華亭自唐天寶時即置縣，至清則

[一] 文煜等修《（咸豐）青州府志》卷四六，清咸豐九年（一八五九）刻本。
[二] 按：該本附《補編》二卷，清華大學圖書館藏，收入《四庫全書存目叢書》子部第二六册。清宣統間有續刻本。參杜澤遜《四庫存目標注》卷三二，頁一五一六。
[三] 劉源渌《讀書日記》，清雍正刊本，《四庫全書存目叢書》子部第二六册，頁五八〇。
[四] 沈初等撰《浙江采集遺書總録》，頁一二七。該録將《耻亭遺書》歸入經部群經類。

屬松江府。考《(光緒)金山縣志·儒林傳》,有云:『周宗濂,字簡庵,西菖蒲涇人。拔貢生。幼務農,農隙始讀書。及長,究心理學。銓授潛山教諭,不赴。著《綱目節略》《通考節貫》《周禮節要》。』[一]周氏銓官不赴,可正提要中關於周氏仕履之記載。又,據《江南通志》卷五松江府沿革表,知金山縣係雍正二年(一七二四)析婁縣金山衛地而置,而婁縣於順治十三年(一六五六)已自華亭縣析置[二],故周宗濂當爲金山人。周氏於其所輯《文獻通考節貫》之《凡例》末,自稱『華亭周亭濂』[三],蓋以其地舊屬華亭,且華亭一名歷祀最久之故。

(十)《總目》卷九八《張子淵源録》提要:

國朝張鏐編。鏐號紫峰,樂陵人。雍正壬子舉人。是書以儀封張伯行所刻《張子全書》不無訛誤,因仿《近思》《淵源》二録之遺意,擇張子粹言以程、朱論定者,匯爲一集。(頁一二九〇)

按:據整理本注,浙本、粵本於『舉人』後有『官内閣中書』五字。時賢已訂提要中所載張氏仕履之誤,以爲當作『乾隆甲子舉人』,『官臨清州學正』[四]。惟提要中舉號不舉字,尚未引起注意。考賈聲槐

[一] 龔寶琦等修《(光緒)金山縣志》卷二〇,清光緒四年(一八七八)刊本。
[二] 趙宏恩等修《江南通志》卷五,《景印文淵閣四庫全書》第五〇七册,頁二五二。
[三] 周宗濂輯《文獻通考節貫》,清乾隆十五年(一七五〇)竹友草堂刻本,《四庫全書存目叢書》子部第二三五册,頁五八一。
[四] 楊武泉《四庫全書總目辨誤》,頁一二九—一三〇。

所撰張氏傳，有云：『先生諱鏐，字紫磨，後改紫峰，自號心陽子。姓張氏，世爲樂陵名族。』[一]可補提要之疏漏。

（十一）《總目》卷九八『《思通集》二卷《隨意吟》一卷』條，提要云：

國朝秦望撰。望字元宫，無錫人。（頁一二九一）

按：秦望之字，當作元功。考楊熙之《秦望傳》：『秦望，字元功，諸生。精究天文地理，作《思通集》。兼善醫，著有《醫源》八卷。』[二]又《（光緒）無錫金匱縣志·文苑傳》：『秦望字元功，諸生。精究《易》學，旁及天文地理，作《思通集》。兼善醫，著有《醫源》八卷。』[三]

（十二）《總目》卷九八《講學》提要：

國朝陳祖銘編。皆其師李培講學語也。培號此庵，嘉興人。其説皆闡姚江餘緒。上卷曰溯源委、同人我、端學術、定志趣、認本體、議功夫、求悟門、先默識、崇實際、重悟輕修、脱世味，凡十一條。下卷則皆雜論性理、四書大旨。觀其立論，以悟爲宗，而又譏世之講學者重悟而輕修。特

[一] 李桓輯《國朝耆獻類徵初編》卷二五四，頁一七九。
[二] 李桓輯《國朝耆獻類徵初編》卷四二二《沈金鼇傳》附，頁三八五。
[三] 裴大中等修《（光緒）無錫金匱縣志》卷二二，清光緒七年（一八八一）刊本。

巧掩其跡，杜人攻詰而已矣。（頁一二九二）

按：關於作者李培，提要僅及其號與籍貫，頗爲簡略。考《（光緒）嘉興府志》李培傳云：『李培，字培之。從唐樞、王畿游，究性命之學。以歲貢任上虞、海寧、新城學博。所至講學課士，多所造就。終龍南令。著有《水西集》。』[一]《講學》二卷，今存有清鈔本，爲《四庫全書存目叢書》所收。經檢，該本上卷於『求悟門』『先默識』兩條間，尚有『嚴真似』一條；目下有陳氏注云：『銘按：真似嚴而邪僞之術消。』[二]可見共有十二條，館臣『十一條』之説不確。

（十二）《總目》卷九八《三立編》提要：

國朝王梓編。梓字琴伯，郃陽人。官崇寧縣知縣。是編取明王守仁著述，分類編輯，以講學者爲立德，以論事者爲立功，以詩文爲立言。（頁一二九二）

按：徵諸載籍，王梓爲郃陽人（時屬陝西同州府，今渭南市合陽縣），並無疑議；而出仕之地，則有不同之記録。王氏著有《槐蔭堂集》，清初大家朱彝尊爲之作序，頗爲稱賞：『今年冬，知崇安縣事郃陽王侯琴伯，以《槐蔭堂集》惠寄。發函伸紙，誦之，格詩近體，各有其長。當夫冥搜而出，泠然以風，颯然

[一] 許瑶光、吴仰賢等修《（光緒）嘉興府志》卷五三，清光緒五年（一八七九）刊本。
[二] 李培撰，陳祖銘編《講學》卷上，北京圖書館藏清鈔本，《四庫全書存目叢書》子部第二九册，頁八三八。

以雨；及其既霽，春陽秋月，明媚於千花百草之間：由其興會之高遠，不專工字句之末。」〔一〕朱彝尊稱王氏知崇安縣，與《總目》提要中所稱崇寧縣，顯非一地。崇寧縣時屬四川成都府，崇安縣則屬福建建寧府。按《福建通志》卷二《建置沿革》：「崇安縣，本唐建陽縣地，五代時僞閩析置温嶺鎮，南唐改爲崇安場，宋淳化五年升爲縣，元明仍舊，國朝因之。」〔二〕又卷二七列崇安縣知縣名録，有「王梓（邵陽人，歲貢，康熙四十二年任）」「梅廷雋（南城人，舉人，康熙五十一年任）」〔三〕。知王梓知崇安縣長達十年之久。館臣之疏誤，可能襲自《欽定皇朝文獻通考》。該書《經籍考（十六）》有「《三立編》十二卷」條：「王梓編。梓字琴伯，邵陽人。官崇寧縣知縣。」〔四〕前揭館臣對王梓的介紹，同此處如出一轍。《皇朝文獻通考》係乾隆十二年（一七四七）奉敕編撰，至二十六年（一七六一）始與《五朝續文獻通考》分開，「自開國以後，别自爲書」（《欽定皇朝文獻通考》提要）〔五〕。十餘年後，《四庫全書》纂修工程纔開始啓動。館臣有可能徑采此處文字入提要，未遑詳考。

〔一〕朱彝尊《王崇安詩序》，《曝書亭集》卷三九，清康熙甲午（一七一四）原刻本。
〔二〕郝玉麟、謝道承等修《福建通志》卷二，《景印文淵閣四庫全書》第五二七册，頁二三九。
〔三〕郝玉麟、謝道承等修《福建通志》卷二七，《景印文淵閣四庫全書》第五二八册，頁三九五。
〔四〕弘曆敕撰，《欽定皇朝文獻通考》卷二二六，《景印文淵閣四庫全書》第六三七册，頁三一二—三一三。
〔五〕永瑢、紀昀等《四庫全書總目》卷八一，頁一〇八五。

(十四)《總目》卷九八《性理析疑》提要:

國朝蔡洛撰。洛,武平人。此書皆舉宋儒之説,摘條設問,分二十七門,或引先儒之言,或出己意以解之。引伸觸類,辨析頗詳。然大抵如坊刻高頭講章之説也。(頁一二九二—一二九三)

按:關於作者,提要僅及其籍貫,餘均闕如。考《(乾隆)長泰縣志·人物志》:『蔡洛,字箕衍,號雙溪。質性冲淡,好古嗜學。……覃恩贈父秩文林郎,晋一級,益自感泣。旋兼長沙篆,尤多政聲。……手訂《性理析疑》《四書體注參補》《春秋戰國時事叙斷》諸書,又著《花譜秘存》一册。壽七十五而終。』〔一〕志文簡要,可補提要之闕漏(長泰、武平二縣分屬福建漳州府、汀州府)。

三、存目書提要與著録書提要差异之譾論

四庫館臣在《四庫全書總目·凡例》中説:『今於所列諸書,各撰爲提要,分之則散弁諸編,合之則共爲總目。每書先列作者之爵里,以論世知人;次考本書之得失,權衆説之异同;以及文字增删,篇帙分合,皆詳爲訂辨,巨細不遺。而人品學術之醇疵,國紀朝章之法戒,亦未嘗不各昭彰癉,用著勸懲。

〔一〕張懋建等修《(乾隆)長泰縣志》卷九,民國二十年(一九三一)重刊本。

其體例悉承聖斷，亦古來之所未有也。」[一]知館臣對《總目》提要，有嚴格的撰述標準，且自許甚高。但實際情形又如何？從上述儒家類存目提要來看，其訛謬之處，主要有以下幾個方面：

（甲）所載圖書信息（如書名、卷數等）有誤。如第（一）（四）（六）等條。

（乙）所載作者信息（如字號、里貫、仕履等）有誤。如第（二）（三）（五）（七）（八）（九）（十）（十一）（十二）（十三）（十四）等條。

（丙）所載著述介紹有誤。如第（四）（十二）等條。

以上三個方面，分别對應於《凡例》『論世知人』『篇帙分合』等内容，其實屬於作者及圖書的客觀介紹方面。至於最被學人看重的能起讀書門徑作用的『人品學術之醇疵』的内容，前述辨正中並未涉及。這並不是説館臣没有這方面的錯誤，實際上，在前揭儒家類存目提要中，館臣根本没有撰寫這一方面的文字。也就是説，對圖書撰述大旨、學術醇疵的品評内容，在存目書提要内是缺失的。這一缺失，嚴重影響了《總目》作爲讀書治學之門徑的學術意義。

進一步比勘發現，《總目》存目書提要同著録書提要之間的差距，不僅表現在品評著述旨趣及得失之内容的有無，還表現在圖書著録、作者介紹、圖書介紹等内容的詳略上。按照上揭《凡例》所規定的

[一] 永瑢、紀昀等《四庫全書總目》，頁三二一。

義例，館臣於撰者之生平、科名、仕履，圖書之書名、卷數、校讎、内容分布，都應有準確的、簡明扼要的介紹；對著述内容的學術旨趣與得失，都有相應的分析與品評。但兩相對比就不難看出，存目書提要不僅缺少對著述旨趣與得失的主觀論析，即便對圖書與作者的客觀介紹，也經常出現如前揭諸例所展示的錯誤。在提要文字容量上，差別也比較明顯，存目書提要的文字非常簡略（其實更近似於《四庫全書簡明目録》），遠没有著録書提要那樣清楚明晰。館臣撰寫存目書提要之漫不經心，同撰寫著録書提要之精勤用心，相判雲泥，對比强烈。

那麽，爲什麽同爲《總目》提要，存目書提要會同著録書提要之間存在巨大的差异呢？試看館臣擬就之凡例：『前代藏書，率無簡擇，蕭蘭並擷，珉玉雜陳，殊未協别裁之義。今詔求古籍，特創新規，一一辨厥妍媸，嚴爲去取。其上者悉登編録，罔致遺珠。其次者亦長短兼臚，見瑕瑜之不掩。其有言非立訓，義或違經，則附載其名，兼匡厥繆。至於尋常著述，未越群流，雖咎譽之咸無，究流傳之已久，準諸家著録之例，亦並存其目，以備考核。等差有辨，旌别兼施。自有典籍以來，無如斯之博且精矣。』〔一〕

館臣説得很清楚，此次纂修《四庫全書》，要對前代藏書進行甄别，所謂『辨厥妍媸，嚴爲去取』。這

〔一〕永瑢、紀昀等《四庫全書總目》，頁三一。

種甄别，顯然是從圖書的思想内容來加以區分的。館臣將圖書分成三類：『其上者』『其次者』『尋常著述』。前兩類，實際上是著録書，通過提要的『兼匡厥繆』，作内容上的評析；後一類，則是存目書，『僅存其目，以備考核』而已。存目書提要同著録書提要在著録内容之豐儉、學術品評之有無上的差别，其原因正在於此。

如果進一步推究，四庫館臣『等差有辨，旌别兼施』的做法，其實並不是館臣别出心裁，自創新格，而是直接受到清高宗弘曆纂修《四庫全書》指導思想的影響。作爲極權君主，弘曆擁有大一統中央集權帝國的權力和財富，能够動員全國的政治與文化精英從事《全書》纂修這一古代史上最大的文化工程。纂修《四庫全書》，是弘曆爲了鞏固滿洲統治、樹立本朝文化正統、構建極權帝國文獻體系而采取的文化方略；全書纂修過程，實際上也對存世文化典籍進行内容甄别、實施禁毁的過程；這一過程，可以概括爲『寓禁於徵，寓毁於修』（筆者對此曾有深入論析[一]）。早在乾隆三十八年（一七七三）五月初一日，也即四庫館開館不久，弘曆就發布了一道上諭，中云：『朕幾餘懋學，典册時披，念當文治修明之會，而古今載籍未能搜羅大備，其何以裨藝林而光策府？爰命四方大吏，加意采訪，匯上於朝。又以翰林院署舊藏明代《永樂大典》，其中墜簡逸篇，往往而在，並敕開局編校，芟蕪取腴，每多世不經見之

[一] 張宗友《寓禁於徵，寓毁於修——論清高宗弘曆纂修〈四庫全書〉的禁毁策略》（上）（下），分載《古典文獻研究》第十九輯上卷、下卷，鳳凰出版社，二〇一七年，頁一—二七、一—二六。

本。而外省奏進書目，名山秘笈，亦頗裒括無遺。合之大内所儲，朝紳所獻，計不下萬餘種。自昔圖書之富，於斯爲盛。特詔詞臣，詳爲勘核，厘其應刊、應抄、應存者，係以提要，輯成《總目》，依經史子集部分類衆，命爲《四庫全書》，簡皇子、大臣爲總裁以董之。』[一]所謂『應刊』者，指交由内府刻印；『應抄』者，對内容進行處理後納入《全書》；『應存』者，打入另册，並不納入《全書》。前二者對應於《總目》内的著録書（凡三七六一種），後者對應於存目書（凡六七九三種）。其實，在這道上諭里，弘曆並未明説的還有一類，即『應删』（『應毁』）者，也即因内容違礙而被禁毁者。在此前的閏三月十一日，奉弘曆之命而辦理全書的大臣們上奏，就如何辦理全書提出了幾條對策，其中就有將圖書分爲『應刊』『應鈔』『應删』[二]三項而加以甄别處理的做法。弘曆在上諭中巧妙地使用了『應存』一詞，並没有改變大規模禁毁圖書之事實。總之，弘曆借校理圖書之機，一方面纂修本朝的正史，實現其宏大叙事；另一方面對圖書進行審查，禁毁對本朝統治不利的圖書。這一過程，都遮掩於稽古右文的堂皇口號之下。館臣在纂修《總目·凡例》時，顯然曲諱其實，未能對存目書提要之簡略，做出令人信服的説明。

[一] 張書才主編《纂修四庫全書檔案》第六十六條，上海古籍出版社，一九九七年，頁一〇七—一〇八。
[二] 張書才主編《纂修四庫全書檔案》第四十九條，頁七四—七五。

四、結語

綜上所論，《四庫全書總目》儒家類存目書提要内，存在一些訛誤，主要類型有：（甲）所載圖書信息（如書名、卷數等）有誤；（乙）所載作者信息（如字號、里貫、仕履等）有誤；（丙）所載著述介紹有誤等。同著録書提要相比，存目書提要缺少對圖書撰述旨趣的品評、學術得失的揭示，從而存在内容豐儉與文字長短的差异；其學術價值也因此受到影響，不盡能起到讀書治學門徑的作用。造成這種差异的原因，主要在於四庫館臣對著録書、存目書處理不同：前者作爲重要典籍，抄存七閣；後者則隱没不彰。其根源則在於，清高宗弘曆爲樹立本朝文化正統、構建極權帝國文獻體系而纂修《四庫全書》，寓禁於徵、寓毁於修，對圖書進行了應刊、應抄、應存、應删的甄别處理。由於分纂館臣在身份、學養，尤其是撰述態度等方面，均各有不同，存目書提要同著録書提要之間，因此必然存在差异；而這種差异，也恰爲剖析弘曆纂修《全書》的真實動機，提供了一個生動的例證。

（本文原載《徐州工程學院學報》，二〇一九年第三期）

拾叁 《四庫全書總目》研究之省思

——基於《春秋地名考略提要》的學術史考察

一、引言

清代中葉，清高宗愛新覺羅·弘曆（一七一一——一七九九。年號乾隆）爲構建極權帝國文獻體系而下令纂修《四庫全書》，在中國古代文獻文化史上規模最爲宏大，影響極爲深遠。作爲該項大型纂修工程的代表性成果之一，《四庫全書總目》（以下簡稱『《總目》』〔一〕）著録宏富，分類精審，其四部總叙、各

〔一〕按：《四庫全書總目》纂成時名《欽定四庫全書總目》，『《總目》』係其本稱。在《四庫全書》纂修進程中，先後出現以『總目』『提要』『總目提要』爲核心語彙而分别加上『四庫全書』『全書』兩個前綴所形成的三個指稱系列。説詳拙文《論〈四庫全書總目〉的稱名問題》（載《國學研究》第四十一卷）。

類小序及群書提要，尤以能辨章學術、考鏡源流而著稱；該目因此集古典目録之大成，被公認爲讀書治學的門徑之作〔一〕。學界對《總目》極爲關注，相關研究蔚爲大觀，《總目》研究已成爲四庫學中最重要的分支之一〔二〕。

學界對《四庫全書總目》的研究，大致有兩種學術取徑。一是深入其『内』，關注該著本身之纂修問題，旨在考溯史實，厘清細節〔三〕；或針對其内容（尤其是提要）之失，進行文本校補、訂正或辨證等。二是關注其『外』，重在揭示該著編撰之歷史背景，發明其學術史、思想史或文化史之意義〔四〕。以上兩種思路，在具體研究中，並非截然分途，而是彼此觀照，交互爲用；其主流，仍是按照傳統樸學的研究路

〔一〕如余嘉錫云：『漢、唐目録書盡亡，《提要》之作，前所未有，足爲讀書之門徑，學者捨此，莫由問津。』（余嘉錫《四庫提要辨證・序録》，中華書局，一九八〇年，頁五一）又云：『但欲求讀其書而知學問之門徑，亦惟《四庫提要》及張氏之《答問》差足以當之。』（余嘉錫《目録學發微》，巴蜀書社，一九九一年，頁一五）

〔二〕學界有提出建立專門『四庫總目學』之倡議（詳陳曉華《『四庫總目學』史研究・緒言》，商務印書館，二〇〇八年，頁一—四）。

〔三〕此類專著有司馬朝軍《〈四庫全書總目〉編纂考》（武漢大學出版社，二〇〇五年）等。討論《四庫全書》纂修的專著，也會涉及《總目》，如郭伯恭《四庫全書纂修考》（商務印書館，一九三七年）、〔美〕蓋博堅（R. Kent Guy）《〈四庫全書〉：乾隆晚期的學者與國家》（哈佛大學出版社，一九八七年）、黄愛平《四庫全書纂修研究》（中國人民大學出版社，一九八九年）、〔美〕白齊茹（Cheryl Boettcher Tarsala）《〈四庫全書〉著者考：乾隆晚期（一七七一—一七九五）的考據與著述》（博士學位論文，加利福尼亞大學，二〇〇一年）、張昇《四庫全書館研究》（北京師範大學出版社，二〇一二年）等。

〔四〕此類專著有周積明《文化視野下的〈四庫全書總目〉》（中國青年出版社，二〇〇一年）、司馬朝軍《〈四庫全書總目〉研究》（社會科學文獻出版社，二〇〇四年）、張傳峰《〈四庫全書總目〉學術思想研究》（學林出版社，二〇〇七年）等。

徑，對《總目》進行文本校訂或内容辨證。自近代以降，大批優秀學人致力於此，成果豐碩，體現爲數部專著的相繼問世與大量學術論文的不斷發表；代表之作，有余嘉錫《四庫提要辨證》、胡玉縉《四庫全書總目提要補正》、崔富章《四庫提要補正》、李裕民《四庫提要訂誤》、楊武泉《四庫全書總目辨誤》等〔一〕。在文本校理方面，則出現了匯集已有成果的整理本、彙訂本〔二〕。

那麽，學界對《總目》的内在研究，其水平與現狀如何？既有研究成果，其結論是否都圓滿自洽，堪稱定讞？有無值得繼續深入研究的論題與空間？在研究思路與操作方法上，有無值得借鑒或需予修正之處？應當説，學界不乏對上述問題進行回顧與概述性質的文章，但是罕有針對具體案例而進行的剖析與總結。事實上，如欲提高《總目》研究的水平，使之走向深入，此類學術史性質的梳理與總結就十分必要。否則，任何宏圖與展望，都只能流於空談。

〔一〕各家出版信息如次：胡玉縉《四庫全書總目提要補正》，上海書店出版社，一九九八年；崔富章《四庫提要補正》，杭州大学出版社，一九九〇年；李裕民《四庫提要訂誤》，書目文獻出版社，一九九〇年；又增訂本，中華書局，二〇〇五年；楊武泉《四庫全書總目辨誤》，上海古籍出版社，二〇〇一年。

〔二〕具有匯集性質的《四庫全書總目》整理本有兩種，一是四庫全書研究所《欽定四庫全書總目》（中華書局，一九九七年。以下簡稱『整理本』），整理者自稱參考了余嘉錫、胡玉縉、崔富章、李裕民四家專著及近二〇〇篇論文；二是魏小虎《四庫全書總目彙訂》（上海古籍出版社，二〇一二年，以下簡稱『彙訂本』），據稱匯集了余嘉錫、胡玉縉、崔富章、李裕民、楊武泉、杜澤遜七家著作及更多的單篇論文。

基於上述認識，本文選取《四庫全書總目》中《春秋地名考略提要》作爲考察個案，對既有研究成果進行覆按與平議，試圖爲回答上述問題而作出嘗試。自近代以來，學人不斷地對《春秋地名考略提要》進行訂正或辨證；而各家之引據與考辨，因其研究視角與論證程度的不同，又都不可避免地存在空白，留下進一步探索與申論的空間。就學者參與的廣度與論題涉及的深度而言，此一個案頗具代表性，爲考察學界研究《總目》的現狀、水平與方法，以及審視《總目》提要的學術質量，提供了一個具有典範意義的樣本。

二、當代學者《春秋地名考略提要》辨誤平議

《四庫全書總目》『《春秋地名考略》十四卷（浙江巡撫采進本）』條提要云：

國朝高士奇撰。士奇字澹人，錢唐人，居於平湖。以諸生薦直内廷，授中書舍人，改翰林院侍講，官至内閣學士。是編乃康熙乙丑，士奇奉敕撰《春秋講義》，因考訂地理，併成是書奏進。據閻若璩《潛邱札記》稱『秀水徐勝敬可，爲人作《左傳地名》訖，問余成公二年䡴之戰』云云，則實士奇倩勝代作也。其書以《春秋》經、傳地名，分國編次，皆先列國都，次及諸邑。每地名之下，皆先列經文、傳文及杜預《注》，而復博引諸書，考究其异同，砭正其疏舛，頗爲精核。惟時有貪多炫博，轉

致瑣屑者。如魯莊公作臺，臨黨氏，遂立『黨氏臺』一條，殊於地理無關。又如晋以先茅之縣賞胥臣，遂立『先茅之縣』一條，既不能指爲何地，但稱『猶云蘇忿生之田』，則亦安貴於考邪？是則過求詳備之失也。[一]

本條提要，包括以下幾個部分：（一）首明撰者，簡介生平事行（用以知人論學）；（二）次述緣起，推溯撰著背景（旨在論世知人）；（三）次徵旁證，指出實際作者；（四）次叙體例，發明本書價值；

[一] 永瑢、紀昀等《欽定四庫全書總目》卷二九，武英殿刻本，《景印文淵閣四庫全書》第一册，臺灣『商務印書館』，一九八三年，頁五八九—五九〇。

按：『錢唐』，《總目》之整理本（頁三七四）、彙訂本（頁八七五）均改作『錢塘』。『作臺』，彙訂本作『築臺』，校記云：『「築」，殿本作「作」，誤。《春秋·莊公三十年》載：「初，公築臺臨黨氏。」』（彙訂本，頁八七六）考『作』有『造作』之義，如《史記·孝文本紀》：『嘗欲作露臺，召匠計之，直百金。』（《史記》點校本二十四史修訂本，中華書局，二〇一三年，頁五四一）故《總目》内改作『作臺』，也有理據，可通。

又按：《總目》提要是以書前提要（或稱本書提要、原本提要、庫書提要或閣書提要等）爲基礎的。檢文淵閣《四庫全書》本《春秋地名考略》書前提要（全文見下文第四節所引。其他閣本提要之間的差异，亦見下文第四節），首作『臣等謹案：《春秋地名考略》十四卷，國朝高士奇撰。康熙乙丑，士奇以詹事府少詹事奉敕撰《春秋講義》』；末有『乾隆四十三年三月恭校上』，附列總纂官紀昀、陸錫熊、孫士毅及總校官陸費墀之名（《景印文淵閣四庫全書》第一七六册，頁四七九—四八〇）。《總目》提要内『頗爲精核』『作臺』『是則過求』，文淵閣本書前提要分别作『頗多精核』『築臺』『是亦過求』；『既不能指爲何地』，書前提要無『既』字。其間差异，當是紀昀等將書前提要匯爲《總目》後，在格式、内容方面均有增删調整。

又按：《四庫全書簡明目録》卷三《春秋地名考略》十四卷』條提要：『國朝高士奇撰。《潛丘札記》以爲秀水徐勝作，莫能詳也。是書以《春秋》經傳地名，分國編次，各爲考證於條下，頗有嗜博之病，而大致詳贍。』（永瑢等撰，傅卜棠點校，華東師範大學出版社，二〇一二年，頁一一七—一一八）知其文係撮舉《總目》提要而成，未有新義，故下文考論時不再叙及。

（五）末摘其失，並舉二例佐證。初讀之下，該條提要内容齊全，形式整飭，允合館臣撰寫通例，並無任何特殊之處。但是，該條提要却引起了一衆學者的持續關注與辨誤，其焦點，毫無例外地集中於第三部分，即對該書作者問題的探討上。館臣提出作者問題，並以閻若璩《潛邱札記》爲據，認爲本書作者是徐勝而非高士奇，徐勝受高氏之命而代作是書。

當代學人中，崔富章首先對本條提要予以補正：

【按】《浙江采集遺書總録》：『《春秋地名考略》十四卷，刊本。右前人（高士奇）撰。援據各書，以證杜預原注，兼補其缺，所考最爲詳核。按此書朱彝尊謂秀水徐善著，蓋當時借刻於江村（高士奇），故今本署高名，後之論世者宜知之。』陸惟鎏《平湖經籍志》：『徐敬可名善，秀水人；其侄勝力，名嘉炎，均以文著，《清史》皆有傳。《提要》中所引《潛邱札記》，似誤合勝力、敬可爲一人；或「勝」字乃「善」字之誤歟？』

【按】是書爲浙江平湖徐善（敬可）受高士奇委托代撰，高士奇爲刻版負責人，與徐嘉炎（勝力）無涉，《提要》内兩『勝』字乃『善』字之誤。[一]

[一] 崔富章《四庫提要補正》，頁一七七。按：所引《浙江采集遺書總録》之文，見該目乙集内『《春秋地名考略》十四卷（刊本）』條（清乾隆四十年（一七七五）刻本，盧文弨校跋，見張昇《〈四庫全書〉提要稿輯存》第一册，北京圖書館出版社，二〇〇六年，頁二七五；又杜澤遜、何燦點校本，上海古籍出版社，二〇一〇年，頁一〇六）。兩處『高士奇』，係崔氏所注。『缺』，原本作『闕』。

《浙江采集遺書總録》（以下簡稱《總録》）係進呈書提要目録。這類提要目録，已對相關著述有初步之解題，對判斷圖書的價值十分必要，理應成爲四庫館臣甄别圖書、分纂提要的重要參考。細繹可知，該條采進提要[一]實已先於館臣提出作者問題，並已有較爲準確之論斷（其中得失，詳本文第四節之分析）。陸惟鎏（一八八八—一九四五）《平湖經籍志》係地方文獻目録，崔氏所引，乃陸氏按語（見該志卷一二高士奇《春秋地名考略》十二卷條下[二]）。陸氏在引據《總目》提要（題『《四庫提要》』）之後，有此按語，指出徐善（字敬可）、徐嘉炎（字勝力）乃叔侄二人，《潛邱札記》似誤合爲一，因而推論『徐勝』當作『徐善』。但陸氏之論述，並不周密，因爲館臣所見文本，爲『秀水徐勝敬可』，而非『秀水徐勝力敬可』；館臣之誤，在認『徐善』爲『徐勝』，而未認作『徐勝力』；故『誤合』云云，並無理據。《春秋地名考略》的作者問題，實際上同徐嘉炎（勝力其字）無關（崔氏所云『無涉』者是）。陸惟鎏另一推論則是成立的，因爲館臣之誤，恰在混淆了徐善與徐勝。

崔富章氏按語，能徵引《總録》《平湖經籍志》爲據，足證作者諳熟四庫纂修及浙江地方文獻，直溯其源；由此推繹出來的結論，也較爲允當。但高士奇徑納此書以爲己作（高氏曾以此書向朱彝尊索序，詳下文），並非僅是『刻版負責人』而已（此一結論，係從《總録》『借刻』之説導出）。又，崔氏『浙江平

[一] 按：『采進提要』，本文用以指稱各地上奏進呈書目時撰寫的簡明題解。
[二] 陸惟鎏《平湖經籍志》（陸氏求是齋刻本），載《地方經籍志彙編》第二六册，北京圖書館出版社，二〇〇八年，頁五五七—五五八。

湖徐善（敬可）』之表述亦有誤，因爲徐氏乃秀水人（《總録》《平湖經籍志》均已明示）；平湖與秀水，雖同爲嘉興府屬縣，而既非一地，亦不相鄰（中間尚隔嘉善與嘉興二縣）。此誤蓋涉《平湖經籍志》之書名而致。實則徐善其人，係陸氏按語中連帶考及者，並非傳主（高士奇）。

大約與崔富章同時（崔、李二書同年出版），李裕民復據《潛邱札記》卷二之文，並引《嘉興府志》之記載，謂館臣『誤上加誤』：

按：《潛邱札記》卷二作『秀水徐善敬可爲人撰《左傳地名》』，敬可爲徐善之字，勝力爲秀水人徐嘉炎之字，光緒《嘉興府志》卷五二有傳，勝力與敬可爲叔侄行，《提要》誤合勝力、敬可爲一人，又佚去『力』字，以爲此書爲徐勝所作，可謂誤上加誤矣。[一]

崔富章、李裕民均指出此書著者爲徐善，而非徐勝，可謂不約而同。李氏直接查考館臣引據之《潛邱札記》原文，堪稱直探本原之舉。但館臣所見，爲『秀水徐勝敬可』；李氏所見，爲『秀水徐善敬可』。李氏關於『誤合』的判斷，持論與上揭崔富章所引陸惟鍌之説正同，其未妥之處也正相同。需要指出的

[一] 李裕民《四庫提要訂誤》，頁一七（初印本）、頁二六（增訂本）。按：李氏初以『勝力與敬可爲叔侄行』，後來楊武泉據《清史稿·徐嘉炎傳》及《檇李詩繫》卷二八之記載，指出徐善（字敬可）爲徐嘉炎（字勝力）之叔，李氏增訂本中遂將該句改作『勝力爲敬可之侄』。

是,『誤合』之説,近人張穆已有申論(見下文所引),更在陸惟鍌之前。館臣所據,並非『秀水徐勝力敬可』,因此,李氏『佚去「力」字』之説,便不能成立。

繼崔、李二家之後,楊武泉有長篇辨誤〔一〕,其内容主要有以下幾點:

(一)《四庫全書總目》卷二九《春秋地理考實提要》稱其書『雖卷帙不及高士奇《春秋左傳地名考》之富,而精核則較勝之矣』〔二〕,『亦以《地名考》爲高士奇之作而無疑詞』。

(二)《潛邱札記》卷二載其撰人爲徐善,而非徐勝。

(三)《春秋地名考略》前所載朱彝尊序文,同朱彝尊《曝書亭集》卷三四所載《春秋地名考序》,兩者在文本之後半段存在明顯差异。爲明白起見,兹將楊氏所録之文對照如次(標點仍依其舊)〔三〕:

〔一〕楊武泉《四庫全書總目辨誤》,頁三三—三四。

〔二〕按:楊氏所引《總目》,係中華書局一九六五年斷句本,其中『較勝之』三字,前揭武英殿本作『勝之多』(頁五九九)。

〔三〕按:《春秋地名考略》前《原序》,有徐乾學、朱彝尊、高士奇三篇,均無細目。下表所列,依楊武泉之標目。但楊氏所録,文本有誤。(一)《春秋地名考略序》,核諸《春秋地名考略》之《景印文淵閣四庫全書》本(頁四八二—四八三)、清康熙刻本(《四庫提要著録叢書》經部第二二册,頁六四),知『别進職方』,當作『别述職方』;『學於《春秋》』,當作『學乎《春秋》』。(二)《春秋地名考序》,核以朱彝尊《曝書亭集》(清康熙甲午(一七一四)刻本。以下均用此本),知『則學夫《春秋》』,『夫』字當作『乎』字。

表一三　朱彝尊序文對照表

《春秋地名考略序》	今天子命儒臣編纂《春秋講義》，於是錢塘高學士充總裁官，既編成經進矣，又廣采方志，以餘力輯《春秋地名考》十四卷，彝尊受而讀之，愛其考迹疆理，多所厘正，簡矣而能周，博矣而有要，無异聚米畫地，振衣而挈其領也。原《春秋》之作，孔子既取百二十國寶書筆削之，又别進職方。述職方者，所以輔《春秋》之不及爾。故夫學於《春秋》，非惟義疏序例、大夫之辭、公子之譜，皆宜究圖，而土地之名，尤其要焉者。有講義以正諸家之踳駁，不可無《地名考》以補方志之疏舛，若經之有緯，書之有正，必有攝也。彝尊嘗與學士同直南書房，既而以讁謫官，今老矣，於經義無所發明，序學士之書，幸托姓名傳諸後世，竊比於北宫、司馬諸子獲附見於《春秋》之傳焉。秀水朱彝尊序。
《春秋地名考序》	《地名考》一十四卷，吾鄉徐處士善所輯。予受而讀之，愛其考迹疆理，多所厘正，簡矣而能周，博矣而有要，無异聚米畫地，振衣而挈其領也。原《春秋》之作，孔子既取百二十國寶書筆削之，而又述職方以輔《春秋》之不及，則學夫《春秋》，非惟義疏序例、大夫之辭、公子之譜，皆宜究圖，而土地之名，補方志之疏舛，尤其要焉者。若經之有緯，書之有正，必有攝也。予老矣，恒媿經義無所發明，序其書竊比北宫、司馬諸子，獲附見於《春秋》之傳焉。

兩相比較，前者不提徐善，後者不提高士奇，而兩文基本内容相同。可知前者爲逢迎高士奇學士，而後者爲平居故交迎酬。《碑傳集》卷一二五載丁子復《徐善傳》，謂『又輯《春秋地名考》十四卷，朱太史竹垞爲之序，今所傳高氏本是也』。不知朱氏爲逢迎權要背地又書贈故交也。

楊氏據此申論云：

（四）據《曝書亭集》卷三三所載《報徐敬可處士書》，知徐善從《帝王世紀》之説，以召康公爲文王世子；而《庫》本（指文淵閣《四庫》本）《春秋地名考略》『乃排《帝王世紀》之説者。如此則高士奇亦有改竄也』。

（五）據《清史稿・徐嘉炎傳》及《檇李詩繫》卷二八之記載，指出徐善（字敬可）爲徐嘉炎（字勝力）之叔，而李裕民《四庫提要訂誤》有『適得其反』之誤。

同崔、李二氏相較，楊武泉引據更富，議論更深，不僅查覈《潛邱札記》，直溯問題之本原，而且注意到朱彝尊的相關記述，比較其异同；進而突破了單純的文獻考證，對所涉文本能有更深層次的解讀，可謂貢獻卓著。但是，楊氏上述各部分之辨誤，貢獻不一，其中不乏可議之處：第一部分，楊氏所舉之證，只能表明館臣將《地名考》歸爲高士奇之作，不能充當解决問題的證據；第二部分，對《潛邱札記》的查核，李裕民已先行爲之，此處未有新見；第三部分，從文本比勘中發現問題，本屬良法，但其中存在標點不當、推導有誤等問題，而且對朱彝尊品行的評價，也頗值商榷（詳本文第七節之辨析）；第四部分，所舉例證，説明高士奇並非全盤照搬，而是有所改動，恰爲館臣仍署高氏之名，提供了證據；第五部分，李裕民之誤，能佐證前揭陸惟鍌對徐善、徐嘉炎叔侄關係的論述，但二徐關係之真相，對該書作者問題的解决，其實關聯較疏，作用十分有限。

總之，當代學者崔富章、李裕民、楊武泉三家，所采資料各有側重，均能指出《春秋地名考》實際著者當爲徐善，而非徐勝；但其補正、訂誤之中，均不無可商之處。三家共同之不足，則在於考論之時，未能對該問題的學術源流進行充分的梳理，因而對前賢已有考辨成果，缺乏足够之查照與參考。

三、近現代學者《春秋地名考略提要》辨證平議

如上所述，《春秋地名考略》的作者問題，引起了崔富章等当代學者的訂誤或辨證。實際上，在現代學術史上，胡玉縉[一]、孟森[二]、余嘉錫[三]等學者，對這一問題均有論及或辨證。

孟森《己未詞科録外録》云：

士奇以治《左傳》自鳴，其《春秋地名考略》，乃倩秀水徐勝代作，尚有可觀。又作《左傳姓名考》，《提要》謂與《地名考》相輔而行。然體例龐雜，如出二手。列舉其龐雜各文，又斷之云：『其他顛倒雜亂，自相矛盾者，幾於展卷皆然，不能備數。其委諸門客之手，士奇未一寓目乎？』云云。

[一] 胡玉縉（一八五九—一九四〇），字綏之，號許廎，江蘇吴縣人。同《四庫全書》有關的著述還有《續四庫提要三種》（吴格整理，上海書店出版社，二〇〇二年）等。

[二] 孟森（一八六九—一九三七），字蒓孫，號心史，江蘇常州人。著有《明元清系通紀》《心史叢刊》《明清史講義》等。

[三] 余嘉錫（一八八三—一九五五），字季豫，湖南常德人。其著述除《四庫提要辨證》外，還有《目録學發微》《古書通例》等（據周祖謨、余淑宜《余嘉錫先生傳略》，載《余嘉錫文史論集》，岳麓出版社，一九九七年，頁六六三—六八二）。

蓋士奇本不學，又自以文學侍從，爲時君所特眷，不能不多以造述自表見。因而分其苞苴所得，養門客以爲捉刀人，得失則又各聽其所自爲，己並不能加以識別。〔一〕

孟氏依館臣提要加以申論，重在揭示高士奇養門客以著書，用邀時君（康熙帝玄燁）之歡心；其對高氏何以倩人捉刀著書之分析，可謂中肯。至於作者，孟氏仍沿館臣舊説，稱爲『秀水徐勝』，實未能有所質疑，明辨其非。

胡玉縉云：

案：《札記》作『徐善敬可爲人撰《春秋地名》』，張穆所爲《閻氏年譜》云：『勝當作善。撰《提要》者蓋誤合勝力、敬可爲一人』。玉縉案：勝力名嘉炎。又朱彝尊《曝書亭集》有《春秋地名考序》云：『《地名考》一十四卷，吾鄉徐處士善所輯。』〔二〕

胡氏之補正，共分三個層次，對作者問題予以論定。第一個層次，胡氏追溯作爲館臣立論依據的閻若璩《潛邱札記》相關文字，以發現其真相。此實屬直溯本原之舉，且足以證明館臣之誤。考《潛邱

〔一〕孟森《明清史論著集刊》，中華書局，一九五九年，頁五〇六。按：該文原載《張菊生先生七十生日紀念論文集》（商務印書館，一九三七年），張菊生指張元濟（一八六七—一九五九），則該文至晚寫成於一九三六年。

〔二〕胡玉縉《四庫全書總目提要補正》，頁一七九。

札記》中云：

> 秀水徐善敬可，爲人撰《左傳地名》訖，問余成二年鞍之戰。〔一〕

按：此條材料即胡氏所本，同館臣所見『秀水徐勝敬可』者有异。第二個層次，胡氏引據張穆《閻若璩年譜》之考辨，作爲旁證，堪稱堅確（關於張氏之考辨，詳下文討論）。第三個層次，胡氏從朱彝尊著述中尋找更爲直接之證據，極爲有力。由作者之疑而廣徵其交游文字，在考據方法上，頗可稱道。蓋朱彝尊（一六二九—一七〇九）、閻若璩（一六三八—一七〇四），同高士奇（一六四五—一七〇三）、徐善（一六三一—一六九〇。詳本文第六節所考），均係同時學人，互有交游。《春秋地名考》成於徐善之手，對朱氏、閻氏而言，可能是熟知之事實。至於何以館臣所見爲『秀水徐勝敬可』，胡氏並未深究。

大約與胡玉縉同時，余嘉錫也對《春秋地名考略提要》有所辨證。余氏《四庫提要辨證》係學術名著，治四庫學及古代文史者無不重視。但該著中並無《春秋地名考略》專條，相關内容可能因此爲當代學者所

〔一〕閻若璩《潛邱札記》卷二，《景印文淵閣四庫全書》本（臺灣『商務印書館』，一九八六年，第八五九册，頁四三二）、《文津閣四庫全書》本（商務印書館，二〇〇五年影印，第二八四册，頁四一三），文字均同。又閻學林編刻本《潛邱札記》卷三，所載亦同（南京大學圖書館藏乾隆十年（一七四五）眷西堂刻本。此本句首有一『按』字）。

忽視。其實余氏對《春秋地名考略提要》，亦有辨證，惟其内容具見於《易論提要》條下耳。館臣提要云：

國朝徐善撰。書首有沈廷勱序，稱爲『南州徐敬可』，則當爲南昌人，而善自署曰『嘉禾』。考朱彝尊《曝書亭集》，有徐敬可《左傳地名考序》；又閻若璩《潛邱札記》，亦稱『秀水徐勝敬可，爲人作《左傳地名考》』云云，其字與里貫皆合，惟名有異，未知爲一人二人也。〔一〕

此條提要，益證四庫館臣對徐善、徐勝究爲『一人二人』，一直混淆莫辨。余嘉錫因辨證云：

嘉錫按：考之《曝書亭集》卷三十四《春秋地名考序》云：『吾鄉徐處士善所輯。』又卷三十三，有《報徐敬可處士書一首》，亦論《地名考》事，則作《地名考》之徐敬可，實即徐善。卷三十四又有《徐氏四易序》云：『處士徐善敬可，著《四易》』云云，則其本人深於《易》學，益可見作《地名考》之徐善與作此《易》論者，確係一人。又卷四十五《書宋史張浚傳後》，文中有『徐秀才善敬可』之語，則其人當係諸生。觀《提要》所言，似不獨未考朱氏全集，且並《地名考序》，亦僅觀其標目，而未睹文中『徐處士善』之語矣。又考閻氏家刻本《潛邱札記》卷三，徐勝實作徐善，《提要》所據，乃吴玉

〔一〕《欽定四庫全書總目》卷九，頁二一八。按：此段提要文字雖簡，却頗有誤、脱：朱彝尊《曝書亭集》（康熙原刻本）卷三四作『《春秋地名考序》』，不作『《左傳地名考序》』；朱氏序中但稱『徐處士善』，不作『徐敬可』。上引閻若璩《潛邱札記》原作『徐善』『《左傳地名》』，而非『徐勝』『《左傳地名考》』。

搢編刻本，故有其名有异之疑也。胡渭《易圖明辨》卷五云：『秀水徐善敬可，博覽精思，無所不通，而尤深於《易》，晚著書以發其藴，有《天易》《羲易》《商易》《周易》。同縣朱太史彝尊名其書曰《徐氏四易》，而爲之序。』梅文鼎《勿庵歷算書目》云：『《明史歷志》屬稿者，簡討錢塘吴志伊經，嘉禾徐敬可（善）、北平劉繼莊、毗陵楊道聲諸君子各有增定。』此皆徐氏之逸事，可以想見其爲人。《提要》既不著其出處，《清史儒林傳》及江藩《漢學師承記》又均不爲之立傳，遂使湮没不彰，故詳考之如此。[一]

余嘉錫之辨證，貢獻有二。首先，廣徵朱彝尊、胡渭、梅文鼎等徐善同時學人之説，考見徐氏之學行、志業，以『想見其爲人』，實能證明徐氏學術優長，具備撰寫《春秋地名考》之學養。其次，注意版本

[一] 余嘉錫《四庫提要辨證》卷一，頁二三——二四。本段標點亦從之。其中『善』字爲小字注文，故筆者標以小括号。以下引文均同。此條辨證文字，其中標點頗有可商之處。『《報徐敬可處士書一首》』，『一首』當置於書名號外。『《易》論者』，『論』字當置於書名號内。又所引梅文鼎之文，『錢塘吴志伊經』數字，中華書局校點本中，其下專名綫分作三段，分『吴志』『伊經』爲二，殊爲不通。檢梅氏《勿庵歷算書記》『《明史歷志擬稿》三卷』條，其文云：『《明史歷志》，屬稿者，簡討錢塘吴志伊（任臣），總裁者，中丞湯潛庵先生（斌）也。潛庵殁後，史事總屬昆山，《志稿》經嘉禾徐敬可（善）、北平劉繼莊（獻廷）、毗陵楊道聲（文言）諸君子，各有增定，最後以屬山陰黄梨洲先生（宗羲）。』（梅文鼎《勿庵歷算書記》，《景印文淵閣四庫全書》第七九五册，頁九六六）知《辨證》中『經』字當下繫（昆山指徐元文。《清史稿》本傳謂：『二十二年［一六八三］，以會推湖北按察使，坐所舉不實，鐫三秩調用。尋命專領史局。』湯斌之卒則在康熙二十六年［一六八七］）。

上的可能證據，爲館臣所見『秀水徐勝敬可』之文，提供了一個較爲合理的推測（至於該推測是否能够成立，仍有待辨析。詳本文下節討論）。總之，余氏論定《易論》與《春秋地名考》之著者同爲徐善一人，既釋館臣之疑（《易論提要》），又正館臣之誤（《春秋地名考略提要》），簡明精當，不愧大家。揆諸情理，余氏並未見到胡玉縉之考辨〔一〕，而所作辨證，同胡氏正可互相補充。但同胡氏有异的是，余嘉錫並未提及張穆在《閻若璩年譜》中所做的精要考辨。

張穆係嘉道時學者，編寫《閻若璩年譜》前，已爲顧炎武編定年譜〔二〕，可見其文史根柢深厚。張氏於閻若璩康熙二十四年譜内，引『《四庫書提要》曰：『《春秋地名考略》十四卷，高士奇撰，據閻若璩《潛邱札記》，稱「秀水徐勝敬可」云云，則實士奇倩勝代作也。』復據閻氏所記，直辨此條提要之誤：

案：『勝』當作『善』，撰《提要》者蓋誤合勝力、敬可爲一人。胡朏明《易圖明辨》卷五：『秀水

〔一〕按：據吴格《續四庫提要三種・前言》可知，《四庫全書總目提要補正》直到一九六四年纔得以刊行，而余先生一九五五年即已去世，故當未能獲睹。

〔二〕按：張穆（一八〇五—一八四九），字誦風，號石洲，又署石舟、碩洲或碩州，晚號靖陽亭長，山西平定人。著述較富，另有《顧亭林先生年譜》《蒙古游牧記》《㞒齋詩文集》等（參《閻若璩年譜》前《點校説明》，張穆撰，鄧瑞點校，中華書局，一九九四年，頁三）。張穆於譜前題識内自陳其編撰緣起云：『癸卯（一八四三）夏，穆改訂《亭林年譜》既卒業，念國朝儒學，亭林之大，潛丘之精，皆無倫比，而潛丘尤北方學者之大師，因取杭大宗、錢曉徵所爲傳，及《札記》《疏證》諸書，排次歲月，爲《潛丘年譜》，將以詒吾鄉後進，興起其向學之心。』（頁一）

徐善敬可，博覽精思，無所不通。而尤深於《易》，晚著書以發其藴，有《天易》《羲易》《商易》《周易》，同縣朱太史彝尊名其書曰《徐氏四易》。敬可與余厚，向在京師，出以示余。歲庚午，與敬可讀書莫厘峰下，方且效一得之愚，更訂是書，而敬可尋以病歸，卒於家。』案：敬可亦與修《一統志》事，竹垞庚午年《送徐處士善南還》詩曰：『玉河新柳已堪攀，二月交京送客還。十度洞庭游未足，今番真住石公山。』謂洞庭書局也。〔一〕

張穆首先指出『勝』當作『善』，館臣誤合勝力（徐嘉炎）、敬可（徐善）爲一人；其次引胡渭之文，明徐氏深通《易》學；復引朱彝尊之詩，以證徐氏曾與修徐乾學主持之《一統志》修纂事宜，明其兼通史地。從方法上看，張穆能徵引徐善友朋（胡渭、朱彝尊）之詩文作爲證據，頗值稱道；約百年以後，余嘉錫引據胡、朱二氏之説作爲佐證，其取徑同張氏如出一轍。作爲本條提要最早的訂正者，張穆的論斷，堅確不移，達到很高的水平（惟『勝』何以當作『善』，張氏未能提供直接之證據；且所稱館臣『誤合』之説不盡準確，參前文辨析。此説實爲前揭李裕民『誤合』論斷之先聲）。

〔一〕 參張穆《閻若璩年譜》（康熙二十四年〔一六八五〕），頁六八—六九。庚午，指康熙二十九年（一六九〇）。其時朱彝尊尚在謫居之中。

四、《春秋地名考略》作者問題新探

通過上述討論，知自近代以降，張穆、胡玉縉、陸惟鍌、余嘉錫、崔富章、李裕民、楊武泉等，都對《春秋地名考略》之作者問題，進行不同程度的探討，各有貢獻，但是都留下了可供繼續研討的空間。例如，該書作者問題，何以產生？四庫館臣是否爲該問題最早的提出者？如何解決該書的作者問題？作者問題的關鍵是什麽？這些問題，仍然缺乏令人信服的解答。以下我們試從《四庫全書總目》文本形成的角度，重新審視上述問題。

如所周知，在《四庫全書》纂修及《四庫全書總目》編撰的歷程中，先後存在着采進提要、分纂提要、書前提要（又稱本書提要、原本提要、庫書提要或閣書提要）等提要文本，最後由總纂官紀昀等增删潤飾，匯成《總目》提要。《春秋地名考略》一書，係由浙江巡撫采進，提要云：

右前人撰。援據各書，以證杜預原注，兼補其闕。所考最爲詳核。按：此書朱彝尊謂秀水徐善著。蓋當時借刻於江村，故今本署高名。後之論世者宜知之。〔一〕

〔一〕沈初《浙江采集遺書總録》乙集『《春秋地名考略》十四卷（刊本）』條，見前引。

四庫館臣初次進呈御覽的提要文本（即分纂提要），則作：

國朝高士奇撰。康熙乙丑，士奇以詹事府少詹事奉勅撰《春秋講義》，因考訂地理，併成是書奏進。其書以《春秋》經、傳地名，分國編次，皆先列國都，次及諸邑。每地名之下，皆先列經文、傳文及杜預《注》，而復博引諸書，考究其异同，砭正其疏舛，頗爲精核。惟時有貪多炫博、轉致瑣屑者。如魯莊公築臺，臨黨氏，遂立『黨氏臺』一條，殊于地理無關。又如晉以先茅之縣賞胥臣，遂立『先茅之縣』一條，不能指爲何地，但稱『猶云蘇忿生之田』，則亦安貴於考邪？是亦過求詳備之失也。〔一〕

而文淵閣《四庫全書》本的書前提要作：

臣等謹按：《春秋地名考略》十四卷，國朝高士奇撰。康熙乙丑，士奇以詹事府少詹事奉敕撰《春秋講義》，因考訂地理，併成是書奏進。據閻若璩《潛邱札記》稱：『秀水徐勝敬可，爲人作《左傳地名》訖，問余成公二年鞌之戰』云云，則實士奇倩勝代作也。其書以《春秋》經、傳地名，分國編次，皆先列國都，次及諸邑。每地名之下，皆先列經文、傳文及杜預《注》，而復博引諸書，考究其异

〔一〕《四庫全書初次進呈存目（經部）》，臺灣『商務印書館』、臺灣『國家圖書館』，二〇一二年，頁五六五—五六六。

同，砭正其疏舛，頗多精核。惟時有貪多炫博，轉致瑣屑者。如魯莊公築臺，臨黨氏，遂立『黨氏臺』一條，殊于地理無關。又如晉以先茅之縣賞胥臣，遂立『先茅之縣』一條，既不能指爲何地，但稱『猶云蘇忿生之田』，則亦安貴於考邪？是亦過求詳備之失也。乾隆四十三年三月恭校上。總纂官臣紀昀、臣陸錫熊、臣孫士毅。總校官臣陸費墀。〔一〕

如將上述采進提要、分纂提要、書前提要，同前揭《總目》提要對比，不難得出以下認識：

首先，采進提要文字雖然簡略，但是極爲精當，對該書之體例及優點有極爲精要、簡省之概括。更爲重要的是，采進提要在不長的篇幅内，已經提出了該書的作者問題，並且判斷其作者不是高士奇（江村其號。『前人』，指高士奇，因《浙江采集遺書總録》内前一條爲《左傳紀事本末》五十三卷，係高士奇

〔一〕《春秋地名考略》卷首，《景印文淵閣四庫全書》第一七六册，頁四七九—四八〇。按：文溯閣、文津閣本《春秋地名考略》的書前提要，同文淵閣本基本内容一致，微有差异。（一）文溯閣本：『殊于地理無關』，『于』作『與』；『不能指爲何地』，前無『既』字；『安貴於考』，『於』作『于』；文末僅有『乾隆四十七年八月恭校上』，而無館臣職銜列名。（《文溯閣四庫全書提要》，金毓黻編，中華書局，二〇一四年，頁五八一—五八二）（二）文津閣本：『博引諸書』後，無『考究其异同，砭正其疏舛，頗爲精核。惟時』等十六字，顯係鈔寫脱漏；『殊于地理無關』，『於』作『于』；『不能指爲何地』，前無『既』字；文末『乾隆四十三年』，作『乾隆四十九年』。（《文津閣四庫全書》第六〇册，商務印書館，二〇〇五年影印，頁六三一）此外，文瀾閣本的書前提要，係鈔補而成（見宋衛平、徐海榮主編《文瀾閣四庫全書》第一六八册，杭州出版社，二〇一五年，頁四六三），此處不再比較。又檢《四庫全書卷前提要四種》（李國慶主編，大象出版社，二〇一五年），知天津圖書館所藏《總目提要》寫本内，並無《春秋地名考略》條。因此，就該著之書前提要而論，文淵閣本堪稱代表。

所著），而是『秀水徐善』。其判斷的依據是朱彝尊之説，並推測徐氏曾借刻於高氏，故今本遂署高氏之名。考朱彝尊《春秋地名考序》（載《曝書亭集》卷三四），中云：『《地名考》一十四卷，吾鄉徐處士善所輯。』又《報徐敬可處士書》（載《曝書亭集》卷三三），首云：『辱示《春秋地名考》，采擇群書，援據精確。』可見，徐善曾以《春秋地名考》一書質諸朱彝尊。采進提要對《春秋地名考略》作者問題的提出與解決，正是基於朱彝尊以上二文所記，可謂確有理據，能成定論。因此，《春秋地名考略》的作者問題，是由采進提要撰者首先提出的，並且已基本解決。後來學者（如張穆、胡玉縉、余嘉錫等）徵引朱氏著述作爲論據的方法，采進提要撰者實已先行運用，且克奏其功。但采進提要推測該書『借刻』於高氏，因而署高氏之名，却與情理不合。由上揭朱氏序文及書札，知徐善曾以其所撰《春秋地名考》成書向朱氏丐序。又由朱彝尊復爲《春秋地名考略》撰序的事實，推知高士奇將徐善此書攘爲己有，略予改動，而徑以《春秋地名考略》爲題，復向朱彝尊、徐乾學等索序。『借刻』云云，反而掩蓋了此書實爲徐善所著而署高士奇之名的事實。

其次，四庫館臣初次進呈御覽的分纂提要，按該書撰者、緣起、體例、優長、缺點等結構要素展開論述，符合館臣撰寫提要的通例，因此奠定了後來《總目》提要的基本内容架構。『頗爲精核』的論斷，同采進提要『所考最爲詳核』的表述，頗爲近似。分纂提要内對該著『貪多炫博、轉致瑣屑』的批評，特別拈出二例爲證，看似頗爲用心。但是，分纂館臣並未提出該著的作者問題；如果僅讀分纂提要，讀者必認定該著係高士奇撰進無疑。由此可知，分纂館臣在撰寫提要之時，並未能對采進提要有所參考與引據。

再次，書前提要係以分纂提要爲基礎，而在形式和内容方面均有改動。在形式上，於提要首尾增加了進奏用語，標列銜名，以符通例。内容方面，則有較大的改動，主要是增加了對作者問題的探討，提出該書『實士奇倩勝代作』之説。其依據，則是閻若璩《潛邱札記》内關於『秀水徐勝敬可』之記述。因此，書前提要、采進提要均提出了作者問題，且均據清初學人之記述，加以考辨，可謂异曲同工；但由於所持論據及論證精細程度有异，得出的結論也迥然不同。由此可見，館臣在撰寫《總目》提要時，並没能參考采進提要的已有成果。總之，繼采進提要撰者之後，館臣再次於書前提要内，提出了《春秋地名考略》一書的作者問題，但其依據和持論，都與采進提要迥异。近代以降衆多學人對該問題的探討，均應溯源於此。

又，同書前提要相比，《總目》提要（見前文第二節所引）在内容方面，主要删去了提要首尾的進奏習語與列銜，同時增加了對高士奇生平事行的簡要介紹。這可以視作爲符合《總目》體例而做出的潤飾之舉。至於引起近代以降衆多學者競起考辨的作者問題，《總目》提要一沿書前提要之舊，並無新見或發明。

綜上，《春秋地名考略》作者問題的提出，實際上有兩次：第一次由采進提要撰者提出，指出該著爲秀水徐善所撰，因借刻於高士奇而署高氏之名；第二次由四庫館臣提出，依據《潛邱札記》『秀水徐勝敬可』之記述，於書前提要内，指出該著由高士奇『倩勝代作』。館臣之誤，在於僅以《潛邱札記》爲據，忽視了當時學人（尤其是朱彝尊）著述中透露的重要信息，誤淆徐善、徐勝爲一人。

對於館臣混淆徐善、徐勝之誤，前揭余嘉錫之辨證，實有精辟之分析。余嘉錫還從版本的角度，對館臣何以誤認『徐勝』之説，提出允合情理的推論；余氏眼光極爲敏鋭，因爲這正是解決館臣誤淆的關鍵所在。毫无疑問，如果余嘉錫的推測能够成立，那麽，館臣爲何視徐勝爲作者的疑問，即能涣然冰釋。但遺憾的是，余氏之推論並不成立。以下試作分析。

由前揭余嘉錫辨證可知，余氏查考了閻學林所編家刻本《潛邱札記》卷三，發現其文字實作『徐善』，而非『徐勝』。余氏因此推論云：『《提要》所據，乃吴玉搢編刻本，故有其名有异之疑也。』考《總目》卷一一九《潛邱札記提要》：『此書傳本有二，一爲其孫學林所刻，一爲山陽吴玉搢所删定。……此本即吴玉搢所重定。』『蓋學林綴輯其祖之殘稿，徒欲一字不遺，遂致漫無體例。此本較學林所編，尚有端緒，今姑從之。』[一]《札記》傳本遂分兩個系統，非此即彼，故余氏推測，館臣所據以采入《四庫全書》、撰寫提要的吴氏『编刻本』（即重定本），『其名有异』。但是，遍檢閻氏家刻本與吴氏重定本，《札記》均

[一] 永瑢、紀昀等《欽定四庫全書總目》卷一一九，《景印文淵閣四庫全書》第三册，頁五九一。

作『徐善』，無作『徐勝』者[一]。從學理上説，吴玉搢重定《札記》，當後出轉精，誤把『徐善』寫作『徐勝』的可能性極低。另外，如果館臣所見爲『徐勝』，那麽，負責誊寫全書的抄手職在實録，也無更正其誤的可能性。因此，余嘉錫氏之推測，並不成立。

如所周知，清高宗弘曆對《四庫全書》極爲重視，期望極高，故督責極嚴[二]；《總目》文本又有一個長期形成的過程，總纂官紀昀等皆一時之選。那麽，館臣爲何罔顧《札記》傳本的實際，將《春秋地名考略》的作者定爲並無其人的徐勝？此誤實在出人意表，匪夷所思。揆諸情理，高士奇係康熙朝重臣，館臣不應掉以輕心；朱彝尊、胡渭俱清初大家，《曝書亭集》《易圖明辨》均收入《四庫全書》，相關信息，實不難檢得；徐善既有《易論》收入全書，且其人同高、朱、胡、閻等人均有交往，實非泛泛無名之輩。館臣稍予留

[一] 按：筆者查檢了閻氏家刻本，以及屬於吴氏重定本系統的文淵閣、文津閣所藏《四庫全書》本，其文字見本文第三節胡玉縉部分所引。同屬吴氏重定本系統的《皇清經解》本（清學海堂庚申補刊本），文本正同。又《四庫提要著録叢書》所收『乾隆九年閻學林眷西堂刻本』（子部第五五册），同筆者所檢南京大學圖書館藏閻氏家刻本相同。該本前有王允謙『乾隆十年三月下浣日』所撰序，故該本不得著録爲『乾隆九年』刻本。

[二] 弘曆爲順利推進纂修事宜，訂立規章，嚴格獎懲，全程監督，給予了高度重視。詳張宗友《論清高宗構建極權帝國文獻體系的歷史背景與制度設計——《四庫全書》與文獻傳承研究之一》（載《古典文獻研究》第十八輯上卷，鳳凰出版社，二〇一五年，頁三二一—三三五）。

意，即不會錯認其人。館臣此誤，實在毫無理據可言，『敷衍塞責』四字，尚不足以形容其輕忽〔一〕。

五、《春秋地名考略提要》新訂

綜觀學界對《春秋地名考略提要》之考訂、辨證，其關注重心，均集矢於該書之作者問題，而對提要内之學術評價，不置一辭。余嘉錫嘗云：『若夫考作者之學術，因以定其書之善否，此在目録中最居重要，較之成一家之言者爲尤難，非博通古今，明於著作之體，好學深思，心知其意者不能辨。』〔二〕故品評學術，較其得失，對提要撰者而言，其事匪易；對提要訂正者而言，欲對館臣之學術品評，再做評價，尤非易事。蓋作者問題，屬客觀事實，易於糾謬；而學術評價，事涉主觀，故難於覆按。以《春秋地名考略》而論，館臣指責該著『時有貪多炫博，轉致瑣屑者』，並舉出二例，予以佐證。但細考館臣所舉之例，其實並不能支持其立論。以下試作分析。

（一）館臣所舉第一例爲：『如魯莊公作臺，臨黨氏，遂立「黨氏臺」一條，殊於地理無關。』

〔一〕根據目前所掌握的資料，還不能確定館臣中《春秋地名考略》與《潛邱札記》兩書的提要初撰者。筆者所查資料有《〈四庫全書〉提要稿輯存》、《四庫提要分纂稿》（翁方綱等撰，吴格、樂怡標校，上海書店出版社，二〇〇六年）等。

〔二〕余嘉錫《目録學發微》卷二，頁五〇。

按：《春秋地名考略》卷二魯國『黨氏臺』條，其文曰：『莊三十三年，築臺，臨黨氏。杜《注》：「黨氏，魯大夫。」今曲阜縣東北八里，故魯城内，有莊公臺；稍西南，又有昭公臺。』〔一〕莊公作臺，乃《左傳·莊公三十三年》所記〔二〕，史實當無疑問；杜《注》補注黨氏身份，《考略》指出所築臺之方位，其爲地名也明矣。檢康熙《欽定春秋傳説彙纂》卷首下《魯秋地名》内，即列有『黨氏臺』一條〔三〕；顧棟高《春秋大事表·輿圖》『兖州府·曲阜』條下，有記載云：『黨氏臺，在縣東北八里。』〔四〕知二書均將『黨氏臺』作爲地名加以著録。館臣『殊於地理無關』之論，從何談起？此例不能成立。

（二）第二例爲：『又如晋以先茅之縣賞胥臣，遂立「先茅之縣」一條，既不能指爲何地，但稱「猶云蘇忿生之田」，則亦安貴於考邪？是則過求詳備之失也。』

按：本例涉及兩個名詞：『先茅之縣』與『蘇忿生之田』。其中事實，試考如次：

甲、關於『先茅之縣』。《春秋地名考略》卷四晋國『先茅之縣』條：

僖三十三年，以先茅之縣賞胥臣。杜《注》：『先茅絶後，故取其縣以賞胥臣。』臣謹按：先茅

〔一〕按：康熙刻本（頁八四）、《景印文淵閣四庫全書》本（頁五〇五）文字相同。
〔二〕孔穎達正義《春秋左傳正義》卷一〇，南昌府學刊阮元校刻《十三經注疏》本，藝文印書館，二〇〇七年影印，頁一八一。
〔三〕王掞等奉敕撰《欽定春秋傳説彙纂》，《景印文淵閣四庫全書》第一七三册，頁八四。
〔四〕顧棟高《春秋大事表》，《景印文淵閣四庫全書》第一八〇册，頁六四二。

之縣，猶言蘇忿生之田也。〔一〕

按：先茅，晉大夫。胥臣，指晉大夫臼季，因薦舉郤缺有功而受到鄭莊公獎賞，事見《左傳·僖公三十三年》〔二〕。《欽定春秋傳説彙纂》卷首下《晉國地名》内，即列有「先茅之縣」一條〔三〕，其爲地理名詞無疑。至於其方位，杜預《春秋釋例》釋「先茅之縣」之「茅」云：「二名。河東大陽縣西南，有茅津、茅亭。」〔四〕茅津，《左傳·文公三年》有載：「（夏四月）秦伯伐晉，濟河焚舟，取王官及郊。晉人不出。遂自茅津濟，封殽尸而還，遂霸西戎，用孟明也。」杜預注：「茅津，在河東大陽縣西。」〔五〕《春秋地名考略》卷四「先茅之縣」條後，亦列「茅津」條，即引《左傳》及杜《注》之文，復有按語云：

臣謹按：大陽，漢縣，以在大河之陽而名，屬河東郡，魏晉因之。唐改平陸，今仍之，屬解州。縣東南有茅城，春秋晉邑，亦曰茅亭。河水經其南，即茅津也。河之南爲陜州，州治距河三里，乃黄河津濟處，亦謂之大陽津，又爲陜津。……今亦曰大陽關。蓋東則富平津，西則大陽津，實大河

〔一〕按：康熙刻本（頁一一二）、《景印文淵閣四庫全書》本（頁五三七）文字相同。
〔二〕孔穎達正義《春秋左傳正義》卷一七，頁二九一。
〔三〕王掞等奉敕撰《欽定春秋傳説彙纂》卷首下，頁八六。
〔四〕杜預《春秋釋例》卷六，《景印文淵閣四庫全書》第一四六册，頁一三一。
〔五〕孔穎達正義《春秋左傳正義》卷一八，頁三〇五。

之衝要也。〔一〕

楊伯峻注云：『茅津即今山西省平陸縣之茅津渡，亦曰大陽渡者是。對岸爲河南陝縣，渡河而東，即至殽山。』〔二〕知其地當河要津，爲晋西南邊鄙，屬於險地。

乙、關於『蘇忿生之田』。

《左傳·隱公十一年》：『王取鄔、劉、蒍、邘之田於鄭，而與鄭人蘇忿生之田：温、原、絺、隰郕、欑茅、向、盟、州、陘、隤、懷。君子是以知桓王之失鄭也。恕而行之，德之則也，禮之經也。己弗能有而以與人，人之不至，不亦宜乎？』杜注：『蘇氏叛王，十二邑王所不能有，爲桓五年從王伐鄭張本。』〔三〕楊伯峻注：『《論語·衛靈公》以「己所不欲，毋施於人」爲「恕」，則周桓王以己不能有者與鄭莊爲失恕道矣。』〔四〕按：鄭莊公以『先茅之縣』賞臼季，同周桓王以『蘇忿生之田』賞鄭人，在『己弗能有而以與人』這一點上，有其共通之處，所以《春秋地名考略》取以並論。館臣指責《考略》『過求詳備』，未免也有『過求』之嫌。

需要指出的是，徐善撰寫《春秋地名考》，係私人撰述，故《考略》中『臣謹按』云云者，當非徐氏口

〔一〕按：康熙刻本（頁一一二—一一三）、《景印文淵閣四庫全書》本（頁五三七）文字相同。省略部分，爲所舉歷代戰例。陜，當作陝。

〔二〕楊伯峻《春秋左傳注》，中華書局，二〇一五年，頁五二九。

〔三〕孔穎達正義《春秋左傳正義》卷一七，頁八一—八二。按：蘇忿生係武王時司寇，受封於温。

〔四〕楊伯峻《春秋左傳注》，頁七七。

吻。度其實際，當是高士奇得到書稿後，授意改寫，用以進呈、邀功（該書康熙刻本《目録》及各卷之前，均題『日講官起居注詹事府少詹事兼翰林院侍講學士臣高士奇』，可爲佐證）。故其思路、文風，同純粹之學術考據著述略有出入，因而爲館臣所摘出與批評。孟森謂高氏『多以造述自表見』（見前文第三節所引），實非虚語。

如前所析，《春秋地名考略提要》由五個部分組成（見前文第二節），在提要撰寫形式上，要素齊備，技巧純熟，幾無可挑剔。《總目》能具古代目録之集成性質，良有以也。從内容上看，本條提要最能體現館臣學術識見者，當屬第三、第五兩個部分，即對作者問題及本書不足之處的考論。爲學界衆口稱揚的讀書門徑作用，其實主要體現在此類考論上。余嘉錫云：『夫欲論古人之得失，則必窮究其治學之方，而又虚其心以察之，平其情以出之，好而知惡，惡而知美，不持己見而有以深乎其中，庶幾其所論斷皆協是非之公。』[一] 遺憾的是，就本條提要而論，館臣對作者問題的判斷，其誤實匪夷所思；對本書不足之處的探討，也基本不能成立，遠未達到『皆協是非之公』的要求，何以使人遽信其所論『古人之得失』？如果讀者試圖通過本條提要，來獲得對於《春秋地名考略》的總體把握，其效果恐怕十分有限，甚至可能適得其反。本條提要雖屬個案，但揆以常理，此類存在荒陋之處的提要，在全目中當非孤例。

[一] 余嘉錫《目録學發微》卷二，頁五〇。

余嘉錫氏批評館臣『長於辨博，短於精審，往往一書讀未終卷，便爾操觚』〔一〕，可謂中的。學界視《總目》爲讀書治學之門徑，其實並不能一概而論；如有所引據，實宜具情分析，審慎擇從。

六、徐善其人學行小考

通過上述梳理與考辨，知高士奇雖有改動，而《春秋地名考略》的實際撰者，當爲徐善無疑。徐氏雖學問優長，同朱彝尊、胡渭、高士奇等人俱有交游，但畢竟聲望不著，四庫館臣失於眉睫之前；前揭余嘉錫之辨證，即頗以《清史稿·儒林傳》及《漢學師承記》不爲徐善立傳，有『湮没不彰』之憾，因爲『詳考之』。惟余氏所考，仍屬有限。爲進一步知人論學，今檢群籍，復對徐氏之生平學行，考之如次：

朱彝尊《經義考》卷六六有『徐氏（善）《四易》』條，下引朱氏本人之序云：『處士徐敬可著四《易》，一曰《天易》，二曰《羲易》，三曰《商易》，四曰《周易》，凡三十卷。其於《圖》《書》，博采諸家之論，而一本乎邵子、程子、張子及朱子之初説，謂反之則四象五行之位皆若枘鑿之不可合，從其舊則不惟位與數各當，因以推夫三《易》改演之原，《洪範》、大衍、律曆、運氣、太一、奇門之所自出，靡不犂然有據焉。乃或

〔一〕 余嘉錫《目録學發微》卷二，頁五二。

疑其與朱子晚年之説不協，夫《圖》之可爲《書》，《書》之可爲《圖》，朱子既言之矣，徐氏特因朱子之説而發揮之爾，亦何悖於朱子哉？』又引高佑釲之語曰：『敬可爲贈太僕卿世淳之少子，早年棄諸生，博通經學，於《易》《春秋》尤融貫。』〔二〕

清初《易》學大家胡渭云：『敬可與余厚，向在京師，出以示余。其言《河圖》《洛書》，以劉牧得希夷之傳，而西山兩易殊可疑。余深以爲然。僭作題辭，要不出此意。……歲庚午（一六九〇），與敬可讀書莫厘峰下，方且效一得之慮，相與更定是書。而敬可尋以病歸，卒於家。吾欲言之，無以爲質矣。……越七歲，爲今丁丑（一六九七），始成此五卷。追念舊好，歔欷者久之。嗟乎！郢人逝矣，誰與盡言？此嵇生所以致慨也。』〔三〕

沈季友《檇李詩繫》載徐善詩五題（凡九首），所附小傳云：『善字敬可，秀水諸生，必達孫。詩律嚴整，有《薖谷遺稿》。』其中《寄曹秋岳司農》詩云：『使節臨荒外，旌門未可攀。騊駼輪互市，鴻雁款重關。百戰瘡痍在，千家涕淚斑。更堪頻水旱，甌脱繞蘭山。』〔三〕此詩頗道出亂後民生之艱與友朋之思。

〔一〕朱彝尊《經義考》卷六六，見林慶彰等主編《經義考新校》，上海古籍出版社，二〇一〇年，頁一二四六。朱彝尊序文見收於《曝書亭集》卷三四，題作《徐氏四易序》，文字微异。『徐敬可』，朱集原作『徐善敬可氏』。『邵子』，朱集原作『邵氏』。

〔二〕胡渭《易圖明辨》卷五，《景印文淵閣四庫全書》第四四册，頁七三二—七三三。胡渭（一六三三—一七一四），字朏明，號東樵，德清人。

〔三〕沈季友《檇李詩繫》卷二八，《景印文淵閣四庫全書》第一四七五册，頁六五三。秋岳，曹溶（一六一三—一六八五）字，亦秀水人。

又，四庫館臣《易論提要》云：『其書成於康熙丙辰。不載《經》文，亦不及《十翼》，惟六十四卦各爲一篇，條舉其義而論之。才辨縱横，而頗浸淫於佛老。』〔一〕

以上數則，可略窺徐善之治學。至其生平事行，朱奇齡《亡友徐敬可傳》〔二〕、丁子復《徐處士善傳》〔三〕等，言其家世、生平及著述較備，知徐善字敬可，號蘁谷，又號泠然子，門人私謚曰孝靖先生；生於崇禎四年（一六三一年），卒於康熙三十年（一六九〇年）〔四〕。『自幼穎异，工文辭。年十七，應童子試，冠軍，補博士弟子。亡何，棄舉子業勿事。幅巾布袍，以古人之學爲己任。……嘗與緇衣群聚，誦經禮佛……年踰强仕，學益進矣，乃改裝出游，寄人幕下，以爲硯田之計。』（朱奇齡《亡友徐敬可傳》。）明亡，其父徐世淳死節，母亦死於兵亂，故其奔走四方，以搜奇探奥爲事；『後閉户著述，經史百家，靡不淹貫通達』。著有《流寇紀年》《莊子七篇》《周髀密法會通》《弧矢六宗》等，惜皆燼於火。晚邃於《易》，有《易論》六十四篇，又作《徐氏四易》，『抉擇精藴，時發前人所未發』。所輯《春秋地名考》十四

〔一〕永瑢、紀昀等《欽定四庫全書總目》卷九，頁二一八。
〔二〕朱奇齡《拙齋集》卷二，康熙介堂刻本，《四庫全書存目叢書》集部第二五一册，齊魯書社，二〇〇一年，頁六二八—六二九。
〔三〕錢儀吉《碑傳集》卷一二五，收入《近代中國史料叢刊》第九十三輯，文海出版社，一九六六年。徐善傳見第九二八册，頁五八九七—五八九八。
〔四〕江慶柏據丁子復《徐處士善傳》斷其生卒年爲一六三一—一六九三（《清代人物生卒年表》，人民文學出版社，二〇〇五年，頁六四一），朱則杰據朱奇齡《亡友徐敬可傳》定其卒年爲一六九一年（《清代嘉興詩人生卒叢考》，《嘉興學院學報》二〇一二年第二期）。

卷，《傳》稱：『朱太史竹垞爲之序，今所傳高氏本是也。』（以上見丁子復《徐處士善傳》。）此條史料，益證《春秋地名考略》實爲徐善所作〔一〕。

綜上，徐善由明入清（《碑傳集》將其歸爲『逸民』一類），學問廣博，淹及四部，能詩，擅《易》學與《春秋》學，因此能同胡渭往復質辨《易》義，撰寫《易論》《春秋地名考》等著。明清易代，徐氏奔走四方，曹溶、朱彝尊、徐乾學〔二〕、胡渭等均與之交，其能得識高士奇，並爲高氏所藉重，當可想見。惟遍檢高氏著述，竟不提及徐氏爲撰《春秋地名考》事，可能故諱其實。

〔一〕此外，嵇曾筠、沈翼機等《浙江通志》卷一七九《文苑傳》『徐善』條：『字敬可，嘉興人。棄科舉不治，從學施博。晚作《易論》及《徐氏四易》……又爲《春秋地名考》《家傳》《藟谷集》《莊子注》《周髀密法會通》《弧矢六宗》《疏容圓實絲網》《璇室洞詮》。』（《景印文淵閣四庫全書》第五二四册，頁二八）則其學較雜，兼及子部。《（光緒）嘉興府志》卷五〇《文苑傳》，有《徐善傳》，係撮取《浙江通志》《檇李詩繫》及丁《傳》成文（許瑶光、吴仰賢等纂，清光緒元年（一八七五）刻本，見《中國地方志集成》（浙江府縣志輯），上海書店，一九九三年，第一三册，頁四三四）。

〔二〕朱彝尊《曝書亭集》卷七二《布衣周君墓表》：『尚書昆山徐公乾學好延攬海内士，徐秀才善主其家，君嘗就善同卧起。』則徐善曾入徐乾學幕。周君指周篔。據尚小明《學人游幕與清代學術》附表一《徐乾學幕府》（社會科學文獻出版社，一九九九年，頁二五六），徐善入乾學幕在康熙二十四年至二十九年（一六八五—一六九〇），同時在幕者還有胡渭、閻若璩等。然而該表著録徐善生卒年爲一六三四—一六九〇。尚氏又有《清代士人游幕表》（中華書局，二〇〇五年，頁五二—五三），却推徐氏生卒年爲一六三四—一六九一，且謂徐氏『一六九一年至一六九二年應納蘭相國之請舍館京師』，前後牴牾。

七、《四庫全書總目辨誤》商榷

當代學者對《春秋地名考略提要》的訂正與辨誤，以楊武泉用力最深，篇幅最鉅（約一千五百餘言），貢獻也最爲卓著，已見前文申論。但其辨誤之中，不能無失，除引文有誤（參本文第二節楊武泉部分所注）外，部分標點及持論，均不無可商之處。由於標點涉及對文意之理解，持論關係到對朱彝尊學行之評價，均足以影響後人，故須求全責備，辨之如次：

（一）標點問題

正確標點，是理解文義、討論問題的前提。楊氏辨誤中《春秋地名考略序》一段，標點可商者有兩處：

甲、**『故夫學乎《春秋》，非惟義疏序例、大夫之辭、公子之譜，皆宜究圖，而土地之名，尤其要焉者。』**

按《春秋》類著作，以義疏、序例之作爲其大宗。自《三傳》以下，注疏、正義、集解之作，最爲繁富。序例之作，講究書法條例，著述亦豐。朱彝尊《涪陵崔氏春秋本例序》有云：『以例説《春秋》，自漢儒始。』（《曝書亭集》卷三四）其下備列鄭衆以降以『例』冠名解《春秋》之作者，都三十餘家。朱氏《經義考》著録歷代解經之作，其《春秋》部分即以此二類爲主。與此形成對比的是，探究『大夫之辭、公子之譜』者極少，而專攻『土地』者，僅有京相璠《春秋土地名》、鄭樵《春秋地名譜》、楊慎《春秋地名考》等寥寥數家。朱彝尊主張『説《春秋》者，必兼包乎郡國土地之目，而後可無憾焉』，頗具卓識，故對《春秋地名考略》一書，多有揄揚。就本句而論，語涉遞進，故『義疏序例、大夫之辭、公子之譜』，既有輕重之不同，則不當並列也明矣。

乙、『有講義以正諸家之踳駁，不可無《地名考》以補方志之疏舛，若經之有緯，書之有正，必有攝也。』按《四庫全書總目·日講春秋解義提要》云：『謹案：是書爲聖祖仁皇帝經筵舊稿。世宗憲皇帝復加考論，乃編次成帙。』〔一〕可見該書原爲康熙帝玄燁經筵舊稿，由雍正帝胤禛編次定本〔二〕。則『講義』二字，當屬專稱，以加書名號爲宜。且《講義》與《地名考》對舉，正與上文『義疏、序例』『大夫之辭、公子之譜』分承相應。朱彝尊以詞章、經史之學名家，其書法之謹嚴，於斯可窺。當朱氏之世，該書僅爲講義而已，故其《經義考》敕撰一類，未能著録該書。又，『經』與『緯』、『正』與『攝』〔三〕，對舉成文，朱彝

〔一〕永瑢、紀昀等《欽定四庫全書總目》卷二九，頁五九一。

〔二〕按：該書雖托名康熙、雍正，其實乃出於高士奇等臣子之手，前引《春秋地名考略》提要已能明之。

〔三〕『正』與『攝』是《尚書》學上的一對概念。陸德明《經典釋文》卷三注『典』云：『凡十五篇，正典二，攝十三。十一篇亡。』（中華書局，一九八三年，頁三六）毛奇齡《古文尚書冤詞》卷二謂《釋文》所注，於『典』之外，『餘俱有正有攝，不解何義』。又引熊朋來語解云：『百篇注者，有正、攝之分。正者，有其義而正其名；攝者，無其名而附其義。』（《景印文淵閣四庫全書》第六六册，頁五五七）

尊以二者作比，以見《地名考》與《講義》之關係，目的仍在强調《地名考》之重要；故『《書》之有正必有攝』，與『經之有緯』，並列成例，當作單句爲佳，不宜隔斷。『書』指《尚書》，屬專稱。

綜上，知此二句宜標點作：『故夫學於《春秋》，非惟義疏、序例，大夫之辭、公子之譜，皆宜究圖，而土地之名，尤其要焉者。有《講義》以正諸家之踳駁，不可無《地名考》以補方志之疏舛，若經之有緯、《書》之有正必有攝也。』

（二）對朱彝尊的評價問題

楊武泉敏鋭地發現，《春秋地名考略》同《曝書亭集》所載朱氏序文（見本文第一節所引），存在差异，遂以此爲證，推斷其書爲徐善代作。這一論證，頗爲堅實。但楊氏復據此加以申論，以爲二者存在差异的原因，乃在『前者爲逢迎高士奇學士，而後者爲平居故交迎酬』。又稱：『《碑傳集》卷一二五載丁子復《徐善傳》，謂「又輯《春秋地名考》十四卷，朱太史竹垞爲之序，今所傳高氏本是也」。不知朱氏爲逢迎權要背地又書贈故交也。』〔一〕這就超越了單純的文獻考證層次，涉及人物品行之評價問題。顯然，如果『逢迎』之説屬實，則一代大家朱彝尊之學行，不無可議。然而細考朱、高二人之事行與交游，

〔一〕 楊武泉《四庫全書總目辨誤》，頁三三二。

可知兩人既有交誼頗篤的一面，也有齟齬不睦的一面，實非『逢迎』二字可盡。

朱彝尊（一六二九—一七〇九），字錫鬯，號竹垞，秀水人，明太傅朱國祚曾孫。早歲曾奔走抗清，同魏耕、顧炎武等結交；中年則落泊江湖，寄食多方。康熙十七年（一六七八）應鴻博徵，授檢討，與修《明史》；後充日講起居注官，典試江南，入值南書房，充《一統志》纂修官（一六八三）等。康熙二十三年（一六八四）被劾私攜小胥入内廷抄書，因而被旨降一級，時人謂之『美貶』。直到康熙三十年（一六九一）始得補原官，旋於次年罷官。隨後即返鄉里居，不復出仕[一]。故其實際居官之年，屈指可數[二]。蓋其本色乃是醉心經史與故國風物之文士，同長期在宦海中經營、頗受康熙擢用的高士奇相比，自有不同。

高士奇（一六四五—一七〇三），字澹人，號江村，錢塘人。在朱彝尊應徵鴻博之前，高氏已因明珠之薦，入内廷供奉，授詹事府詹事，遷内閣中書。《清史稿》本傳載：『康熙十七年（一六七八），聖祖降諭，以士奇書寫密諭及纂輯講章、詩文，供奉有年，特賜表裏十匹、銀五百。十九年（一六八〇），復諭吏部優叙，授爲額外翰林院侍講。尋補侍讀，充日講起居注官，遷右庶子。累擢詹事府少詹事。』[三]二人

[一] 關於朱氏生平事行，詳張宗友《朱彝尊年譜》一書（鳳凰出版社，二〇一四年）。

[二] 朱彝尊《日下舊聞序》自稱『謫居無事』，上述年譜中亦不見有任職記載，可見其謫居期間實未受任用。故其實際居官之年，不過六七載而已。

[三] 趙爾巽等《清史稿》卷二七一，中華書局，一九七六年，頁一〇〇一四。

同非科班出身而得授翰林，又同爲浙人，同充日講起居注官，故有所交往且情誼不淺，自在情理之中。康熙二十二年（一六八三），高士奇隨御駕巡山西，有憶朱氏詩云：『書壓牛腰趨紫禁，芹浮鳳藻采春池。此時應念氊廬客，好賦清涼扈從詩。』自注：『時朱檢討彝尊移居禁垣，勵編修杜訥遺子歸河間應試，故念及之。』〔一〕首句即指朱彝尊。又高氏序《菊礀集》云：『頃同年朱竹垞復從宋刻《江湖集》中搜示四十七首』〔二〕，以『同年』視朱氏；高氏序朱氏所編《日下舊聞》（參下引），又以『同年友』視朱氏。朱彝尊曾將明代畫家姚綬的《寒林鸜鵒圖》贈給高氏，並題詩云：『雲東三絶有唐風，貌得山禽占竹叢。誰分偶然題句在，兩人心會不言中。』〔三〕足爲二人交誼甚篤之明證。

不僅如此，朱彝尊《日下舊聞》四十二卷的編撰，實受高士奇的啓發與相助。高氏爲朱書撰序云：

> 余自束髮來京師，凡城市巷陌旗亭茶社無不觀，近畿之山川寺觀無不游，人家之園圃亭榭與前代之廢館荒臺，無不過而問焉。……時集都下，欲著燕京一書垂示永久，補前人所未逮。……歲癸亥（一六八三），與同年友竹垞偕侍直廬，每言及此，慨焉興嘆。彈指五年，竹垞《日下舊聞》之

〔一〕高士奇《扈從西巡日録》，《景印文淵閣四庫全書》第四六〇册，頁一一六八。按：勵杜訥，高氏同僚。

〔二〕高翥《菊礀集》卷首，《景印文淵閣四庫全書》第一一七〇册，頁一二一。

〔三〕《曝書亭集外詩文補輯》卷三《題姚綬〈寒林鸜鵒圖〉》，載朱彝尊原著、王利民等校點《曝書亭全集》，吉林文史出版社，二〇〇九年，頁九三〇。

書成，詳載山川、宫室、城市、郊坰、畿輔、邊障、户版、風俗、物産，遐收彙集，可以資掌故，備采覽，使有班孟堅者出，當必取之爲史家之一助也。〔一〕

可見高氏本有著京師地理之意，同朱氏可謂志趣相契。四庫館臣謂：『蓋其時距明末僅四十年，前朝宦豎存者猶多，士奇出入禁廷，得以詢訪。又久寓其旁，朝夕考校，故所記往往可據。朱彝尊《日下舊聞》多采掇之。今奉詔考定彝尊之書，徵據詳明，纖悉必備，此編已在包括之中。』〔二〕朱彝尊應該見到了高士奇的書稿，並在其允許下采入《日下舊聞》中。朱氏自稱其書『草創於丙寅（一六八六）之夏，録成於丁卯之秋，開雕於冬，迄戊辰（一六八八）九月而竣』〔三〕，前後僅三年即告成，可謂神速。除朱氏本人之博學多識、治學精勤外，高士奇、徐乾學等人之襄助，亦爲重要原因（徐氏爲之捐資刊刻）。其時朱氏謫居在京，高、徐等人之相助，並非僅出於一時權勢之考慮。

以上是二人頗有交誼的一面。歷史的另一面相是，朱彝尊對高士奇之作爲，頗有微詞；而高士奇也背後使力，致使朱氏頗受貶抑。按朱氏《曝書亭集》卷一三有《咏古》詩二首：『漢皇將將屈群雄，心許淮陰國士風。不分後來輸絳灌，名高一十八元功。』『海内詞章有定稱，南來庾信北徐陵。誰知著作修文殿，物

〔一〕高氏序載朱彝尊原著、于敏中等編《日下舊聞考》，北京古籍出版社，一九八三年，頁二五七八—二五七九。
〔二〕永瑢、紀昀等《欽定四庫全書總目》卷七〇《金鼇退食筆記》提要，《景印文淵閣四庫全書》第二册，頁五一二—五一三。
〔三〕載《日下舊聞考》，頁二五八一—二五八二。該序又見於《曝書亭集》卷三五。

論翻歸祖孝徵。』對這兩首詩，前人有不同的解讀，但以孟森先生的考釋最爲精彩，庶近真相。朱彝尊書生本色，這兩首詩『所開罪者高澹人』；康熙二十三年（一六八四），朱氏謫官，秦松齡奪職，『同出澹人所爲』[一]。朱彝尊之不滿，高士奇之傾軋，乃不争之事實。『逢迎』之説，僅注意到文字表象。

但朱氏《春秋地名考序》中，確有褒揚之詞，如何看待這一事實？蓋序之爲體，與提要等不同。提要是目録學家『辨章學術，考鏡源流』的重要手段，既然商量學術，則批評乃應有之義。如即就朱氏之《日下舊聞》而言，其自序中已稱：『所抄群書，凡千四百餘種，慮觀者莫究其始，必分注於下，非以侈摭采之博也。昔衛正叔嘗纂《禮記集説》矣，其言病世儒勦取前人之説以爲己出，而曰：「他人著書，惟恐不出於己；予此編，惟恐不出於人。」彝尊不敏，竊取正叔之義，至旁及稗官小説百家二氏之書，或有未足盡信者，世之君子，毋以擇焉不精罪我，斯幸矣。』[二]而四庫館臣仍批評道：『原本所列古迹，皆引據舊文，誇多務博，不免傳聞訛舛，彼此互歧。』[三]序則不同。丐序、作序之人，有『同氣相求，同聲相應』的共同心理基礎，而且清代學人尤重『各以所短，互重所長』[四]。因此可以理解，前引

[一] 孟森《己未詞科録外録》，載氏著《明清史論著集刊》，頁五一〇。

[二] 衛正叔，即衛湜，字正叔，吴郡人。《經義考》卷一四二有其《禮記集説》一百六十卷，並采其自序。『予此編』，《經義考》作『予之此編』。

[三] 永瑢、紀昀等《欽定四庫全書總目》卷六八《欽定日下舊聞考》提要，《景印文淵閣四庫全書》第二册，頁四七二。

[四] 説詳余英時《原序》，載氏著《中國文化史通釋》，生活・讀書・新知三聯書店，二〇一一年，頁一三九。

高士奇《日下舊聞序》中，既稱該書爲『史家之一助』，復贊云：

竹垞博極群書，晝則歷郊野，摩碑碣，問父老，斷字巵言，悉經掌録；夕則篝燈散帙，馳騁古今，務使聞見兩無所憾而後愉快。故其書大無不該，細無不析。竹垞猶未敢自居於作者，曰吾述舊聞而已。竹垞遭際盛時，優游纂紀，成不朽之業，副在名山。視《三輔黄圖》《西京雜記》諸書，蓋又遠勝之矣。

朱彝尊爲高士奇撰有《江村銷夏録序》，中云：

錢唐高詹事退居柘湖，撰《江村銷夏録》三卷，於古人書畫真迹，爲卷爲軸，爲箋爲絹，必謹識其尺度、廣狹、斷續，及印記之多寡，跋尾之先後，而間以己意折衷甄綜之。評書畫者，至此而大備焉。今之作僞者，未嘗不仿尺度爲之，然或割裂跋尾印記，移真者附於僞，而以僞者雜於真。自詹事之書出，稍損益之不可，雖有大駔鉅狡，伎將安施哉！〔一〕

細繹二序，高氏對朱氏之褒揚，猶勝於朱氏對高氏之贊賞。如必以朱序中褒揚之詞爲『逢迎』而

〔一〕此序載《曝書亭集》卷三五。高士奇《江村銷夏録》卷首有此序（文末有『秀水朱彝尊序』六字），在宋犖序、高氏自序之後，而《景印文淵閣四庫全書》本（第八二六册，頁四六九）僅有後半段（始於『自詹事之書出』）；今余彦焱校點本（上海古籍出版社，二〇一一年，頁一九一）所録，與朱氏本集所載略同（文末有『秀水朱彝尊序』六字），而『《江村銷夏録》三卷』之『三卷』二字脱。

作，則何以解釋高氏對朱氏之褒揚哉！友朋互丐之序文，尚未足以爲必然逢迎權貴之證據。要之，在序文的背後，既有文體的訴求，也有複雜的歷史面相，不能僅從文字表象出發，斷定其爲『逢迎』與否。

又據前文考辨可知，徐善以《春秋地名考》相質，朱彝尊爲之作序；《春秋地名考略》前復載朱彝尊爲高士奇所作之序。從情理上推斷，當是徐氏丐序在前，高氏求序在後，朱彝尊遂因前序，損益文字，以應高氏之求。朱彝尊明知其序將隨《春秋地名考略》之刊布公諸於世（《考略》康熙刻本即高氏清吟堂自刻者），仍於晚年手定其《曝書亭集》時，將爲徐善所作之《春秋地名考序》收入，看似無意之舉，其實已爲此書留下了實際撰者的真實信息。朱彝尊對其別集去取極嚴（後人輯出其集外詩文合計已有十九卷之多，約占已知詩文的百分之十九），對此序文字去取之斟酌，頗值玩索。

八、結論

《四庫全書總目》集古代目録之大成，被學界公認爲讀書治學之門徑，有關該目的研究之作，蔚爲大觀，堪稱四庫學中最爲炫目之風景。然則既有之研究成果，其學術得失、水平高下如何？相關論題，有無再加探研的必要及餘地？《總目》提要的學術水平，是否達到了很高的標準，都具有指導讀書治學的門徑之用？本文選擇《春秋地名考略》提要作爲個案，梳理既有之研究，討論未盡之論題，意在爲回答上述問題做出嘗試。本文之結論如次：

（一）關於《春秋地名考略》作者問題的提出與解決。通過前文考辨，知徐善著《春秋地名考》一書，後爲高士奇所得，稍事改動後，以《春秋地名考略》之名梓行，且署以己名，充當己作。對該著作者問題的提出，實際上有兩次：第一次係於浙江采進提要内提出，提要撰者實已初步解決了這一問題；第二次係於書前提要中提出，但分纂館臣並没能對采進提要有所參考、引據，且誤『善』爲『勝』，混焉不辨，遂滋後來學者之疑。自近代以降，考辨者或對采進提要未加注意，或雖加注意而没有善加利用，遂使該著作者問題，一直未能得到徹底之梳理與解決。

（二）關於學界研究《春秋地名考略提要》的成果。通過本文之梳理與考論，可知學界對該條提要的研究，均集中於該著作者問題之考辨上；近代學者張穆，現代學者胡玉縉、余嘉錫、陸惟鍌，當代學者崔富章、李裕民、楊武泉等，先後致力於此，各有不同程度之考訂，各有相應之貢獻，但諸人考訂之取材與方法，也難免存在各種不足，均有可議之處。

（三）關於《春秋地名考略提要》存在的問題。學界對該條提要的既有研究，均集中在客觀史實（作者問題）的厘析與考辨上，而對其中的内容評述部分，則鮮加注意，未能認真覆按。館臣批評《春秋地名考略》『貪多炫博，轉致瑣屑』，而所舉兩條例證，基本上不能成立，不足以支持其立論，從而降低了該條提要的學術含量；該條提要指示門徑的治學功用，因此受到相應的削弱。

（四）通過上述討論，可知在《四庫全書總目》的考訂及研究中，仍有需要注意之處：

首先，采録宜廣。學術如積薪，後來者必須要廣泛参考前人之成果，方能續有所成，考辨之作，尤需如此。崔、李、楊三家，於考訂中均未溯及胡、余、張等先驅者之成就。對該著作者問題的解決，還應從《總目》提要文本形成的角度，追溯不同階段的文本形態，把握問題産生、衍化的脉絡。

其次，考辨宜細。既加考論，則於所用材料，宜加細讀，得其旨要，否則用以考辨，易致誤失。或因此故，崔富章有稱籍「平湖」之失，楊武泉有標點可商之處。

其三，立論宜慎。學者所長，各有專門，如僅據一端，輒加立論，則未免失察。前賢以館臣「誤合」徐善與徐勝力（徐嘉炎）之説，以朱彝尊「逢迎」高士奇之説等，均未足服人。

其四，引文宜覈。前輩學者引用文獻，常取其大意，或加節略。然若不細加覆按，則易有所忽。余嘉錫爲一代考據大家，即未注意到《四庫全書》本（源於吴氏重定本）《潛邱札記》中仍作「徐善」，不作「徐勝」；且引據時節略較多，致後人標點時有所誤判。其他學者所引文字，亦間存訛誤，有違原貌。

中國古代目録學以「辨章學術，考鏡源流」爲宗旨，提要即其重要手段。《四庫全書總目》之提要，其遠源可上溯至劉向、歆父子《别録》《七略》所載之解題，後人歸爲叙録體類型〔一〕。從内容上看，這一

〔一〕這一概念爲王重民先生最先提出：「我爲稱名的方便，擬把從劉向叙録直到《四庫全書總目》的提要都稱爲叙録體的提要，把用傳記方式的都稱爲傳録體的提要。」參氏著《中國目録學史論叢》，中華書局，一九八四年，頁八〇。

類型提要大致有以下三個層面：甲、叙明版本，厘清篇次，校勘文字，交待定本之形成；乙、論考作者之生平、志業及學術背景，以『知人論世』；丙、撮舉大旨，考溯源流，商榷得失，即『辨章學術』。就《春秋地名考略》提要之辨誤而言，前揭諸家成就，大都集中在前兩個層面上，而於第三個層面，則鮮有涉及。易言之，考訂史實、得其客觀者多，商量學術、以意逆志者少。應該説，這一事實，在一定程度上反映了當前《總目》研究的水平與現狀，當然也爲進一步深入研究，提示了值得重視的努力方向。

（本文原題《〈四庫全書總目·春秋地名考略提要〉辨誤綜論》，載《國學研究》第四十八卷，北京大學出版社，二〇二二年）

拾肆　論王重民先生的四庫學成就

學術名家王重民先生（一九〇三·一·二三—一九七五·四·一六），在目録學、四庫學、敦煌學和圖書館學等多個學術領域，均卓有著述，成就斐然。在先生誕辰百年之際（二〇〇三），曾出現了一批研究先生學術思想與貢獻的文章，關注重點多集中在目録學、圖書館學等領域〔一〕，而對先生在四庫學研究領域内的貢獻，還缺少足够的重視與充分的研究。學術的發展總是站在巨人的肩膀上的，因此，在四庫學研究蓬勃開展的今天，返視、總結先生在這一領域的學術成就，從中汲取豐富的營養，既是學術發展的應有之義，也是對學術前輩最好的紀念（二〇一五年爲先生辭世四十周年）。

〔一〕北京大學信息管理系編《王重民先生百年誕辰紀念文集》，北京圖書館出版社，二〇〇三年。

一、王重民先生的四庫學研究

王重民先生四庫學領域的研究貢獻，主要有以下幾個方面：

（一）輯録四庫抽毁書提要。一九二七年春，先生在故宫博物院圖書館發現《四庫全書》清繕本十數部，每部或有二三重份，不見著於《四庫全書總目》，而俱見於《四庫簡明目録》。經與陳垣先生、余嘉錫先生等溝通往還，王先生對這批抽毁書提要的性質與重要性有了深切認識，於是編成《四庫抽毁書提要稿》一種，予以刊印；内收陳垣先生致余嘉錫先生函等，保留了四庫學興起之初的珍貴史料。另外還因此撰成了《李清著述考》等文章，填補了學術界的研究空白。

（二）整理、刊布四庫全書纂修檔案。一九三四年，王重民先生匯集出版了《辦理四庫全書檔案》，包括：甲、以陳垣先生從集靈囿舊軍機處檔案及内閣大庫《起居注》等鈔出的《辦理四庫全書檔案》；乙、侯忠植先生從大高殿軍機處檔案抄出辦書檔案；丙、諸家文集或他書所附材料。從檔案類型上説，有諭旨、有奏摺、有移、有札，均按年編次；另有記過檔案，因爲可以了解修書時督課之嚴，特別實貴，所以自爲一類；後附記過統計表，表後附人名索引。每份檔案，均詳細注明出處[一]。自陳垣先生首先注意並利用四庫纂修檔案以來，王重民先生首次將辦理檔案結集出版，爲四庫學研究奠定了堅實的文獻基礎。

（三）分析四庫本的學術價值，提出選印珍本的建議。二十世紀二十年代以來，影印《四庫全書》的呼聲漸高，成爲當時的學術熱點。當時的國民政府教育部遂與商務印書館合作，訂立合同，欲影印全書，定名《影印四庫全書未刊珍本》。袁同禮先生純從學術立出發，寫出《四庫全書罕傳本擬目》，分寄國内外學者與藏書家，希望秘笈孤本，藉機采求、刊布，保存文獻，推動學術。王重民先生踵美其後，先後撰寫了《論選印〈四庫全書〉》[二]《評〈景印《四庫全書》未刊本草目〉》[三]兩篇文章（均發表於一九三四年），對《四庫全書》中何者當影印刊行的問題，提出了自己的思考。《論選印〈四庫全書〉》一文建議有四：文淵、文津二本互校，擇善而從之；四庫殘本宜換足本，輯本有原本者宜用原本；底本宜據以影印，善本宜據以作校勘記；序跋宜附，目録宜補。《評〈景印《四庫全書》未刊本草目〉》一文，則針對『國立中央圖書館』籌備處所編《草目》而發。《草目》公布後，因其頗有疏漏，學人紛紛批駁，如陳垣先生爲

[一] 王重民《〈辦理四庫全書檔案〉叙例》，載氏著《冷廬文藪》，上海古籍出版社，一九九二年，頁四二〇—四二一。
[二] 王重民《冷廬文藪》，頁六一九—六二三。
[三] 王重民《冷廬文藪》，頁六二四—六六三。

撰《簽注》，列出已有近刊本或精鈔本者五十二種，可從原目三百六十六種中剔出，如此『可省二萬二千四百八十一葉』[一]。王先生在此基礎上，復列出有新刊本者六十四種，有照板待印者五種，四庫未著録者五種，合計七十四種，均應從《草目》中删去。可見，王先生以扎實的版本、目録學爲根基，對影印四庫珍本的問題，提出了合理、中肯的建議。

（四）全面研究《四庫全書總目》。包括探討其成書背景、纂修歷程、著録原則、思想内容、學術影響，以及版本優劣等。先生對《四庫全書總目》的研究成果，主要體現在《論〈四庫全書總目〉》[二]《跋新印本〈四庫全書總目〉》[三]兩篇論文上。《論〈四庫全書總目〉》一文，是體大思精之作，最突出的貢獻是從當時的學術條件出發，利用新的研究方法，對《四庫全書總目》進行了全方位的綜合研究，提出了令人耳目一新的見解。該文對《總目》纂修的時代背景的剖析，尤其是清高宗弘曆藉修書之機清洗存世典籍的揭露，有據有力；對《總目》纂修三個階段的劃分，允合實際；對《總目》在目録編纂方法、指導士子讀書方面的學術影響，條分縷析，極爲典要。《跋新印本〈四庫全書總目〉》一文，則專就中華書局

[一] 陳垣《景印四庫全書未刊本草目簽注》，陳智超編《陳垣四庫學論著》，商務印書館，二〇一二年，頁三四。
[二] 王重民《論〈四庫全書總目〉》，《北京大學學報》，一九六四年第二期，頁六一—七六。
[三] 王重民《跋新印本〈四庫全書總目〉》，載氏著《冷廬文藪》，頁六六四—六九二。原刊於《吉林省圖書館學會會刊》，一九八一年第一期。

影印本《四庫全書總目》（一九六五年出版）展開討論。該文通過《千叟詩宴》《八旬萬壽盛典》兩條提要的著録日期等内證，有力地批駁了該書《出版説明》中認爲殿本編定、刊版於乾隆五十四年（一七八九）的誤説，並作出殿本可能刻版於乾隆五十七年、刻成於五十八年秋冬之間的推論，從而朝事實真相更向前邁進了一大步。王先生還不辭其細，對影印本校勘記中與殿本有關的五十八條，逐一考校，辨其得失，得出了殿本較浙本更優的學術結論，並且指出這一定是因爲經過了紀昀『不斷的隨手加以修改潤飾』的結果。由於材料的限制，王先生當時並不知道浙本實據文瀾閣所藏《總目》寫本刊成，但其研究結論却與最新發現驚人的一致〔一〕，足見其方法之精審、識見之敏鋭。

此外，作爲『我國著名的圖書館事業家、版本目録學家』〔二〕，王重民先生自一九四七年歸國後，即『主持北京大學圖書館學系，作育人材』〔三〕，在四庫學等科研與教育領域，貢獻卓著。上述《論〈四庫全書總目〉》一文，就是該系目録學教研室一項科研題目的學術成果。王先生在主持該項目過程中，曾開過兩次討論會，徵求意見。科研與教學相結合，不僅教學相長，促進了學術研究，還爲國家培養了大批優秀的人才。

〔一〕崔富章《〈四庫全書總目〉版本考辨》，《文史》第三十五輯，一九九二年，頁一七〇。
〔二〕孟昭晋、王錦貴《二十年來的王重民研究》，《中國圖書館學報》，一九九九年第二期，頁五四。
〔三〕傅振倫《中國善本書提要序》，王重民《中國善本書提要》，上海古籍出版社，一九八三年，頁一。

綜上可知，王重民先生涉足的四庫學研究領域是極爲廣闊的，既有四庫抽毁提要之輯録、纂修檔案之整理與刊布，爲四庫學的發展奠定堅實的文獻基礎；又有對《四庫全書》版本的梳理與抉發，爲刊印珍本提出合理的建議。對於四庫學中最重要的分支——《四庫全書總目》研究，先生不僅有高屋建瓴的全面闡發，也有細緻入微的精要識見。如果考慮到先生所撰《中國善本書提要》一書，『凡《四庫全書總目》已有提要者即不再編寫』[一]，實際上具有《四庫全書總目》續編的性質，那麽，王先生所拓展的領域與取得的成就，就更爲廣大。可以説，在陳垣、余嘉錫等師長開闢的四庫學道路上，王重民先生一路高歌，把四庫學發展到了一個新階段，達到了同時代的高峰，成爲後來學人必須駐足流連的學術風景。譬如，前揭中華書局影印本《四庫全書總目》，後即附有《四庫撤毁書提要》《四庫未收書提要》；一九九七年，中國第一歷史檔案館編輯出版了更爲完備的《纂修四庫全書檔案》；二十世紀八十年代以來，四庫系列叢書（包括《景印文淵閣四庫全書》《續修四庫全書》《四庫全書存目叢書》《四庫禁毁書叢刊》《四庫未收書輯刊》《摛藻堂欽定四庫全書薈要》等）先後出版；二〇〇八年以來，《四庫提要著録叢書》又陸續付梓。王先生的研究成果，成爲後來學者進行深入研究的起點。在王先生逐條考校上揭中華書局本《四庫全書總目》所附校記的基礎上，崔富章先生撰有專文，進一步討論了這批校記的得

[一] 傅振倫《中國善本書提要序》，王重民《中國善本書提要》，頁一。

失〔一〕。關於四庫學的研究專著（包括《四庫全書總目》訂誤之作）已有十餘部，研究論文更是汗牛充棟。在四庫學枝繁葉茂、蔚爲大觀，成爲學術熱點的當下，學人當感念先生在這一領域的拓展、護持、推進之功。

二、王重民先生四庫學研究之平議

如上所述，王重民先生的四庫學成就是多方面的，其資料性的搜集、整理與出版工作，惠及數代學人至今仍受其賜；其關於四庫版本的分析與抉發，爲進一步研究版本問題、刊印底本叢書等奠定了理論基礎；其關於《四庫全書總目》的綜合研究，則不僅爲後來學者提供了鮮明的學術觀點，還提供了宏通的研究視野與辨證批評的研究範式。

限於可見資料與時代條件，先生的研究中還存在一些可以商榷的地方。根據新發現的材料對已有學術觀點進行重新審視、研究並得出新的結論，是學術研究得以推進的重要途徑之一。學界對王先生四庫學的批評，主要集中在對其《四庫全書總目》的研究上。綜觀與此有關的研究成果，其中最具學

〔一〕崔富章《〈四庫全書總目·校記〉平議》，載其《版本目録論叢》，中華書局，二〇一四年，頁七二—八二。

術價值與代表性的當推崔富章先生的研究。崔先生精於《總目》版本之學（曾目驗過近二十種版本），在最近二十多年來的系列文章中，力證《總目》浙本所用底本爲文瀾閣所藏寫本，浙本刊成於乾隆六十年（一七九五）十月，較刊竣、上呈於十一月十六日的武英殿刻本爲早，從而糾正了近百年來包括王重民先生在内的學人所持論的『浙本翻刻殿本』一説，貢獻最巨，令人矚目。

此外，王先生《論〈四庫全書總目〉》一文内還有部分觀點或論述，需予修正。

（一）關於《四庫全書總目》纂修過程。王先生説：『自乾隆三十八年五月（一七七三年七月）四庫全書館決定纂修《四庫全書總目》和《存目》，四十六年二月十六日（一七八一年三月九日）初稿完成，又經過了長時期的修改、補充，大約於乾隆五十八年（一七九三）纔由武英殿刊版印行。』〔一〕

按：上揭表述内可議者有三。其一，關於下令纂修《四庫全書總目》的決定者。清修《四庫全書》及其附屬成果，如《四庫全書總目》《四庫全書考證》《四庫全書簡明目録》等，均由清高宗弘曆親自發動。諸如纂修機構的設立、人員的任免與賞罰、纂修内容的選定等，均由弘曆掌控。乾隆三十八年五月初一日上諭云：『自昔圖書之富，於斯爲盛。特詔詞臣，詳爲勘核，厘其應刊、應抄、應存者，繫以提要，輯成總目，依經史子集部分類衆，命爲「四庫全書」，簡皇子、大臣爲總裁以董之。』〔二〕這是弘曆正式

〔一〕王重民《論〈四庫全書總目〉》，《北京大學學報》，一九六五年第二期，頁六二—六三。
〔二〕張書才主編，中國第一歷史檔案館編《纂修四庫全書檔案》，上海古籍出版社，一九九七年，第六十六條，頁一〇七—一〇八。

下令纂修《總目》的開始，全書的纂修工作因此步入正軌。其二，關於《總目》初稿完成的時間。在《總目》纂修過程中，館臣曾數次奏進書稿，以邀指示。目前可見最早的材料，是乾隆三十九年七月二十五日的上諭，内稱『辦理四庫全書處進呈《總目》……蒐羅既廣，體例加詳，自應如此辦理』[一]。又乾隆四十一年九月三十日上諭稱：『前經降旨，令將《四庫全書總目》及各書提要，編刊頒行。』[二]弘曆有此指示，也應該看到了較全的《總目》進呈稿。這兩次，均在上述時間(乾隆四十六年二月十六日)之前。其三，關於殿本的刊行時間。王先生没有看到第一手的可靠資料，所以僅能擬測其可能時間。現據乾隆六十年十一月十六日曹文埴奏摺，知殿本之刻竣，至遲不晚於此日[三]。

（二）關於《四庫全書總目》的著録内容。王先生指出：『《四庫全書總目》所著録的三四四八種書籍都是經過删削、改竄、重編、清洗之後纔編入《四庫全書》之内的，《存目》著録的六七八三種都是經過審查認爲無礙，而發回原藏書家的，還有三千多種所謂「禁書」遭到了暗殺，都被擯斥在《四庫全書總目》的著録之外。』[四]

[一] 張書才主编，中國第一歷史檔案館編《纂修四庫全書檔案》，第一七一條，頁二二八。
[二] 張書才主编，中國第一歷史檔案館編《纂修四庫全書檔案》，第三四三條，頁五三七。
[三] 張書才主编，中國第一歷史檔案館編《纂修四庫全書檔案》，第一五一〇條，頁二三七四。
[四] 王重民《論〈四庫全書總目〉》，頁六三。

按：這段表述，强調了弘曆對辦理圖書内容的甄别、審查或禁毁，但是過於絶對，因爲仍有一些圖書，没有經過上述甄别、清洗的過程，而是直接納入《全書》之中。這些圖書以清代諸帝（包括弘曆本人）所御定的各種圖書爲主，如順治時期就有《易經通注》《御定孝經注》《御製人臣儆心録》《御定資政要覽》《御定孝經衍義》《御定内則》等九種，康熙時期則有四十一種，雍正時期也有九種。乾隆時期最多，共有九十五種。此外，像《周易正義》一類的經解，《説文解字》一類的工具書，《史記》一類的史書，《文選》一類的純文學作品，既不涉及夷夏之防，也不涉及明末清初的史實，所以不在弘曆君臣的甄别、清洗之列。

（三）關於清廷的文化政策。王先生指出，滿清在北京建立政權後，欲統治全國，於是進軍南方，『對起義軍民進行了極其殘酷的屠殺和血腥鎮壓』。『直到一六七九年（康熙十八年）清政府開博學鴻詞科，以搜羅、收買並軟化有民族思想的知識分子，這標志著在血腥鎮壓的一手之外，又開始了另一手的文化教育政策。』〔一〕

按：滿族以少數族群崛起關外，暴得天下，並能維持長達二六八年的統治（一六四四——一九一一），其統治策略，正如王先生所指出的，除了武力征服、血腥鎮壓之外，還特别重視『文治』。其核心

〔一〕王重民《論〈四庫全書總目〉》，頁六一。

是，在葆有關外文化傳統的同時，全面授受漢文化傳統，把儒家思想作爲統治思想。這一文教政策的實施，並不是直到康熙十八年徵召博學鴻儒纔開始，而是很早就開始了，禮敬孔子、尊奉程朱、開科取士、舉行經筵典禮、編纂御定經解等，就是其具體表現。如順治元年十月丙辰，清世祖福臨令孔門後人襲封衍聖公與五經博士[一]；順治十二年三月壬子，福臨宣告：『朕惟帝王敷治，文教是先；臣子致君，經術爲本。自明季擾亂，日尋干戈，學問之道，闕焉未講。今天下漸定，朕將興文教，崇經術，以開太平。』[二]可見，『興文教，崇經術』，爲滿清欲『開太平』的既定國策。康熙二十三年十一月己卯，玄燁南巡，親至曲阜祭孔，以征服之主、帝王之尊，而行三跪九叩禮[三]，更昭示著滿清對儒家文化傳統的全面禮敬與全盤接受。徵召博學鴻儒，只是其中重要的文教策略之一，而且並非首策。

以上就王重民先生的四庫學成就進行了總結與討論。筆者認爲，總結成就，商榷學術，是後學者對前輩大家最好的紀念與禮敬。

（本文原載《中國四庫學》第一輯，中華書局，二〇一八年）

[一]《世祖章皇帝實録》卷九，《清實録》第三册，中華書局，一九八五年，頁九二—九三。

[二]《世祖章皇帝實録》卷九〇，《清實録》第三册，頁七一二。

[三]《聖祖仁皇帝實録》卷一一七，《清實録》第五册，頁二二三一—二二三二。

徵引書目

【古代著述】

《易圖明辨》，胡渭撰，《景印文淵閣四庫全書》第四四册，臺灣『商務印書館』，一九八六年

《易學著貞》，趙世對撰，北京圖書館藏清順治刻本，《四庫全書存目叢書》經部第二八册，齊魯書社，二〇〇一年

《龍性堂易史參録》，葉矯然撰，清刻本（題乾隆刻本），《四庫全書存目叢書》經部第二九册

《讀易近解》，湯秀琦撰，清鈔本，《四庫全書存目叢書》經部第二九册

《郁溪易紀》，郁文初撰，清鈔本，《四庫全書存目叢書》經部第二九册

《易圖定本》，邵嗣堯撰，清道光十年（一八三〇）長洲顧氏刻賜硯齋叢書新編本，《四庫全書存目叢書》經部第三〇册

《易宗集注》，孫宗彝撰，清康熙刻本，《四庫全書存目叢書》經部第三二册

《讀易質疑》，汪璲撰，清康熙四十三年（一七〇四）汪氏儀典堂刻本，《四庫全書存目叢書》經部第三八册

《周易詳説》，劉紹攽撰，清乾隆刻本，《四庫全書存目叢書》經部第三八册

《易貫》，張敘撰，清乾隆二十一年（一七五六）宋宗元刻本，《四庫全書存目叢書》經部第四〇册

《周易剩義》，童能靈撰，清乾隆冠豸山刻本，《四庫全書存目叢書》經部第四〇册

《易學圖説會通》，楊方達撰，清乾隆復初堂刻本，《四庫全書存目叢書》經部第四〇册

《易讀》，宋邦綏撰，清嘉慶九年（一八〇四）宋思仁刻本，《四庫全書存目叢書》經部第四三册

《易經來注增删》，張祖武撰，清乾隆刻本，《四庫全書存目叢書》經部第四三册

《古文尚書冤詞》，毛奇齡撰，《景印文淵閣四庫全書》第六六册

《周禮注疏》，鄭玄注，賈公彦疏，阮元校刻《十三經注疏》本，中華書局，一九八〇年

《春秋左傳正義》，孔穎達正義，南昌府學刊阮元校刻《十三經注疏》本，藝文印書館，二〇〇七年

《春秋釋例》，杜預撰，《景印文淵閣四庫全書》第一四六册

《欽定春秋傳説彙纂》，王掞等奉敕撰，《景印文淵閣四庫全書》第一七三册

《春秋地名考略》，題高士奇撰，《景印文淵閣四庫全書》第一七六册

《春秋大事表》，顧棟高撰，《景印文淵閣四庫全書》第一八〇册
《孝經注疏》，李隆基注，邢昺疏，阮元校刻《十三經注疏》本
《經典釋文》，陸德明撰，影印通志堂本，中華書局，一九八三年
《經典釋文序録疏證》，陸德明撰，吴承仕疏證，中華書局，二〇〇八年
《史記》，司馬遷撰，裴駰集解，司馬貞索隱，張守節正義，點校本二十四史修訂本，中華書局，二〇一四年
《漢書》，班固撰，顔師古注，中華書局，一九六二年
《三國志》，陳壽撰，裴松之注，中華書局，一九五九年
《晋書》，房玄齡等撰，中華書局，一九七四年
《宋書》，沈約撰，中華書局，一九七四年
《北齊書》，李百藥撰，中華書局，一九七五年
《隋書》，魏徵等撰，中華書局，一九七三年
《舊唐書》，劉昫等撰，中華書局，一九七五年
《新唐書》，歐陽修、宋祁等撰，中華書局，一九七五年

《清史稿》，趙爾巽等撰，中華書局，一九七七年

《校勘史記集解索隱正義札記》，張文虎撰，中華書局，二〇一二年

《史記正義佚文輯校》（增訂本），張衍田輯校，中華書局，二〇二一年

《唐張守節史記正義佚存》，〔日〕瀧川資言著，〔日〕小澤賢二録文，袁傳璋校點，中華書局，二〇一九年

《清實録》，中華書局，一九八五年

《國朝耆獻類徵初編》，李桓輯，周駿富輯《清代傳記叢刊》第一七八册，明文書局，一九八五年

《碑傳集》，錢儀吉纂，靳斯點校，中華書局，一九九三年； 又沈雲龍主編《近代中國史料叢刊》第九十三輯，文海出版社，一九六六年

《國朝御史題名》，黄叔璥撰，清光緒刻本

《兩浙輶軒續録》，潘衍桐撰，清光緒刻本

《疇人傳四編》，黄鍾駿撰，清光緒《留有餘齋叢書》本

《閻若璩年譜》，張穆撰，鄧瑞點校，中華書局，一九九四年

《扈從西巡日録》，高士奇撰，《景印文淵閣四庫全書》第四六〇册

《大清一統志》，和珅等奉敕撰，《景印文淵閣四庫全書》第四七六册

《日下舊聞考》，朱彝尊原著，于敏中等編，北京古籍出版社，一九八三年

《（雍正）畿輔通志》，李衛等修，《景印文淵閣四庫全書》第五〇五册

《（雍正）河南通志》，田文鏡、王士俊等修，《景印文淵閣四庫全書》第五三六册

《江南通志》，趙宏恩等修，《景印文淵閣四庫全書》第五〇七册

《福建通志》，郝玉麟、謝道承等修，《景印文淵閣四庫全書》第五二七册

《山西通志》，覺羅石麟、儲大文等修，《景印文淵閣四庫全書》第五四二册

《（乾隆）長洲縣志》，莊有恭等修，清乾隆十八年（一七五三）刻本

《（乾隆）縉雲縣志》，令狐亦岱等修，清乾隆三十二年（一七六七）刊本

《（乾隆）登封縣志》，洪亮吉、陸繼萼等修，清乾隆五十二年（一七八七）刊本

《（乾隆）長泰縣志》，張懋建等修，民國二十年（一九三一）重刊本

《（嘉慶）直隸太倉州志》，王昶等修，清嘉慶七年（一八〇二）刻本

《（嘉慶）重刊江寧府志》，吕燕昭、姚鼐等修，清嘉慶十六（一八一一）年修、光緒六年（一八八〇）刊本

《（嘉慶）高郵州志》，馮馨等修，清道光二十五年（一八四五）范鳳諧等重校刊本

《（道光）安邱縣志》，孫維均等修，民國九年（一九二〇）石印本

《(咸豐)青州府志》,文煜等修,清咸豐九年(一八五九)刻本

《(同治)韶州府志》,林述訓等修,清同治十三年(一八七四)刊本

《(同治)臨川縣志》,童範儼等修,清同治九年(一八七〇)刊本

《(同治)廣昌縣志》,曾毓璋等修,清同治六年(一八六七)刻本

《(光緒)嘉興府志》,許瑶光、吴仰賢等修,清光緒元年(一八七五)刻本,見《中國地方志集成》(浙江府縣志輯),上海書店,一九九三年; 又清光緒五年(一八七九)刊本

《(光緒)漳州府志》,沈定均等修,清光緒三年(一八七七)刊本

《(光緒)黄州府志》,英啓等修,清光緒十年(一八八四)刊本

《(光緒)重修天津府志》,裕禄等修,清光緒二十五年(一八九九)刻本

《(光緒)江陰縣志》,李文耀等修,清光緒四年(一八七八)刻本

《(光緒)金山縣志》,龔寶琦等修,清光緒四年(一八七八)刊本

《(光緒)無錫金匱縣志》,裴大中等修,清光緒七年(一八八一)刊本

《(光緒)溧水縣志》,傅觀光等修,清光緒九年(一八八三)刊本

《(光緒)重修嘉善縣志》,江峰青等修,清光緒十八年(一八九二)刊本

《(民國)杭州府志》,李榕等修,民國十一年(一九二二)刊本

《(民國)東莞縣志》，陳伯陶等修，民國十年(一九二一)鉛印本

《(民國)寶應縣志》，戴邦貞等修，民國二十一年(一九三二)鉛印本

《(民國)閩侯縣志》，陳衍等修，民國二十二年(一九三三)刊本

《通志二十略》，鄭樵撰，王樹民點校，中華書局，一九九五年

《欽定皇朝文獻通考》，弘曆敕撰，《景印文淵閣四庫全書》第六三七册

《四庫全書卷前提要四種》，李國慶主編，大象出版社，二〇一五年

《七略别録佚文》，姚振宗輯録，鄧駿捷校補，澳門大學，二〇〇七年；上海古籍出版社，二〇〇八年

《漢書藝文志條理》，姚振宗撰，王承略、劉心明主編《二十五史藝文經籍志考補萃編》第三卷，清華大學出版社，二〇一一年

《漢藝文志考證》，王應麟撰，開明書店，一九三六年

《隋書經籍志考證》，姚振宗撰，《二十五史補編》本，開明書店，一九三七年

《直齋書録解題》，陳振孫撰，徐小蠻、顧美華點校，上海古籍出版社，一九八七年

《經義考》，朱彝尊撰，清康熙秀水朱氏曝書亭刻、乾隆二十年(一七五五)盧見曾續刻本，沈紅梅主編《朱彝尊全集》第十四册，國家圖書館出版社，二〇二一年；又《經義考新校》，林慶彰、蔣秋華、楊晋

龍、馮曉庭主編，上海古籍出版社，二〇一〇年

《四庫全書初次進呈存目（經部）》，臺灣『商務印書館』、臺灣『國家圖書館』，二〇一二年

《欽定四庫全書總目》，永瑢、紀昀等撰，武英殿刻本，《景印文淵閣四庫全書》第一——五册，臺灣『商務印書館』，一九八六年；又四庫全書研究所整理本，中華書局，一九九七年

《文溯閣四庫全書提要》，金毓黻編，中華書局，二〇一四年

《四庫全書簡明目録》，永瑢等撰，傅卜棠點校，華東師範大學出版社，二〇一二年

《浙江采集遺書總録》，沈初等撰，清乾隆四十年（一七七五）刻本，見張昇編《〈四庫全書〉提要稿輯存》第一册，北京圖書館出版社，二〇〇六年；又杜澤遜、何燦點校本，上海古籍出版社，二〇一〇年

《江蘇采輯遺書目録》，黄烈編，清歸安姚覲元咫進齋録絲欄鈔本，見張昇編《〈四庫全書〉提要稿輯存》第四册，北京圖書館出版社，二〇〇六年

《四庫提要分纂稿》，翁方綱等撰，吴格、樂怡標校，上海書店出版社，二〇〇六年

《校讎通義》，章學誠撰，葉瑛校注本，中華書局，一九八五年

《平湖經籍志》，陸惟鍌撰，陸氏求是齋刻本，《地方經籍志彙編》第二六册，北京圖書館出版社，二〇〇八年

《士禮居藏書題跋記》，黄丕烈撰，《國家圖書館藏古籍題跋叢刊》第六册，北京圖書館出版社，二〇

〇二年

《鄭堂讀書記》，周中孚撰，吴興劉氏嘉業堂刊本，《續修四庫全書》第九二四册，上海古籍出版社，二〇〇二年

《鐵琴銅劍樓藏書目録》，瞿鏞撰，清光緒常熟瞿氏家塾刻本，《續修四庫全書》第九二六册

《增補荀子集解》，荀子撰，王先謙集解，〔日〕久保愛增補、猪飼彦博補遺，蘭臺書局，一九八三年

《此庵講録》，胡統虞撰，清順治八年（一六五一）刻本，《續修四庫全書》第九四四册；《四庫全書存目叢書》子部第二〇册

《先儒齊治録》，于准撰，清康熙刻本，《四庫全書存目叢書》子部第二三册

《嵩厓學凡》，景日昣撰，清康熙刻本，《四庫全書存目叢書》子部第二五册

《續小學》，葉鈖撰，清刻本，《四庫全書存目叢書》子部第二五册

《讀書日記》，劉源渌撰，清雍正刊本，《四庫全書存目叢書》子部第二六册

《講學》，李培撰、陳祖銘編，清鈔本，《四庫全書存目叢書》子部第二九册

《漢學商兑》，方東樹撰，《續修四庫全書》第九五一册

《江村銷夏録》，高士奇撰，《景印文淵閣四庫全書》第八二六册；又余彦焱校點本，上海古籍出版

社，二〇一一年

《廣川畫跋》，董逌著，清陸心源刻《十萬卷樓叢書》本

《顔氏家訓集解（增補本）》，顔之推撰，王利器集解，中華書局，一九九三年

《少室山房筆叢》，胡應麟撰，上海書店出版社，二〇〇一年

《潛邱札記》，閻若璩撰，《景印文淵閣四庫全書》本；又《文津閣四庫全書》本，商務印書館，二〇〇五年；又閻學林編刻本，南京大學圖書館藏乾隆十年（一七四五）眷西堂刻本

《清秘述聞》，法式善撰，清嘉慶四年（一七九九）刻本

《皇覽》，孫馮翼輯，清刻本，《續修四庫全書》第一二一二册

《北堂書鈔》，虞世南撰，孔廣陶校注，南海孔氏三十有三萬卷堂校注重刊本，《續修四庫全書》第一二一二册

《古今事文類聚》，祝穆撰，《景印文淵閣四庫全書》第九二七册

《姓氏急就篇》，王應麟撰，《景印文淵閣四庫全書》第九四八册

《文獻通考節貫》，周宗濂輯，《四庫全書存目叢書》子部第二三五册

《佛藏》（《永樂北藏》本），上海書店出版社，二〇一一年

《廣弘明集》，釋道宣編，《四部叢刊初編》影明汪道昆刻本；又影印《趙城金藏》本，北京圖書館出

版社，二〇〇八年
《宋思溪藏本廣弘明集》，釋道宣編，國家圖書館出版社，二〇一八年影印本
《文選》，蕭統編，上海古籍出版社，一九八六年
《文苑英華》，李昉等撰，中華書局，一九六六年
《晚晴簃詩匯》，徐世昌編，民國退耕堂刻本
《江西詩徵》，曾燠編，清嘉慶九年（一八〇四）刻本
《全上古三代秦漢三國六朝文》，嚴可均輯，河北教育出版社，一九九七年
《菊磵集》，高翥撰，《景印文淵閣四庫全書》第一一七〇册
《顧亭林詩文集》，顧炎武撰，中華書局，一九八三年
《曝書亭集》，朱彝尊撰，清康熙甲午（一七一四）刻本
《曝書亭集外稿》，朱彝尊撰，朱墨林、馮登府輯，沈紅梅主編《朱彝尊全集》第四八册，國家圖書館出版社，二〇二〇年
《曝書亭集外詩文續補輯》，朱彝尊撰，胡愚、王利民輯，載沈松勤主編《朱彝尊全集》第二一册，浙江大學出版社，二〇二一年

《全祖望集彙校集注》，全祖望撰，朱鑄禹彙校集注，上海古籍出版社，二〇〇〇年

《知足齋文集》，朱珪撰，清嘉慶九年（一八〇四）阮元刻增修本，《續修四庫全書》第一四五二册

《篁村集》，陸錫熊撰，清道光二十九年（一八四九）陸成沅刻本，《續修四庫全書》第一四五一册

《揅經室集》，阮元撰，中華書局，一九九三年

《校經廎文稿》，李富孫撰，清道光刻本

《考槃集文録》，方東樹撰，《續修四庫全書》第一四九七册

《龔自珍詩集編年校注》，龔自珍著，劉逸生、周錫䪖校注，上海古籍出版社，二〇一三年

《張之洞全集》，張之洞撰，河北人民出版社，一九九八年

【現當代著作】

《四庫全書纂修考》，郭伯恭著，商務印書館，一九三七年

《諸子考索》，羅根澤著，人民出版社，一九五八年

《明清史論著集刊》，孟森著，中華書局，一九五九年

《汲冢書考》，朱希祖著，中華書局，一九六〇年

《四庫提要辨證》，余嘉錫著，中華書局，一九八〇年
《中國目録學史》，許世瑛著，中國文化大學出版社，一九八二年
《中國善本書提要》，王重民撰，上海古籍出版社，一九八三年
《中國目録學史》，姚名達著，王重民校閱本，上海書店，一九八四年；又嚴佐之導讀本，上海古籍出版社，二〇〇二年
《中國目録學史論叢》，王重民著，中華書局，一九八四年
《古書通例》，余嘉錫著，上海古籍出版社，一九八五年
《〈四庫全書〉：乾隆晚期的學者與國家》，〔美〕盖博堅（R. Kent Guy）著，哈佛大學出版社，一九八七年
《四庫全書纂修研究》，黄愛平著，中國人民大學出版社，一九八九年
《中國近三百年學術史》，梁啓超著，載《飲冰室合集》第一〇册，中華書局，一九八九年
《目録學研究》，汪辟疆著，文史哲出版社，一九九〇年影印
《四庫提要補正》，崔富章著，杭州大學出版社，一九九〇年
《四庫提要訂誤》，李裕民著，書目文獻出版社，一九九〇年；又增訂本，中華書局，二〇〇五年
《目録學發微》，余嘉錫著，巴蜀書社，一九九一年

《冷廬文藪》，王重民著，上海古籍出版社，一九九二年

《先秦諸子繫年》，錢穆著，《錢賓四先生全集》第五册，聯經出版事業公司，一九九四年

《校勘學釋例》，陳垣著，上海書店出版社，一九九七年

《余嘉錫文史論集》，余嘉錫著，嶽麓書社，一九九七年

《校讎廣義·校勘編》，程千帆、徐有富著，齊魯書社，一九九七年

《纂修四庫全書檔案》，中國第一歷史檔案館編，張書才主編，上海古籍出版社，一九九七年

《清代目録提要》，來新夏主編，齊魯書社，一九九七年

《四庫全書總目提要補正》，胡玉縉著，上海書店出版社，一九九八年

《學人游幕與清代學術》，尚小明著，社會科學文獻出版社，一九九九年

《〈四庫全書〉著者考：乾隆晚期（一七七一—一七九五）的考據與著述》，〔美〕白齊茹（Cheryl Boettcher Tarsala）著，博士學位論文，加利福尼亞大學，二〇〇一年

《四庫全書總目辨誤》，楊武泉著，上海古籍出版社，二〇〇一年

《兩漢經學今古文平議》，錢穆著，商務印書館，二〇〇一年

《〈史記〉版本研究》，張玉春著，商務印書館，二〇〇一年

《文化視野下的〈四庫全書總目〉》，周積明著，中國青年出版社，二〇〇一年

《續四庫提要三種》，胡玉縉撰，上海書店，二〇〇二年
《三目類序釋評》，李致忠著，北京圖書館出版社，二〇〇二年
《四庫提要叙講疏》，張舜徽著，學生書局，二〇〇二年
《古典目録學淺説》，來新夏著，中華書局，二〇〇三年
《王重民先生百年誕辰紀念文集》，北京大學信息管理系編，北京圖書館出版社，二〇〇三年
《〈四庫全書總目〉研究》，司馬朝軍著，社會科學文獻出版社，二〇〇四年
《詩序新考》，程元敏著，五南圖書出版股份有限公司，二〇〇五年
《歷史的空間與空間的歷史》，辛德勇著，北京師範大學出版社，二〇〇五年
《〈四庫全書總目〉編纂考》，司馬朝軍著，武漢大學出版社，二〇〇五年
《清代人物生卒年表》，江慶柏著，人民文學出版社，二〇〇五年
《清代士人游幕表》，尚小明著，中華書局，二〇〇五年
《書於竹帛——中國古代的文字記録》，錢存訓著，上海書店出版社，二〇〇六年
《陳振孫評傳》，武秀成著，南京大學出版社，二〇〇六年
《四庫存目標注》，杜澤遜著，上海古籍出版社，二〇〇七年
《斠讎學》（補訂本），王叔岷著，中華書局，二〇〇七年

《簡帛古書與學術源流》(修訂本),李零著,生活·讀書·新知三聯書店,二〇〇八年

《周勛初先生八十壽辰紀念文集》,莫礪鋒主編,中華書局,二〇〇八年

《『四庫總目學』史研究》,陳曉華著,商務印書館,二〇〇八年

《〈四庫全書〉出版研究》,李常慶著,中州古籍出版社,二〇〇八年

《販書偶記(附續編)》,孫殿起著,上海古籍出版社,二〇〇九年

《魏晉南北朝目録學研究》,唐明元著,巴蜀書社,二〇〇九年

《民國期刊資料分類彙編》,孫彦、王姿怡、李曉明選編,國家圖書館出版社,二〇一〇年

《中國文化史通釋》,余英時著,生活·讀書·新知三聯書店,二〇一一年

《七録輯證》,任莉莉著,上海古籍出版社,二〇一一年

《陳垣四庫學論著》,陳智超編,商務印書館,二〇一二年

《四庫全書總目彙訂》,魏小虎著,上海古籍出版社,二〇一二年

《四庫全書館研究》,張昇著,北京師範大學出版社,二〇一二年

《玉海藝文校證》,王應麟撰,武秀成、趙庶洋校證,鳳凰出版社,二〇一三年

《古典目録學》(修訂本),來新夏著,中華書局,二〇一三年

《蘭臺萬卷》(修訂本),李零著,生活·讀書·新知三聯書店,二〇一三年

《竹書紀年與出土文獻研究之一：竹書紀年考》，程平山著，中華書局，二〇一三年

《古典目録學研究》，張固也著，華中師範大學出版社，二〇一四年

《版本目録論叢》，崔富章著，中華書局，二〇一四年

《朱彝尊年譜》，張宗友著，鳳凰出版社，二〇一四年

《竹書紀年研究（一九八〇—二〇〇〇）》，邵東方編，廣西師範大學出版社，二〇一五年

《春秋左傳注》，楊伯峻著，中華書局，二〇一五年

《宋人著作五種徵引〈史記正義〉佚文考索》，袁傳璋著，中華書局，二〇一六年

《清代詩學史（第一卷）：反思與建構（一六四四—一七三五）》，蔣寅著，中國社會科學出版社，二〇一九年

《校讎廣義·目録編》（修訂本），程千帆、徐有富著，中華書局，二〇二〇年

《尺牘·事行·思想：朱彝尊研究論集》，張宗友著，鳳凰出版社，二〇二〇年

《史記正義佚文輯校》（增訂本），張守節撰，張衍田輯校，中華書局，二〇二一年

後記

本書是筆者研習古典目録學的論文選集。

古典目録學起源甚早，而其體制奠基、完備於劉向、歆父子。漢魏以降，因創不等，名家巨手，代有佳構。經清儒章學誠之標揭，『辨章學術，考鏡源流』成爲目録學宗旨所在，斯學遂成爲讀書治學之門徑；經王鳴盛、張之洞、余嘉錫等學者之表彰，目録學作爲入門之學之性質，成爲定論，屬學人通識。

筆者接觸目録學較晚。大學時代，修讀倪祥和先生所開文獻檢索課程，開始認識到目録學之重要；研究生時代，旁聽武秀成先生校讎學課程，深感斯學堂廡博大，美不勝收。幸運的是，筆者跟隨徐有富先生攻讀碩士、博士學位，先後獲贈先生同其老師程千帆先生合著之《校讎廣義》各編，摩挲研習，案頭常備。在徐師指導下，筆者博士論文以《經義考》爲研究論題。《經義考》是一部集大成式的經籍總目，兼具經學文獻學與史部目録學雙重性質，正可『欲藉此多讀專門之書以自營養』（姚名達先生語），相關研究不斷成爲筆者研習目録學及經史之學的新起點。二〇〇六年，筆者博士畢業，轉入古典文獻研究所，先後開設『中國古典目録學』『目録學研究』等本科、碩士課程，古典目録學遂成爲筆者潛心講習、教學相長的主要研究領域。事實上，南京大學『兩古』學科一向秉持程千帆先生倡導的『文獻學與文藝學相結合』的治學方法，對目録學的重視與研究，可以前溯至金陵大學的劉國均先生與中央大學的汪辟疆先生。能在南大從事古典目録學之研習與傳授，筆者深感機緣難得，嘗撰小詩一首，與諸生共勉：

粤稽目録，王官世業。父子相繼，振起洪烈。畛域既分，用弘成學。蘭臺萬卷，規模踵接。中經朱紫，新簿區别。王志開創，道佛就列。阮郎英發，散囊陳篋。四部永制，盛美流略。南雍有序，大雅是躡。辨章考鏡，絃歌無絶。

本書所收論文凡十四篇，除第八篇外，均已在學術刊物上正式發表，時間從二〇一〇年至今，跨度長達十餘年。從研究時段上看，主要集中在漢晉六朝（下及唐初）及有清一代（兼及當代）。魏晉六朝時期是古典目録學從六分法轉向四分法的關鍵時期，由於此期書目大都亡佚（尤其是《晉中經簿》《七志》《七録》三部重要書目均已亡佚），其面貌與體制極難考求，此期因此成爲古典目録學研究史上的瓶頸時期，許多重大理論問題亟待解決。清代則是中國古代學術的大總結時期，名家輩出，書目繁富，其中尤以《四庫全書總目》最受學人重視，成爲當前大張其幟的四庫學的重要論域。

昔班固《漢書·藝文志》題解云：『劉向司籍，九流以別。爰著目録，略序洪烈。』（《漢書敘傳》）『九流以別』是對劉向領校典籍的褒揚，『略序洪烈』則是對劉向、歆父子偉大事業的禮敬。本書雖是論文選集，而開篇以劉向、歆父子開創目録之學、傳承文獻之功業，收篇以王重民先生之四庫學成就，禮敬先賢、前輩之微意，亦稍稍存焉。

本書各篇文章在寫作、發表期間，一直受到本師徐有富先生之關懷，受到學界師長與同仁之關心（如張固也先生等。受惠於武秀成老師者尤多）；部分論題不僅先期於課堂上細加講解，還曾在各種學術場合宣讀、交流（如南京大學高研院、臺灣大學高研院、貴陽孔學堂等之學術講座，劉明、孫顯斌兩位先生先後主持之古籍青年同人會，以及歷史文獻學之學術年會等）。在本書結集、出版期間，得到鳳凰社諸多領導與同人（倪培翔、林日波、樊昕、許勇、姜好等）之傾力支持與用心編校。研究生謝葆瑭、張聰、于快、丁寧等同學協助通校書稿。又承著名書法家成懋冉女史題寫書名。另有多年與我往復論學之師友，或交深於把臂之前，或神會於彈指之間，在此難以一一稱述。謹一並申謝，以志銘感。

古典目録學兼具學術史性質，關涉古典學術之各個層面；在學術史、文化史、思想史等不同視角之觀照下，值得深入探討之問題極夥，實是引人流連忘返之學術勝域。本集篇什，雖非妄作，而理遠識近，必有未周，冀通人明哲，不吝是正。

金寨張宗友

壬寅夏日初編於貴陽孔學堂

是歲仲秋定稿於南大古籍所

人名索引

說明：

1. 索引編製範圍爲本書所收 14 篇論文。

2. 如出現姓名以外的指稱（如姓與字、號之組合），則括示於姓名之右，合併編製。

3. 按人名音序排列。

4. 外國人名按其中文名音序排列。

5. 頁碼使用阿拉伯數字。

A

B

C

D

F

G

H

J

K

L

M

N

O

P

Q

R

S

Y